ARBITRAGEM TRIBUTÁRIA NO BRASIL

Desafios e propostas

ANDERSON PREZIA FRANCO

Prefácio
Gilmar Ferreira Mendes

ARBITRAGEM TRIBUTÁRIA NO BRASIL

Desafios e propostas

Belo Horizonte

FORUM
CONHECIMENTO JURÍDICO

2025

FÓRUM
CONHECIMENTO JURÍDICO

Luís Cláudio Rodrigues Ferreira
Presidente e Editor

Coordenação editorial: Leonardo Eustáquio Siqueira Araújo / Thaynara Faleiro Malta
Revisão: Cida Ribeiro
Projeto gráfico: Walter Santos
Capa e Diagramação: Formato Editoração

Rua Paulo Ribeiro Bastos, 211 – Jardim Atlântico – CEP 31710-430
Belo Horizonte – Minas Gerais – Tel.: (31) 99412.0131
www.editoraforum.com.br – editoraforum@editoraforum.com.br

Técnica. Empenho. Zelo. Esses foram alguns dos cuidados aplicados na edição desta obra. No entanto, podem ocorrer erros de impressão, digitação ou mesmo restar alguma dúvida conceitual. Caso se constate algo assim, solicitamos a gentileza de nos comunicar através do *e-mail* editorial@editoraforum.com.br para que possamos esclarecer, no que couber. A sua contribuição é muito importante para mantermos a excelência editorial. A Editora Fórum agradece a sua contribuição.

Dados Internacionais de Catalogação na Publicação (CIP) de acordo com ISBD

F825a Franco, Anderson Prezia
Arbitragem tributária no Brasil: desafios e propostas / Anderson Prezia Franco. Belo Horizonte: Fórum, 2025.
199p. 14,5x21,5cm

ISBN impresso 978-85-450-0810-1
ISBN digital 978-85-450-0790-6

1. Arbitragem tributária. 2. Acesso à justiça. 3. Crise do Poder Judiciário. 4. Sistema tributário brasileiro. I. Título.

CDD: 343.04
CDU: 343.1

Ficha catalográfica elaborada por Lissandra Ruas Lima – CRB/6 – 2851

Informação bibliográfica deste livro, conforme a NBR 6023:2018 da Associação Brasileira de Normas Técnicas (ABNT):

FRANCO, Anderson Prezia. *Arbitragem tributária no Brasil*: desafios e propostas. Belo Horizonte: Fórum, 2025. 199p. ISBN 978-85-450-0810-1.

Agradeço, primeiramente, a Deus, por me conceder saúde e força para que eu pudesse concluir essa etapa de minha vida, sempre rodeado de pessoas que me abraçaram e me incentivaram a buscar meus objetivos profissionais.

Aos meus pais e avós, base da minha formação, que fizeram de mim uma pessoa autônoma e capaz de enfrentar os desafios da vida.

Aos amigos de caminhada e convivência, Felipe Santa Cruz, Beto Simonetti e Marcus Vinícius Furtado Coelho, por me fortalecerem nos momentos difíceis. Irmãos que a vida me deu e que sempre caminharam junto comigo nessa jornada.

À minha eterna namorada, minha esposa Karina Bittencourt, que divide as angústias e multiplica as felicidades há vinte e um anos, pois, sem você, nenhuma conquista valeria a pena.

Ao meu amado filho, José Enrico Prezia, que me deu o maior título: ser chamado de pai. Ele é a minha luz, que vem, a cada dia, me transformando em um ser humano melhor.

Ao meu orientador, Professor Osmar Paixão, minha eterna gratidão. Sem sua paciência e motivação, nada disso seria possível.

Já podaram seus momentos
Desviaram seu destino
Seu sorriso de menino
Quantas vezes se escondeu

Mas renova-se a esperança
Nova aurora a cada dia
E há que se cuidar do broto
Pra que a vida nos dê flor
Flor e fruto
(Milton Nascimento)

LISTA DE ABREVIATURAS E SIGLAS

AGU	Advocacia-Geral da União
CAESP	Conselho Arbitral do Estado de São Paulo
CAAD	Centro de Arbitragem Administrativa
CARF	Conselho Administrativo de Recursos Fiscais
CCAF	Comissão de Controle Administrativo e Financeiro
CIESP	Centro das Indústrias do Estado de São Paulo
CPC	Código de Processo Civil
CNJ	Conselho Nacional de Justiça
CPPT	Código de Procedimento e de Processo Tributário
CPTA	Código de Processo nos Tribunais Administrativos
CRP	Constituição da República Portuguesa
CTN	Código Tributário Nacional
DGAIEC	Direção-Geral das Alfândegas e dos Impostos Especiais sobre o Consumo
DGCI	Direção-Geral dos Impostos
FIESP	Federação das Indústrias do Estado de São Paulo
ICMS	Imposto sobre Circulação de Mercadorias e Serviços
IPTU	Imposto Predial e Territorial Urbano
IRC	Rendimento de Pessoas Coletivas
IRS	Rendimento de Pessoas Singulares
IVA	Imposto sobre Valor Acrescentado
LA	Lei de Arbitragem
LGT	Lei Geral Tributária
MASC	Meios Adequados de Solução de Conflitos
PAC	Política Agrícola Comum
PGFN	Procuradoria Geral da Fazenda Nacional
RFB	Receita Federal do Brasil
RJAT	Regime Jurídico da Arbitragem Tributária
STA	Supremo Tribunal Administrativo
STF	Supremo Tribunal Federal
STJ	Supremo Tribunal de Justiça
TC	Tribunais Constitucionais
TCU	Tribunal de Contas da União

SUMÁRIO

PREFÁCIO
Gilmar Ferreira Mendes 15

INTRODUÇÃO 19

CAPÍTULO 1
A ARBITRAGEM NO DIREITO BRASILEIRO 23
1.1 Considerações sobre o processo arbitral 26
1.2 As alterações da Lei nº 13.129/2015 30
1.3 A reforma da Lei de Arbitragem 34
1.4 A arbitragem no Direito Público 38

CAPÍTULO 2
O PROCESSO TRIBUTÁRIO NO BRASIL 45
2.1 O sistema tributário: justiça e eficiência 45
2.2 O acesso à Justiça e a crise do Poder Judiciário brasileiro 47
2.3 O crédito tributário frente ao princípio da indisponibilidade e os percalços do processo administrativo tributário 54
2.4 O crédito tributário frente ao princípio da indisponibilidade 57

CAPÍTULO 3
INICIATIVAS LEGISLATIVAS NO ÂMBITO DA ARBITRAGEM TRIBUTÁRIA BRASILEIRA 69
3.1 Percurso da arbitragem tributária no Brasil: cronologia fático-normativa 72
3.2 Normatização brasileira a partir da segunda metade do século XX 82
3.3 Experiências paradigmáticas 90
3.3.1 Deliberações sobre os Estádios da Copa de 2014 92
3.3.2 Projeto de Lei nº 4.257/2019 94
3.3.3 PL nº 4.468/2020 100
3.3.4 Análise do Projeto de Lei Complementar nº 17/2022 104
3.3.5 A Recomendação nº 120/21 do CNJ 105

CAPÍTULO 4
A ARBITRAGEM TRIBUTÁRIA E A EXPERIÊNCIA PORTUGUESA...... 107
4.1 A opção pela arbitragem tributária em Portugal 107
4.2 O marco legal 109
4.3 A arbitragem tributária e a indisponibilidade do crédito tributário em Portugal 110
4.4 A experiência do Centro de Arbitragem Administrativa 112
4.4.1 O Conselho Deontológico 113
4.4.2 Os Tribunais Arbitrais 113
4.4.3 A constituição do Tribunal Arbitral 114
4.4.4 Da competência dos tribunais arbitrais tributários 115
4.4.5 Das matérias arbitráveis 116
4.4.6 Do árbitro 117
4.4.7 Da escolha do árbitro 119
4.5 Efeitos da constituição do Tribunal Arbitral 121
4.6 Custas do procedimento arbitral 122
4.7 Princípios processuais 122
4.8 O processo arbitral 123
4.8.1 Tempo de duração e recursos 124
4.9 Análise crítica da doutrina sobre a arbitragem tributária portuguesa 126
4.10 Análise crítica comparativa com o Brasil 127

CAPÍTULO 5
PERCURSOS DA ARBITRAGEM TRIBUTÁRIA NO DIREITO BRASILEIRO 129
5.1 Disponibilidade do interesse público quanto ao crédito tributário: "mito" ou factibilidade? 129
5.2 Necessidade de regulamentação da arbitragem 131
5.2.1 Princípio da legalidade: ponderações necessárias à "estrita" legalidade tributária 132
5.2.2 (Des)necessidade de alteração do CTN 134
5.3 Arbitragem em Direito Tributário e o Princípio da Isonomia 136
5.4 Óbices da arbitragem na Administração Pública 139
5.5 O impacto da ausência de um marco regulatório específico em âmbito nacional 140
5.5.1 Da ausência de políticas públicas 141
5.5.2 Entraves culturais: "cultura de sentença" 141
5.6 Da regulamentação 142

5.7 Matérias passíveis de serem julgadas por arbitragem tributária 143
5.7.1 Arrolar os projetos que vedam decisões contrárias aos precedentes reiterados pelo Poder Judiciário 147
5.8 Tempos de disrupção (arbitragem tributária *on-line*) 148

CAPÍTULO 6
DESAFIOS E PROPOSTAS PARA A ARBITRAGEM TRIBUTÁRIA 153
6.1 Da não vedação da utilização da solução arbitral pela CF/88 153
6.2 Iniciativa portuguesa como cenário de solução 156
6.3 Desburocratização do sistema 158
6.4 O controle de constitucionalidade difuso na arbitragem tributária 159
6.5 Contribuição para maior efetividade no recebimento do gigantesco passivo tributário 162
6.6 Câmara de Mediação Tributária 179

CONCLUSÃO 183

REFERÊNCIAS 189

PREFÁCIO

O sistema tributário brasileiro apresenta uma antinomia fundamental. Por um lado, manifesta-se a imperativa necessidade de otimização na arrecadação e recuperação dos créditos fiscais. Por outro, observa-se a saturação do aparato jurisdicional, que se encontra onerado por uma quantidade expressiva de processos, circunstância que compromete substancialmente sua capacidade de oferecer soluções céleres e efetivas.

A análise quantitativa apresentada no relatório *Justiça em Números 2024*,[1] elaborado pelo Conselho Nacional de Justiça, oferece dados contundentes sobre essa realidade. As execuções fiscais representam 31% do conjunto total de processos pendentes no Poder Judiciário e 59% do acervo de execuções não finalizadas. A taxa de congestionamento processual atinge o índice de 87,8%, com período médio de tramitação de 7 anos e 9 meses, configurando uma duração processual significativamente superior — em aproximadamente três vezes — à média geral dos processos concluídos.

No contexto dessa expressiva complexidade jurisdicional, a obra *Arbitragem tributária no Brasil: desafios e propostas*, de autoria do Dr. Anderson Prezia Franco, apresenta caminhos possíveis de superação desse paradoxo. O trabalho, derivado de investigação doutoral desenvolvida no âmbito do Programa de Pós-Graduação Stricto Sensu em Direito Constitucional do Instituto Brasileiro de Ensino, Desenvolvimento e Pesquisa (IDP), examina uma das temáticas mais significativas e prospectivas do direito contemporâneo: a implementação de mecanismos alternativos de resolução de conflitos fiscais através do instituto da arbitragem.

A jurisprudência consolidada do Supremo Tribunal Federal (STF) estabeleceu, de forma inequívoca, a consonância entre os mecanismos alternativos de resolução de conflitos, notadamente o

[1] CONSELHO NACIONAL DE JUSTIÇA (CNJ). Justiça em números 2024. Brasília: CNJ, 2024. Disponível em: https://www.cnj.jus.br/wp-content/uploads/2024/05/justica-em-numeros-2024.pdf. Acesso em: 19 dez. 2024.

instituto da arbitragem e o princípio constitucional da inafastabilidade da jurisdição, consagrado no art. 5º, inciso XXXV, da Constituição Federal.[1] Essa perspectiva enfatiza uma feição menos reducionista ao direito fundamental.

Não obstante, persistem obstáculos teórico-dogmáticos substanciais à implementação do procedimento arbitral na seara tributária. A questão da indisponibilidade do interesse público é frequentemente concebida como impedimento absoluto à adoção de mecanismos arbitrais em matéria fiscal.

A obra aborda tais questões mediante uma metodologia bidimensional. Na perspectiva descritiva, o autor desenvolve uma investigação metodologicamente rigorosa e empiricamente fundamentada acerca dos obstáculos e potencialidades da arbitragem tributária no contexto brasileiro. Para além da análise quantitativa do congestionamento jurisdicional, são delineadas proposições concretas para uma reconfiguração estrutural do sistema. O paradigma internacional, com ênfase na experiência portuguesa, é utilizado como referencial analítico, evidenciando a potencialidade da arbitragem como instrumento de otimização processual e racionalização dos custos operacionais.

Sob a ótica prescritivo-normativa, argumenta-se que a arbitragem, ao contrário do que alguns críticos apontam, pode respeitar os interesses da Fazenda Pública enquanto promove maior celeridade e eficiência na resolução de conflitos fiscais. O autor apresenta uma proposição metodológica inovadora que harmoniza a utilização do instituto arbitral com mecanismos consensuais de resolução de conflitos, alinhando-se às diretrizes estabelecidas pelo Conselho Nacional de Justiça.

A obra transcende, portanto, os limites da discussão acadêmica tradicional, constituindo um imperativo pragmático direcionado aos operadores do direito, magistrados, legisladores e gestores públicos, ao demonstrar a viabilidade e necessidade da arbitragem tributária como instrumento de enfrentamento da crise sistêmica do aparato jurisdicional.

A investigação apresentada constitui, assim, um marco referencial indispensável para a compreensão e o desenvolvimento de mecanismos

---

[1] SE 5.206-AgR, rel. Min. Sepúlveda Pertence, j. 12.12.2001, DJ de 30.04.2004, p. 29.

alternativos de resolução de conflitos fiscais, oferecendo subsídios relevantes para a modernização e a otimização do sistema de justiça tributária.

Boa leitura!

Gilmar Ferreira Mendes

Doutor em Direito pela Universidade de Münster, Alemanha. Professor de Direito Constitucional nos cursos de graduação e pós-graduação do Instituto Brasileiro de Ensino, Desenvolvimento e Pesquisa (IDP). Ministro do Supremo Tribunal Federal (STF).

INTRODUÇÃO

O acesso à Justiça é premissa fundamental para a consolidação do Estado Democrático de Direito, sobretudo por se tratar de um "sistema pelo qual as pessoas podem reivindicar seus direitos e/ou resolver seus litígios sob os auspícios do Estado".[1]

Previsto no art. 5º, XXXV, da Constituição Federal de 1988 (CF/88), afirma-se que: "a lei não excluirá da apreciação do Poder Judiciário lesão ou ameaça de direito". O tema, contudo, é motivo de discussão permanente. Desde 2003, o Conselho Nacional de Justiça (CNJ) publica o Relatório Justiça em Números,[2] com o objetivo de apresentar a análise e o diagnóstico dos problemas estruturais e conjunturais do Poder Judiciário, em especial para a formulação de políticas judiciárias.

A execução fiscal representa a segunda maior taxa de congestionamento, no total de 87% dos processos em trâmite. Amparado no exercício de 2020, o referido relatório, publicado em 2021, aponta que os processos de execução fiscal constituem, hoje, 36% do total de casos pendentes e 68% das execuções pendentes no Poder Judiciário (*idem*, 176). Segundo o relatório, esses dados configuram o seguinte cenário: a cada cem processos de execução fiscal que tramitaram no ano de 2020, apenas 13 foram baixados. A Fazenda Pública é, no mesmo sentido, a maior demandante do Judiciário brasileiro, estima-se que quase 60% dos processos em trâmite tenham a Fazenda Pública Federal, Estadual e Municipal como demandante.

---

1 CAPPELLETTI, M; GARTH, B. *Acesso à Justiça*. Porto Alegre: Sérgio Antônio Fabris, 1988, p. 8.

2 BRASIL. Conselho Nacional de Justiça. *Justiça em Números 2021*. Brasília: CNJ, 2021, p. 9. Disponível em: https://www.cnj.jus.br/wp-content/uploads/2021/09/relatorio-justica-em-numeros2021-12.pdf. Acesso em: 9 jun. 2022.

Nesse cenário, a discussão dentro do Direito Tributário brasileiro, no que tange às resoluções alternativas de litígios fiscais, é central para aprofundar a reflexão do acesso à Justiça no Brasil. A Arbitragem pode, no cenário atual, descongestionar o Poder Judiciário quanto às discussões no âmbito tributário, tal qual utilizado há quase dez anos em Portugal, um dos Estados que possuem regulamentação da matéria e que deveria inspirar o Estado brasileiro a resolver a referida celeuma.

A mentalidade da doutrina tradicional está sucumbindo à possibilidade de a arbitragem tornar-se uma realidade jurídica em matéria tributária. Inúmeros doutrinadores, dentre eles, em destaque, o Professor Marcelo Ricardo Escobar, acredita que há muito tempo as medidas alternativas de solução de controvérsias em matéria tributária têm legitimidade em sua adoção, sem qualquer impedimento constitucional ou do Código Tributário. A grande inspiração dessa solução está no advento da Lei nº 9.307, de 1996, que dispõe sobre a Arbitragem. O mencionado diploma legal trouxe soluções e benefícios a milhões de brasileiros, tornando possível para pessoas físicas e jurídicas submeter ao Juízo Arbitral a solução de seus litígios, mediante convenção de Arbitragem, sem necessariamente ter que recorrer ao Poder Judiciário.

No ano de 2009, foi apresentado o Projeto de Lei Complementar nº 469, de autoria do Poder Executivo, para alterar e acrescentar dispositivos à Lei nº 5.172, de 25 de outubro de 1966, o Código Tributário Nacional. O referido projeto dispõe sobre a interrupção da prescrição e a suspensão da exigibilidade do crédito tributário; possibilita a adoção de um modelo mais amplo de transação tributária e atribui responsabilidade subsidiária ao representante, gestor ou diretor de pessoas físicas ou jurídicas devedoras. O projeto acrescenta o art. 171-A ao Código Tributário Nacional, estabelecendo que a lei poderá adotar a Arbitragem para solução de conflito ou litígio, cujo laudo arbitral será vinculante.

A última ação legislativa ocorreu em 21 de março de 2019, data em que o projeto foi encaminhado para a Comissão de Finanças e Tributação e aguarda um parecer do relator designado, Deputado Mauro Benevides Filho, filiado ao Partido Democrático Trabalhista do Ceará. A questão a ser apreciada nesta pesquisa é: existem impedimentos legais na instituição da arbitragem em matéria tributária, bem como de que maneira os créditos tributários, mesmo sendo considerados por juristas tradicionais como indisponíveis, não podem ser submetidos à arbitragem?

Seja pelo congestionamento assustador de processos tramitando no Poder Judiciário, seja pelos elevados custos que esses processos trazem para os cofres públicos e, por consequência, acarretarem prejuízos a todos os cidadãos, que são os verdadeiros financiadores de todos esses gastos públicos, entende-se que já passou o momento de a Administração Pública rever seus conceitos retrógrados a respeito da inserção no ordenamento jurídico brasileiro do instituto da Arbitragem Tributária, como o meio alternativo de resolução de conflitos em questões de natureza tributária.

Nesse sentido, Martins,[3] argumenta que a arbitragem é uma "demonstração de uma das formas de reduzir a morosidade e litigiosidade no âmbito fiscal, com a aplicação e efetivação de meios adequados na resolução de conflitos, especificamente, a arbitragem".

Veiga Netto,[4] em entendimento semelhante, argumenta que "a Arbitragem Tributária se mostra imprescindível, porém, será necessário quebrar alguns dogmas para sua instituição quanto à legalidade e à indisponibilidade do interesse público". Salles[5] adota posição semelhante, propondo que o cenário jurídico brasileiro demanda formas alternativas à judicial para a resolução de conflitos na seara que envolva o fisco e o contribuinte.

Desse modo, nesta tese, a partir das evidências científicas consolidadas na literatura jurídica e do problema de pesquisa apresentado, formula-se a seguinte hipótese: a adoção da Arbitragem Tributária no direito brasileiro tende a ampliar o acesso à Justiça, evitando que o processo judicial, sobretudo na fase de execução fiscal, repita etapas e providências realizadas pela administração fazendária ou pelo conselho de fiscalização profissional.[6]

O objetivo geral desta tese é investigar a arbitragem tributária no Brasil e seus efeitos sociojurídicos para o acesso à Justiça e para o Direito

---

3 MARTINS, Kallyd da Silva. *Arbitragem tributária*: um modelo eficiente na resolução de conflitos fiscais. 2021. Dissertação (Mestrado em Direito, Justiça e Desenvolvimento) – Programa de Pós-Graduação *Stricto Sensu* em Direito, Instituto Brasileiro de Ensino, Desenvolvimento e Pesquisa, São Paulo/SP, 2021, p. 9.

4 VEIGA NETTO, Laudelino João da. *Arbitragem tributária no Brasil como Mecanismo de Desenvolvimento Econômico à Luz do Modelo Português*. Itajaí, SC, 2021, p. 217.

5 SALLES, Carlos Alberto de. *Arbitragem em contratos administrativos*. Rio de Janeiro: Forense; São Paulo: Método, 2011.

6 BRASIL. Conselho Nacional de Justiça. *Justiça em Números 2021*. Brasília: CNJ, 2021, p. 9. Disponível em: https://www.cnj.jus.br/wp-content/uploads/2021/09/relatorio-justica-em-numeros2021-12.pdf. Acesso em: 9 jun. 2022.

Tributário brasileiro. A partir disso, o estudo percorrerá os seguintes objetivos específicos: descrever o processo histórico-social de constitucionalização da Arbitragem tributária no Brasil e o cenário jurídico-político sobre o tema; identificar e problematizar o Sistema Tributário brasileiro, a partir do princípio do acesso à Justiça, com ênfase para as possíveis crises do processo tributário no Poder Judiciário brasileiro; e refletir sobre a experiência portuguesa na adoção da Arbitragem tributária e, de modo subsidiário, propor interlocuções para o caso brasileiro.

A metodologia adotada consiste na revisão bibliográfica sobre o tema, bem como na análise documental do Projeto de Lei nº 4.257/19,[7] de autoria do Senador Antonio Anastasia, que propõe a modificação da Lei nº 6.830, de 22 de setembro de 1980, para instituir a execução fiscal administrativa e a arbitragem tributária, nas hipóteses que especifica; e do Projeto de Lei nº 4.469/20,[8] de autoria Senadora Daniella Ribeiro (PP/PB), que visa instituir a arbitragem especial tributária e abordar outras providências no tema. Analisa-se, também, o Projeto de Lei Complementar (PLP) nº 17/2022, apresentado pelo deputado Felipe Rigoni, em conjunto com outros 31 parlamentares, e que no presente momento encontra-se em tramitação na Câmara dos Deputados, que se apresenta como verdadeiro "Código de Defesa do Contribuinte". O projeto trata de diversas medidas que visam defender o contribuinte de arbitrariedades do fisco. Discute-se, ademais, a Recomendação nº 120/2021 do Conselho Nacional de Justiça (CNJ), em cujo documento orientou-se aos magistrados que priorizem a solução consensual das querelas dentro do meio tributário, estimulando-se, desse modo, o exercício da negociação, conciliação, mediação e da arbitragem.

---

7 Disponível em: https://www25.senado.leg.br/web/atividade/materias/-/materia/137914. Acesso em: 9 jun. 2022.

8 Disponível em: https://www25.senado.leg.br/web/atividade/materias/-/materia/144536. Acesso em: 9 jun. 2022.

A ARBITRAGEM NO DIREITO BRASILEIRO

O Brasil possui ampla tradição na operação da arbitragem, principalmente no direito público. O Decreto nº 7.059, de 29 de dezembro de 1880, na cláusula XXXV, já disciplinava que "no caso do desacordo entre o Governo e a companhia, sobre a inteligência das cláusulas presentes, esta será decidida por árbitros nomeados [...]. Servirá de desempatador na Seção do Império do Conselho de Estado".

À época, o juízo arbitral era regulado na forma disposta no Decreto nº 3.900, de 26 de março de 1867, e o terceiro árbitro só seria convocado diante da divergência entre os dois primeiros (art. 50). Além disso, no art. 55, estava previsto que o terceiro árbitro seria sempre obrigado a conformar-se com a opinião de um dos árbitros, podendo, todavia, se a decisão versar sobre questões adversas, adotar em parte a opinião do outro em cada um dos pontos divergentes.[9]

A Constituição Imperial de 1824, no art. 160, disciplinava que nas causas cíveis e penais intentadas poderão as partes nortear juízes-árbitros. A Constituição do Império reconhecia que o acesso à Justiça era permitido não apenas por meio dos tribunais, mas também por meio do juízo arbitral voluntário.[10]

Em todos os contratos de concessão acima referidos havia a previsão da solução arbitral. Registre-se também que, em 1921, a Câmara Municipal de Sete Lagoas celebrou contrato para fornecimento de energia elétrica destinada à iluminação pública, ao abastecimento de luz e à força motora, por 25 anos; estipulando que, finda a concessão e no

---

9 LEMES, Selma Ferreira. *Arbitragem na Administração Pública, Fundamentos Jurídicos e Eficiência Econômica*. São Paulo: Quartier Latin, 2007, p. 63.

10 *Ibidem*, p. 63-64.

momento da encampação, o preço a ser pago pelos bens, se as partes resolvessem por mútuo acordo, seria solucionado por arbitragem.[11]

Há vários precedentes nos quais a arbitragem foi utilizada para dirimir controvérsias referentes às concessões no Brasil, destacando-se os feitos do Barão de Mauá, a estrada de ferro Santos-Jundiaí. Por ocasião do fim da concessão pelo prazo de 90 anos, houve desavenças quanto aos bens imóveis, que, segundo os proprietários da "São Paulo Railway", estariam fora dos bens encampados e que foram dirimidos por arbitragem.[12] [13]

Um precedente famoso, com a participação de Rui Barbosa, é o caso da Hidromineral de Lambari. Em 1912, o Estado de Minas Gerais firma contrato de arrendamento da estância hidromineral de Lambari com o engenheiro Américo Werneck. O contrato tinha sido firmado pelo prazo de 90 anos. Mas mal começou a vigorar e já surgiram desentendimentos entre as partes, com relação a certos aspectos das obrigações reciprocamente assumidas. Visto que o Estado de Minas Gerais não cumpriu com as suas obrigações prescritas no contrato, o arrendatário resolveu, em 29 de julho de 1913, ingressar em juízo pedindo a rescisão do contrato e perdas e danos. Depois da tentativa frustrada de transferir o julgamento para âmbito federal, o Estado de Minas Gerais propôs

---

11 *Ibidem*, p. 64.

12 *Ibidem*, p. 65.

13 Na estrada de ferro Santos-Jundiaí, por ocasião do fim da concessão pelo prazo de 90 anos, houve desavenças quanto aos bens imóveis encampados, que segundo os proprietários foram dirimidas por arbitragem, em razão da cláusula compromissória no contrato firmado em 1856 e a encampação, que ocorrera por meio do Decreto-Lei nº 9.869, de 1946. A partir daí, arrastou-se a desavença até que, em 1955, por sugestão do Consultor Geral da República, Themístocles Brandão CAVALCANTI, em brilhante parecer (vide anexo I), recomendou que fosse a questão dirimida por arbitragem, observando que: "[...] a Administração realiza melhor os seus fins e sua tarefa convocando a partes, que com elas contratarem, a resolver controvérsias de direito e de fato, perante o juízo arbitral" (CAVALCANTI, 1956: RDA 45:517). Neste caso, após a prolação do laudo arbitral, a questão foi submetida ao Judiciário sendo que, em recurso de Embargos Infringentes e em Recurso Extraordinário, a União levantou a questão da prescrição quinquenal contra a Fazenda (Decreto nº 20.910/32), na tentativa de considerar que os direitos discutidos no juízo arbitral estariam prescritos. No julgamento ocorrido no Tribunal Federal de Recursos, o Ministro João José de Queiroz, considerou a questão impertinente e estranha ao juízo arbitral, enquanto o ministro relator declarou que com o juízo arbitral estaria interrompida a prescrição, aplicando-se o art. 172 do Código Civil, que menciona "ato judicial", fato que se aplicava ao juízo arbitral, posto que significava "ato de julgar", declarou o ministro relator (LEMES, Selma Ferreira. *Arbitragem na Administração Pública:* fundamentos jurídicos e eficiência econômica. São Paulo: Quartier Latin, 2007, p. 65).

que a controvérsia fosse dirimida por arbitragem, o que foi aceito pelo arrendatário.[14]

O laudo arbitral foi editado em 13 de março de 1915, sendo favorável ao arrendatário, condenando o Estado a pagar indenização. O governo mineiro, em desacordo com a cláusula arbitral proposta pelo próprio Estado, na qual a decisão arbitral seria irrecorrível, insurge-se em sede judicial, contratando Rui Barbosa para interpor recurso no Supremo Tribunal Federal (STF) em nome do estado de Minas Gerais. Rui Barbosa compôs um volume de cento e vinte e cinco laudas, com o intuito de obter a nulidade do laudo e atacou não só a decisão, mas o processo de arbitragem em si. Salientou que "o juízo arbitral, em si, não é um meio eficaz de verificar e aplicar o direito" e que a "irrecorribilidade das suas decisões é uma suposição que não encontra base em nenhuma legislação do mundo". O STF manteve a decisão arbitral e o caso entrou para história como uma das poucas derrotas de Rui Barbosa.[15-16]

Coube ao pleno do STF, e por unanimidade, colocar definitivamente uma pá de cal sobre a questão da arbitrabilidade subjetiva na atividade contratual da Administração no precedente Caso Lage (*RTJ* 68/382), esclarecendo que sempre foi tradição do Direito brasileiro o Juízo Arbitral, inclusive para as causas contra a Fazenda. A solução da controvérsia se arrastou por mais de 30 anos, desde que o Decreto-Lei nº 4.648, de 1942, incorporou ao patrimônio nacional, em decorrência do

---

[14] NOGUEIRA, Ruy Barbosa. *Curso de Direito Tributário*. 14. ed. São Paulo: Saraiva, 1995, p. 50-214.

[15] *Ibidem*, p. 213.

[16] "O Supremo Tribunal Federal nega provimento e, declarando que o juízo arbitral não excedeu aos poderes do compromisso, mantém a sentença apelada, e condena o apelante nas custas e no mais que pede o apelado, de acordo com o compromisso. Supremo Tribunal Federal, 8 de agosto de 1917. ANDRÉ CAVALCANTI. V. P. PEDRO LESSA, relator, vencido na preliminar pelos fundamentos expostos na discussão do feito. – VIVEIROS DE CASTRO – pela conclusão: "neguei provimento à apelação exclusivamente porque o juízo arbitrai não excedeu os poderes do compromisso." Era esta a única questão sujeita à decisão do tribunal, que não foi chamado a se manifestar sobre o merecimento da sentença arbitral. – A. PIRES DE C. ALBUQUERQUE, de acordo com o voto *supra* do Sr. Ministro VIVEIROS DE CASTRO. – JOÃO MENDES. – J. L. COELHO E CAMPOS. – G. NATAL, vencido na preliminar. – CANUTO SARAIVA. – PEDRO MIBIELLI, vencido na preliminar. – SEBASTIÃO DE LACERDA. – GODOFREDO CUNHA, vencido na preliminar. – LEONI RAMOS, vencido na preliminar. Fui presente. – MONIZ BARRETO" (BARBOSA, Rui. *Obras completas de Rui Barbosa:* questão Minas x Werneck. v. XLV, Tomo V, 1918, Rio de Janeiro: Fundação Rui Barbosa, 1980, p. 50-214).

estado de guerra, os bens e direitos das Organizações Lage, empresas privadas que se dedicavam à navegação.[17]

O Governo Federal baixou o Decreto-Lei nº 9.521, de 1946, que, entre outras providências, determinou que o valor da indenização fosse fixado por juízo arbitral. O tribunal arbitral foi constituído por Antônio Sampaio Dória, Raul Gomes de Matos e pelo Ministro aposentado do STF Manoel da Costa Manso. Após o laudo arbitral ter sido expedido, o Procurador Geral da Fazenda questionou a constitucionalidade do juízo arbitral. Em todas as instâncias, porém, a matéria foi considerada constitucional.

No STF, o Ministro Relator Bilac Pinto, ao confirmar a decisão do Tribunal Federal de Recursos (TFR), pontificou que a natureza consensual do pacto de compromisso não constitui foro privilegiado, nem tribunal de exceção, ainda que regulado por lei específica.[18] Foi definido também que o Estado só não pode dispor de arbitragem para matérias em que age como Poder Público, *ius imperii*, e que a arbitragem é instituto de direito privado, regulada, portanto, no Direito Civil e Processual Civil.[19]

1.1 Considerações sobre o processo arbitral

Antes do advento da Lei nº 9.307/1996 (LA– Lei de Arbitragem), somente o compromisso arbitral teria o poder de instituir o juízo arbitral. A LA passa a tratar da cláusula e do compromisso arbitral, ambos aptos a afastar a jurisdição estatal e instituir a arbitragem, sem necessidade do compromisso arbitral (arts. 5 e 19 da LA).[20]

Sendo a convenção de arbitragem um negócio para instauração da jurisdição da Câmara Arbitral, examina-se se é possível que a cláusula arbitral ou o compromisso possam atingir quem não foi parte da avença. A Câmara de Comércio Internacional de Paris tem

---

[17] LEMES, Selma Ferreira. *Arbitragem na Administração Pública, fundamentos jurídicos e eficiência econômica*. São Paulo: Quartier Latin, 2007, p. 122.

[18] Recurso Extraordinário nº 71.467 – Caso Laje – "por unanimidade [...] arbitrabilidade subjetiva na atividade contratual da Administração [...] sempre foi tradição do Direito Brasileiro o Juízo Arbitral, inclusive para as causas contra a Fazenda, e pensar de modo contrário é restringir a autonomia contratual do Estado que, como pessoa *sui juris*, pode prevenir o litígio pela via do pacto de compromisso" (vide anexo II).

[19] LEMES, Selma Ferreira. *Arbitragem na Administração Pública, fundamentos jurídicos e eficiência econômica*. São Paulo: Quartier Latin, 2007, p. 87.

[20] CARMONA, Carlos A. *Arbitragem e processo*. 3. ed. São Paulo: Atlas, 2009, p. 77-78.

um precedente positivo. Contudo, no Brasil, tal solução não é satisfatória, pois o efeito severo de afastar a jurisdição do Estado não pode ser deduzido, imaginado, intuído ou estendido. O consentimento dos interessados é essencial. Desse modo, seria inadmissível a decisão do árbitro que envolvesse na arbitragem terceiro que não lhe outorgou jurisdição. Ademais, por exemplo, na hipótese de confusão patrimonial dentro de uma sociedade empresarial, caberá ao juiz togado tomar medidas para estender os efeitos da sentença arbitral.[21]

A convenção de arbitragem muitas vezes deixa grande abertura na definição do tema que deverá ser objeto de decisão arbitral, fazendo-se necessário sanar previamente tais dúvidas. A convenção arbitral atesta que existe vontade clara de submeter os litígios decorrentes, envolventes, relacionados, pertinentes, derivados ou resultantes de certa relação jurídica à solução de árbitros. Entretanto, a tendência dos tribunais brasileiros é interpretar restritivamente as convenções arbitrais, ou seja, arbitrar somente sobre o que está definido no contrato.[22]

A arbitragem pode ser instaurada através do compromisso arbitral ou da cláusula arbitral. O Compromisso Arbitral tem como elemento indispensável: a qualificação das partes, a qualificação dos árbitros ou especificação da entidade que os indicará, o objeto e o lugar onde será dada a sentença (art. 10, LA). Caso a entidade apontada se recuse a indicar um árbitro, deve-se seguir o disposto no art. 16, §2º, da lei. A importância de definir o local se dá para saber se será ou não necessário o procedimento de reconhecimento da sentença estrangeira. Foi estabelecido que, mesmo que todo o procedimento tenha ocorrido em território estrangeiro, se a sentença tiver sido dada no Brasil, ela será nacional.[23]

Entre os elementos facultativos do compromisso arbitral estão a sede da arbitragem, a autorização para que os árbitros julguem por equidade, a escolha da lei aplicável (art. 2º, §§1º e 2º da LA) e a declaração de responsabilidade do pagamento de honorários e despesas com a arbitragem (podem as partes prever, com base no art. 11 inciso V da LA, que as despesas sejam sempre divididas, ou que fiquem a cargo desse ou daquele contratante). Convém que as partes fixem um prazo

---

[21] *Ibidem*, p. 82-84.

[22] *Ibidem*, p. 84-85.

[23] *Ibidem*, p. 19-20.

para apresentação do laudo arbitral (art. 11, III, da LA), caso contrário, mediante silêncio do laudo, serão seis meses (art. 23, LA).[24]

Faz-se necessário estabelecer um procedimento para o caso em que uma das partes resista à instituição do tribunal arbitral. O art. 7º da LA será invocado quando o juiz se deparar com uma cláusula compromissória vazia. Nessa hipótese, seus poderes são amplos, como a nomeação do árbitro, questões a serem resolvidas, prazos e local.[25]

O parágrafo único do art. 8º da LA não deixa dúvidas sobre a competência do árbitro. Este pode decidir sobre a existência, eficácia e validade da cláusula e do compromisso. Consagrou-se, em outras palavras, a autonomia da cláusula compromissória, isto é, ela não necessariamente será invalidada mesmo quando presente em um contrato com vícios.[26]

Impera o princípio da salvação da convenção arbitral, de modo que a recusa do árbitro não inutiliza o procedimento. As partes deverão nomear outro árbitro ou fazer o que indica o art. 7º da LA. E o compromisso só se extinguirá caso a escolha do árbitro tenha sido personalíssima (*ad hoc*). Outra forma de extinção está disposta no art. 12, inciso III, da LA, que diz respeito à prolação da sentença arbitral. O árbitro (ou árbitros) deve ser notificado pelas partes para a apresentação da sentença arbitral, sob pena de fazer valer à parte notificante a exceção de extinção do compromisso, tudo sem prejuízo do direito dos contratantes à indenização por perdas e danos contra os árbitros.[27]

As regras que dizem respeito aos árbitros estão dispostas no Capítulo III da LA. É importante frisar que o árbitro deve proceder sempre com imparcialidade, independência, competência, diligência e discrição no exercício da sua atividade. A falta de imparcialidade do árbitro encontra sua solução no procedimento previsto para a alegação de impedimento ou de suspeição do mesmo (art. 14 da LA). O art. 17 dispõe que não existe diferença entre árbitros e funcionários públicos para a legislação penal.[28]

As partes podem adotar o procedimento que bem entenderem, desde que respeitem os princípios do contraditório, da igualdade das partes, da imparcialidade do árbitro e do seu convencimento racional.

---

[24] CARMONA, Carlos A. *Arbitragem e Processo*. 3. ed. São Paulo: Atlas, 2009, p. 20.

[25] *Ibidem*, p. 20-21.

[26] *Ibidem*, p. 21.

[27] *Ibidem*, p. 21-22.

[28] *Ibidem*, p. 23-24.

Se nada dispuser sobre o procedimento a ser adotado e se não se reportarem às regras de algum órgão institucional, caberá ao árbitro ou ao tribunal arbitral ditar as normas. Porém, não podem as partes estabelecer que a sentença tenha forma diversa daquela prevista no art. 26 da Lei da Arbitragem. Dá-se por instituído o juízo arbitral tão logo seja aceito pelo árbitro (art. 19 da LA). Se o órgão arbitral for composto por mais de um árbitro, o presidente entre eles será o eleito pela maioria. Não havendo consenso, será o mais idoso. Se não houver consenso na decisão, prevalece o voto do presidente (art. 24, §1º).

A sentença arbitral terá praticamente os mesmos requisitos da decisão final proferida pelo juiz togado. Haverá um relatório, a motivação e, por fim, o dispositivo. O art. 26 da LA exigiu mais outro requisito, a data e o lugar onde a sentença foi proferida. E essa sentença proferida não ficará sujeita a qualquer recurso. Nada impede, porém, que as partes estabeleçam que a sentença terá que ser submetida a reexame por outro órgão arbitral. Convém ressaltar que tais recursos são sempre internos.[29]

As partes terão cinco dias, a contar da notificação ou ciência da sentença arbitral, para interpor os "embargos de declaração". Não há previsão para manifestação do "embargado", embora os árbitros possam determiná-la. Os árbitros têm dez dias para manifestar sua decisão sobre os embargos, conforme o parágrafo único do art. 30 da LA.[30]

Foi adotada a tese da jurisdicionalidade da arbitragem, pondo termo à atividade homologatória do juiz estatal. No entanto, não quer dizer que não seja possível questionar em juízo a validade da sentença arbitral. Para esse fim, estabeleceu-se o procedimento de nulidade do art. 33 da LA, isso sem prejuízo do pedido de nulidade na impugnação de cumprimento da sentença, conforme disciplina o §3º do art. 33 da LA.[31]

Não cabe ação rescisória da sentença arbitral, sendo inaplicável, portanto, os casos de nulidade da sentença arbitral dispostos no art. 32 da referida lei.[32]

A demanda para impugnação da sentença arbitral deverá ser proposta pela parte no prazo decadencial de 90 dias após o recebimento da notificação da decisão final dos árbitros. O processo correrá como

---

[29] CARMONA, Carlos A. *Arbitragem e Processo*. 3. ed. São Paulo: Atlas, 2009, p. 24.

[30] *Ibidem*, p. 25.

[31] *Ibidem*, p. 26.

[32] *Ibidem*, p. 27.

previsto no CPC. Se a hipótese de nulidade estiver relacionada com os incisos I, II, VI, VII e VIII do art. 32, será ineficaz a convenção arbitral (as partes podem recorrer ao Judiciário ou estabelecer uma nova arbitragem). Nas demais hipóteses, o árbitro terá que proferir nova sentença.[33]

Lembrando que a ação de nulidade só se justifica quando não observados os requisitos formais do processo arbitral, conforme disciplina o art. 32 da LA. Em regra, a coisa julgada material sobre a decisão arbitral se opera após a decisão dos embargos ou, não havendo embargo, cinco dias após a notificação da sentença, considerada título executivo judicial, na letra do inciso VII do art. 515 do CPC.

Para que a sentença arbitral estrangeira possa produzir efeitos no Brasil, ela deve ser homologada pelo STJ. O procedimento a seguir será o do disposto do art. 36 da LA, o mesmo utilizado para a homologação de sentença estrangeira, devendo o interessado na homologação apresentar os documentos dispostos no art. 37 da mesma lei. A homologação somente será denegada nos casos previstos pelos arts. 38 e 39 da referida lei.[34]

1.2 As alterações da Lei nº 13.129/2015

O legislador veio ao longo dos anos inserindo a arbitragem em setores específicos da Administração Pública, o que sempre encontrou resistência de alguns doutrinadores. Uns defendiam a necessidade de uma Lei Geral de Arbitragem, com a previsão do instituto nos contratos administrativos e, ainda, uma minoria defendia a necessidade de uma lei específica do ente federativo prevendo a arbitragem em seus contratos.

Na prática, a Lei nº 13.129/2015 autoriza a arbitragem nos Contratos Administrativos inserindo os §§1º e 2º no art. 1º da Lei nº 9.307/1996. Com isso, a Administração Pública, direta e indireta, passa a estar autorizada a solucionar conflitos de direitos disponíveis através da via arbitral, *in verbis*:

---

33 *Ibidem*, p. 28.

34 CARMONA, Carlos A. *Arbitragem e Processo*. 3. ed. São Paulo: Atlas, 2009, p. 29.

> Art. 1º (...)
> §1º A administração pública direta e indireta poderá utilizar-se da arbitragem para dirimir conflitos relativos a direitos patrimoniais disponíveis.
> §2 A autoridade ou o órgão competente da administração pública direta para a celebração de convenção de arbitragem é a mesma para a realização de acordos ou transações.

Como consequência prática, a doutrina não reconhecia a intervenção de terceiros na arbitragem e não renunciava ao sigilo do procedimento, uma vez que a jurisdição arbitral é instaurada mediante acordo de vontade entre as partes e, portanto, produzindo efeitos somente entre as partes. Mas a nova lei inseriu o §3º no art. 2º da Lei nº 9.307/1996, determinando sempre a observância do princípio da publicidade nas demandas que envolvem a Administração Pública.[35]

A nova lei introduz uma alteração sensível inserindo o §4º no art. 13 da Lei nº 9.307/1996 (LA), que permite que a Administração, em comum acordo com o cessionário, possa afastar o regulamento das Câmaras na escolha do árbitro, quando haja necessidade da arbitragem *ad hoc* (com um único árbitro), principalmente no caso de partes multilaterais. Fica claro que o legislador pretendeu amparar a arbitragem realizada pela Agência Nacional do Petróleo, Gás Natural e Biocombustíveis (ANP), que pode indicar um único árbitro para solução da controvérsia. A disposição legal é bastante clara quanto a este ponto: "quando existirem partes multilaterais", conduta comum nos atuais contratos de cessão onerosa da indústria do petróleo nacional, que buscam o desenvolvimento compartilhado.[36]

Do ponto de vista processual, a nova lei reconheceu definitivamente a natureza jurisdicional da arbitragem, inserindo os §§1º e 2º no art. 19 da LA. O dispositivo reconhece que a instauração da arbitragem suspende a prescrição, retroagindo à data da instauração da arbitragem,

---

35 BRASIL. *Constituição da República Federativa do Brasil*. 1988; *Lei nº 13.129/2015* – "Art. 2º [...] §3º A arbitragem que envolva a administração pública será sempre de direito e respeitará o princípio da publicidade".

36 *Idem*. "Art. 13 [...] §4º As partes, de comum acordo, poderão afastar a aplicação de dispositivo do regulamento do órgão arbitral institucional ou entidade especializada que limite a escolha do árbitro único, coárbitro ou presidente do tribunal à respectiva lista de árbitros, autorizado o controle da escolha pelos órgãos competentes da instituição, sendo que, nos casos de impasse e arbitragem multiparte, deverá ser observado o que dispuser o regulamento aplicável".

mesmo com a declaração de incompetência do próprio árbitro em relação à matéria arbitrada.[37]

É importante destacar a inserção do novo §1º ao art. 23 da Lei de Arbitragem, o qual permite expressamente a prolação de sentenças parciais, o que, na prática, já era adotado pela maioria das câmaras arbitrais, em respeito ao princípio da economia processual.

O legislador traz ainda a nova regra do §2º do art. 23, onde as partes e os árbitros, em comum acordo, poderão prorrogar o prazo para proferir a sentença final. É importante lembrar que permanece em vigor o inciso III do art. 12 da Lei nº 9.307/1996: se não houver acordo para prorrogação do prazo para apresentação da sentença, as partes ainda poderão notificar o árbitro para que o faça em 10 dias.[38]

Permanece por cinco dias, após a notificação da sentença, o prazo para embargos, que visam corrigir erros materiais e esclarecimento de obscuridades, bem como permanece o prazo de dez dias para que os árbitros exarem a decisão. A novidade é a possibilidade de as partes acordarem prazos diversos dos previstos na lei.[39]

A doutrina sempre criticou o inciso I do art. 32 da Lei nº 9.307/1996, pois somente a nulidade do compromisso arbitral e não da cláusula poderia provocar a nulidade da arbitragem. Nesse ínterim, o legislador ampliou o entendimento: "[...] se nula a convenção de arbitragem". Com efeito, se nulo o compromisso ou a cláusula arbitral, nulo também será o procedimento.[40]

O prazo para requerer a nulidade da sentença parcial arbitral é o mesmo da sentença definitiva, ou seja, 90 dias. A mudança está na

---

37 *Idem.* "Art. 19 [...] §1º Instituída a arbitragem e entendendo o árbitro ou o tribunal arbitral que há necessidade de explicitar questão disposta na convenção de arbitragem, será elaborado, juntamente com as partes, adendo firmado por todos, que passará a fazer parte integrante da convenção de arbitragem. §2º A instituição da arbitragem interrompe a prescrição, retroagindo à data do requerimento de sua instauração, ainda que extinta a arbitragem por ausência de jurisdição".

38 *Idem.* "Art. 23 [...] §1º Os árbitros poderão proferir sentenças parciais. §2º As partes e os árbitros, de comum acordo, poderão prorrogar o prazo para proferir a sentença final".

39 BRASIL. *Constituição da República Federativa do Brasil*. 1988; *Lei nº 13.129/2015* – "Art. 30. No prazo de 5 (cinco) dias, a contar do recebimento da notificação ou da ciência pessoal da sentença arbitral, salvo se outro prazo for acordado entre as partes, a parte interessada, mediante comunicação à outra parte, poderá solicitar ao árbitro ou ao tribunal arbitral que: I – corrija qualquer erro material da sentença arbitral; II – esclareça alguma obscuridade, dúvida ou contradição da sentença arbitral, ou se pronuncie sobre ponto omitido a respeito do qual devia manifestar-se a decisão. Parágrafo único. O árbitro ou o tribunal arbitral decidirá no prazo de 10 (dez) dias ou em prazo acordado com as partes, aditará a sentença arbitral e notificará as partes na forma do art. 29".

40 *Idem.* "Art. 32. É nula a sentença arbitral se: I – for nula a convenção de arbitragem".

possibilidade de se cominar o pedido de declaração de nulidade da sentença arbitral na impugnação da execução da sentença arbitral no juízo estatal.[41]

Por outro lado, também foi preocupação do legislador resolver a questão das sentenças arbitrais incompletas. A nova lei dispõe no §4º do art. 33 que a parte interessada poderá ingressar em juízo para requerer a prolação de sentença arbitral complementar caso o árbitro não tenha decidido todos os pedidos submetidos à arbitragem.[42]

Outra questão importante é que a Lei nº 13.129/2015 implementou a regulamentação das tutelas cautelares e de urgência, constantes dos novos arts. 22-A e 22-B.

De acordo com o novo conteúdo da Lei nº 9.307/1996, somente antes de instituída a arbitragem poderão as partes recorrer ao Poder Judiciário para a concessão das medidas cautelares ou de urgência, sendo que, uma vez instituída a arbitragem, caberá aos árbitros manter, modificar ou revogar a medida cautelar. Se a arbitragem já estiver instituída, a segurança deverá ser requerida diretamente aos árbitros.[43]

O art. 22-C incluído na reforma da Lei de Arbitragem apresenta a figura da "carta arbitral". Trata-se de um canal de comunicação entre o tribunal arbitral e o órgão jurisdicional nacional, que é responsável por determinar a prática ou o cumprimento de determinado ato. Tendo em conta a natureza confidencial da maioria dos procedimentos de arbitragem, com exceção, como visto, das arbitragens envolvendo a Administração Pública, o legislador determinou que o procedimento de cumprimento da carta arbitral deverá observar o segredo de justiça, desde que comprovado que a confidencialidade foi estipulada na arbitragem. A carta arbitral também ganhou regulamentação no Novo Código de Processo Civil.

---

41 Lei nº 13. 129/2015 – "Art. 33. §3º A declaração de nulidade da sentença arbitral também poderá ser arguida mediante impugnação, conforme o art. 475-L e seguintes da Lei n. 5.869, de 11 de janeiro de 1973 (Código de Processo Civil), se houver execução judicial".

42 *Idem.* "Art. 33 – §4º A parte interessada poderá ingressar em juízo para requerer a prolação de sentença arbitral complementar, se o árbitro não decidir todos os pedidos submetidos à arbitragem".

43 *Idem.* "Art. 22-A. Antes de instituída a arbitragem, as partes poderão recorrer ao Poder Judiciário para a concessão de medida cautelar ou de urgência. Parágrafo único. Cessa a eficácia da medida cautelar ou de urgência se a parte interessada não requerer a instituição da arbitragem no prazo de 30 (trinta) dias, contado da data de efetivação da respectiva decisão".
Art. 22-B. Instituída a arbitragem, caberá aos árbitros manter, modificar ou revogar a medida cautelar ou de urgência concedida pelo Poder Judiciário.

Os §§3º e 4º do art. 4º da Lei nº 13.129/2015, que tratavam da possibilidade de se convencionar a arbitragem em relações de consumo e de trabalho, desde que tanto o empregado quanto o consumidor solicitassem uma dessas possibilidades à instituição do procedimento, ou com ele concordassem expressamente, verifica-se que a proposta apresentada, protegia tanto o consumidor quanto o empregado, na medida em que o procedimento arbitral seria apenas mais uma opção dada a eles. Pela redação do projeto, não haveria arbitragem se o consumidor ou o empregado não a solicitasse ou com ela não concordasse. Cabe registrar que os artigos foram vetados pelo presidente.

Em linhas gerais, a reforma foi bem recebida e trouxe avanços principalmente ao permitir que a arbitragem seja aplicada aos contratos da Administração Pública, o que ajudará na atração de investimentos estrangeiros para o país, pois, para que isso aconteça, a segurança jurídica é sempre imprescindível.

1.3 A reforma da Lei de Arbitragem

Não é necessário aprofundar as pesquisas de Direito Comparado para que se constate que algo está ocorrendo no perfil juspolítico contemporâneo, a respeito das relações entre a Sociedade e o Estado, com um nítido sentido de maximizar o papel do consenso e de minimizar o emprego da força imperativa do Poder Público. É intuitiva a superioridade da ação consensual no desenvolvimento das sociedades, justificando-se a consequente busca da justa medida da coerção pública.[44]

Por esse motivo, a razão humana vem desenvolvendo imemorialmente instituições de cooperação, que não somente atuam na prevenção dos conflitos, como em sua composição, reduzindo os riscos da competição desenfreada e radical, para que se torne possível à sociedade beneficiar-se apenas da face saudável dos conflitos.

Efetivamente, situa-se na cooperação o tipo de relacionamento entre pessoas que possibilita a coordenação de diversas expressões do poder, gerado pela sociedade, para alcançar seus fins comuns, impulsionando virtudes sociais como a tolerância e a confiança, que são as duas bases indispensáveis para a existência do consenso. Na época moderna, a literatura sociopolítica sobreleva o papel das instituições de

---

[44] MOREIRA NETO, Diogo de Figueiredo. Mutações do Direito Administrativo Novas Considerações. *Revista Eletrônica sobre a Reforma do Estado*. IDPB, Bahia, 2005, p. 17.

consenso na construção de sociedades livres, em lugar dos sistemas que se baseiam fortemente sobre as instituições de comando. Se é certo que a coerção é imprescindível para a existência das sociedades humanas organizadas, também o é que ela não é suficiente para que se medre plenamente a liberdade e se alcance o desenvolvimento sustentável das potencialidades dos indivíduos.[45]

Em resumo, o que se discorre sobre o consenso se baseia na ideia de que o desenvolvimento dos povos e o eclodir de civilizações "reside na confiança acordada à iniciativa pessoal, à liberdade exploratória e inventiva". Isso, ainda que se reconheça, por certo, a necessária contrapartida coercitiva dos limites e deveres individuais. Assim é que se inaugura, a partir do modelo de Estado Democrático de Direito, uma era de relações mais equilibradas entre os protagonistas da cena política e, especialmente, para o que concerne a este estudo, entre os cidadãos e a Administração. É inegável que o reforço do consenso como forma alternativa de ação estatal representa, para a Política e para o Direito, uma benéfica renovação.[46]

O professor Diogo Figueiredo Moreira Neto admite a celebração de contratos (e possivelmente de outros atos, conforme sugestões recebidas nas consultas públicas realizadas) para a implantação e gestão de serviços e de atividades de interesse público em geral, nas quais o financiamento e a responsabilidade pelas inversões necessárias, assim como sua exploração econômica, passam em todo, ou em parte, para entidades privadas. Seu objeto envolve uma ampla gama de atividades administrativas do Estado em todos os três níveis federativos, como os serviços públicos, precedidos ou não da execução de obras públicas, e a execução de obras em geral, diretamente para a Administração ou para aliená-la ou alugá-la posteriormente à própria Administração. Permite-se, como atração, para que empresas venham colaborar na execução de serviços públicos, que o Estado ofereça aos entes em parceria contraprestações adicionais às tarifas e garantias públicas, inclusive com a possibilidade de ceder seus créditos públicos a instituições financeiras. O que não significa que a segurança jurídica foi esquecida, revendo-se a fixação, nos contratos de parceria, de que os pagamentos

---

[45] MOREIRA NETO, Diogo de Figueiredo. Mutações do Direito Administrativo Novas Considerações. *Revista Eletrônica sobre a Reforma do Estado*. IDPB, Bahia, 2005, p. 17-18.

[46] *Ibidem*, p. 18.

devidos pela Administração Pública terão precedência sobre as outras obrigações contratuais por ela contraídas.[47]

Também, na mesma linha, insere-se a possibilidade do pacto, em favor da arbitragem, para a composição extrajudicial de conflitos derivados das parcerias do Estado, evitando as delongas dos ajuizamentos formais e reforçando a corrente doutrinária brasileira que luta pelo alinhamento do país entre os Estados de vanguarda, que não veem nesse instituto atentados à soberania.[48]

Segundo Francisco Rezek, "jurisdição é o foro especializado e independente que examina litígios à luz do direito e profere decisões obrigatórias".[49]

Luiz Guilherme Marinoni conceitua jurisdição:

> A jurisdição é um método heterocompositivo, na medida em que o juiz, terceiro imparcial, resolve o conflito existente entre as partes. O exercício da jurisdição está fundado na soberania estatal e tem sua legitimidade atrelada à Constituição, especialmente à observância dos direitos fundamentais materiais e processuais.[50]

Fredie Didier afirma que:

> A função jurisdicional é aquela pela qual os órgãos investidos de jurisdição aplicam o direito objetivo ao caso concreto. Trata-se da função pela qual se tutelam os direitos subjetivos, resolvendo-se as crises jurídicas que porventura existam em derredor de tais direitos.[51]

Por sua vez, a arbitragem é mecanismo extrajudicial de resolução de conflitos. A arbitragem é, justamente, a renúncia à jurisdição estatal. Para Rezek, seria um mecanismo jurisdicional não judiciário. Para Marinoni, um "equivalente jurisdicional", mas não jurisdição. Para Didier, um paralelo, um meio alternativo de se chegar à jurisdição civil.[52]

---

[47] MOREIRA NETO, Diogo de Figueiredo. Mutações do Direito Administrativo Novas Considerações. *Revista Eletrônica sobre a Reforma do Estado*. IDPB, Bahia, 2005, p. 19.

[48] *Ibidem*, p. 20.

[49] REZEK, José Francisco. *Direito Internacional público*: curso elementar. 11. ed. rev. e atual. São Paulo: Saraiva, 2008, p. 349.

[50] MARINONI, Luiz Guilherme. *Novo Curso de Processo Civil*. Volume I. Teoria do Processo Civil. São Paulo: Editora Revista dos Tribunais, 2015, p. 174.

[51] DIDIER JR, Fredie. Arbitragem no novo Código de Processo Civil. *Revista Eletrônica Ad Judicia*, a. 1. n. 1. Porto Alegre: ESA-OAB/RS, 2013, p. 02.

[52] *Ibidem*, p. 3.

Não cabe mais a discussão acerca da arbitragem ser ou não jurisdição, não só em virtude da Lei de Arbitragem (Lei nº 9.307/1996), bem como da lei que a alterou (Lei nº 13.129/2015), e pelo advento do novo Código de Processo Civil, que oficializou a arbitragem como jurisdição no direito brasileiro e encerrou a discussão doutrinária acerca da natureza jurídica do instituto da arbitragem. Superada a discussão acerca da validade do instituto, destacam-se as características da arbitragem em um comparativo com a jurisdição estatal.[53]

A arbitragem não surgiu para substituir ou mitigar o Poder Judiciário, ao contrário, apresenta-se como uma alternativa a mais à disposição das partes, para a resolução de conflitos de forma mais rápida, segura e eficaz. A arbitragem, além de ser mais célere que o processo judicial, tem prazos curtos, um árbitro exclusivo, muito menos demanda que o Judiciário, tanto porque esta custa caro, quanto pela delimitação em razão da seletividade das matérias que a ela podem se submeter; e pela arbitragem não ter duplo grau de jurisdição, ou seja, o processo tem instância única, cuja sentença não admite recurso. Possui características que a torna mais atrativa em detrimento da jurisdição estatal. A primeira delas, provavelmente a mais dicotômica da morosidade do processo judicial, é a celeridade. Sabemos que um processo sem nenhuma complexidade julgado pelo Estado pode demorar dez anos facilmente, pela burocracia, pelo grande número de processos em tramitação, pela pouca quantidade de juízes, pela inexistência de prazos para esses, enfim, até por motivos que não se compreende.

Essa demora, quando em um processo envolvendo grandes empresas que movimentam quantias milionárias diariamente, certamente significará um prejuízo que pode até levá-las à falência. Portanto, celeridade é uma regra fundamental do *business*. A duração do processo arbitral, em regra, respeitará o prazo estipulado no procedimento da câmara de arbitragem ou o convencionado pelas partes, o que geralmente não ultrapassa os três anos, isso em processos mais complexos. No entanto, quando as partes não convencionaram um prazo, este é, por força da lei, de seis meses, contado a partir da instituição da arbitragem ou da substituição do árbitro.[54]

---

53 Disponível em: http://www.justificando.com/2015/06/23/nova-lei-de-arbitragem-discutiu-problemas-praticos-afirma-carlos-alberto-carmona/. Acesso em: 16 fev. 2022.

54 *Ibidem*.

Outra grande vantagem da arbitragem é algo que agrada as grandes corporações, o sigilo do processo arbitral. No que tange aos processos judiciais, a regra é a da publicidade do feito (art. 11 do CPC). No entanto, o próprio Código de Processo Civil concede à arbitragem o segredo de justiça (art. 188, IV, do CPC), o que pode ser ignorado pelas partes (visto que é um direito, e não um dever), o que não é comum. A Lei nº 13.129/2015 alterou a Lei nº 9.307/1996, reproduzindo a confidencialidade dada pelo CPC no parágrafo único do art. 22-C.[55]

Esse sigilo é importante para não expor as partes e seu conflito de interesses ao mercado consumidor e às concorrentes, o que poderia, hipoteticamente, ocasionar arranhões na imagem, na credibilidade ou no papel social da empresa, por exemplo, gerando grandes prejuízos econômico-financeiros.

1.4 A arbitragem no Direito Público

É importante destacar que quando a arbitragem envolve a Administração Pública, a regra do sigilo cai por terra, tendo em vista o §3º do art. 2º da Lei de Arbitragem, que reproduz em seu âmbito o Princípio da Publicidade, originário do art. 37 da Constituição.

A especificidade técnica do árbitro é outra grande vantagem da arbitragem. Como se sabe, as partes tanto podem chegar a um consenso e escolher um árbitro *ad hoc,* quanto podem optar por uma câmara de arbitragem onde, geralmente, escolherão, cada uma, um árbitro; e o terceiro será designado pelos árbitros escolhidos ou pela câmara (ou até pelo Judiciário em casos específicos). Dessa forma, os árbitros escolhidos são pessoas de alta especialidade no tema em que forem escolhidos, conhecedores de técnicas específicas relacionadas a determinados litígios, verdadeiros *experts,* que darão mais segurança de acerto no julgamento da causa, o que talvez possa não ocorrer em todos os casos levados à apreciação do Juízo Estatal, posto que esse é, de certa forma, um clínico geral, e trata de muitas questões diferentes, mesmo em varas temáticas.

Outro benefício é a exclusividade no julgamento do processo arbitral. A lei não veda que o mesmo árbitro atue em dois ou mais processos ao mesmo tempo; porém, a maioria das câmaras de arbitragem

---

55 *Ibidem.*

determina que o árbitro julgue o processo a que foi designado com exclusividade.

A professora Selma Lemes Torres ainda lembra que sempre que a Administração puder contratar, o direito será disponível, poderá a Administração, sem que isso importe disposição do interesse público, convencionar cláusula de arbitragem.[56]

Os direitos patrimoniais disponíveis são aqueles em que as partes e seus detentores têm a livre disposição para praticar atos da vida civil, tais como alienar, vender, etc. É o valor social ou não dos bens tutelados que constitui o critério mais seguro para distinguir os direitos disponíveis dos indisponíveis.[57]

No Direito Público, existe o princípio da indisponibilidade, pela Administração, dos interesses públicos. Todavia, como será demonstrado a seguir, a limitação não se aplica em sua totalidade, em especial à atividade negocial do estado, quando este, investido do poder de gestão, contrata particulares. O correto entendimento do conceito que tem como objetivo proteger e velar pelos haveres públicos e seu caráter de indisponibilidade não impede que a Administração eleja a arbitragem como modo idôneo de solução de controvérsias, mas opera em sentido de restringir as questões que possam ser submetidas à arbitragem.[58]

O interesse público utilizado como equivalente de bem comum, de interesse geral, social, da lei, pode também ser caracterizado em oposição ao interesse individual, considerando-o como o que pertence à generalidade das pessoas.[59]

O princípio da indisponibilidade do interesse público decorre do denominado princípio da supremacia do interesse público. O princípio da supremacia do interesse público objetiva proteger os interesses dos administrados, conforme estabelecem os novos paradigmas do Direito Administrativo contemporâneo.[60]

Esse enfoque que privilegia os interesses dos administrados está disposto no art. 1º da Lei nº 9.784/1999, que regula o processo administrativo no âmbito da Administração Pública Federal, estabelecendo que

---

[56] LEMES, Selma Ferreira. *Arbitragem na Administração Pública:* fundamentos jurídicos e eficiência econômica. São Paulo: Quartier Latin, 2007, p. 123.

[57] *Ibidem*, p. 124.

[58] LEMES, Selma Ferreira. *Arbitragem na Administração Pública:* fundamentos jurídicos e eficiência econômica. São Paulo: Quartier Latin, 2007, p. 125.

[59] *Ibidem*, p. 126.

[60] *Ibidem*, p. 127.

a Administração, no cumprimento de suas atribuições, deve atentar para a proteção dos interesses dos administrados e ao melhor cumprimento dos fins da Administração, valendo dizer, o interesse público que é atingido quando se consideram também os interesses dos particulares.[61]

Nesse ponto, a jurisprudência do STJ assevera que o interesse público que exige a participação do *parquet*, na qualidade de fiscal da lei, é o interesse público originário ou primário; e o mais das vezes em que se discutem questões patrimoniais, dos mais diversos matizes, tais como de ações tributárias, de responsabilidade civil, rescisão contratual, desapropriação indireta, há que se esclarecer que não há o interesse público indisponível, mas apenas o interesse da administração – interesse público secundário – de minimizar os prejuízos patrimoniais sofridos pela Administração Pública.[62]

O STJ esclarece, com absoluta nitidez, que o interesse público geral não se confunde com o interesse da Administração. O primeiro refere-se ao interesse público originário, que interessa a todos e é indisponível; e o da segunda espécie, o interesse público secundário, com nítido escopo patrimonial, só interessa à Administração que age na defesa de seus interesses.[63]

Por conseguinte, se a teor da Lei nº 9.307, de 1996, sobre os direitos patrimoniais disponíveis, com clareza meridiana, conclui-se que a Administração Pública pode dispor dessa forma de solução de controvérsias também na acepção da arbitrabilidade objetiva.[64]

As questões referentes à interpretação dos contratos na fase de execução, bem como após a rescisão, são matérias de ressonância patrimonial e sujeitas à arbitragem. Não há falar, portanto, reitere-se, em indisponibilidade, pois são interesses da Administração e não interesses primários. Fazendo eco às palavras do Ministro Eros Roberto Grau, são as denominadas matérias de natureza contratual classificadas como obrigações privadas.[65]

As relações entre Administração Pública e os particulares também são pautadas pelas regras do Direito Privado, fundadas na justiça e na equidade. Convivem, no ambiente contratual da Administração

---

61 *Ibidem*, p. 126-127.

62 *Ibidem*, p. 128.

63 LEMES, Selma Ferreira. *Arbitragem na Administração Pública:* fundamentos jurídicos e eficiência econômica. São Paulo: Quartier Latin, 2007, p. 130-140.

64 *Ibidem*, p. 140.

65 *Ibidem*, p. 140-141

Pública, princípios de Direito Público e de Direito Privado. O Regime Jurídico de Direito Privado, de origem da relação contratual, prepondera nos contratos administrativos nas questões disponíveis. Assim, pode a Administração, junto com o contratado, buscar institutos do Direito Privado na solução de divergências contratuais. É em torno desta órbita que gravita a competência do árbitro, que pode decidir sobre questões referentes à interpretação do contrato durante a execução e após, em fase de apuração de haveres decorrentes da rescisão contratual.[66]

A arbitragem pode ser usada nos contratos administrativos na apuração de descumprimento de obrigações assumidas, nos casos de responsabilidade civil, responsável pela interpretação quanto à abrangência do objeto do contrato e da interpretação do reajuste previsto no contrato, dentre outros.

Não pode o árbitro opinar se aquela exigência era pertinente ou não, mas avaliar e decidir, com base nas cláusulas do contrato e segundo as regras legais, se houve acréscimo nos serviços que consubstanciam ressarcimento ao contratado.[67]

A premissa básica que regula a relação contratual da Administração e os contratados privados está albergada no princípio constitucional do equilíbrio econômico-financeiro do contrato (art. 37, XXI, CF), bem como os demais princípios jurídicos que regulam as relações contratuais, a boa-fé, a confiança, a lealdade contratual, o enriquecimento sem causa, a previsibilidade da ação estatal, a lealdade informadora da ação pública e tantos outros.[68]

As questões referentes aos reajustes de tarifas nos contratos de concessão de obras e serviços públicos podem ser, no caso de dissenso interpretativo, dirimidas por arbitragem. Todavia, caso seja referente à revisão das bases pactuadas consoante disposto pelo Poder Concedente e o concessionário, esta atividade estaria fora da alçada do árbitro, pois pleitos referentes às tarifas que importem em inovação do contrato ou sua alteração por decisão da Administração, não podem ser solucionados por árbitros e decorrem do poder de autoridade que se norteia no interesse público (social) envolvido ou decorrente da negociação do contrato entre o Poder concedente e o concessionário.[69]

---

[66] *Ibidem*, p. 142.

[67] *Ibidem*, p. 142-143.

[68] LEMES, Selma Ferreira. *Arbitragem na Administração Pública:* fundamentos jurídicos e eficiência econômica. São Paulo: Quartier Latin, 2007, p. 140-141.

[69] *Ibidem*, p. 141-142.

Na área arbitral, o importante é ter como fio condutor de orientação que os poderes outorgados do árbitro, o foram pelas partes contratantes, Administração Pública e particular; que os poderes do árbitro se limitam ao contrato, no que concerne às consequências econômicas dos atos das partes; que o árbitro não pode alterar o contrato para atuar como se parte fosse. As alterações do contrato só podem ser efetuadas pela Administração, observando a questão econômico-financeira ou ser fruto do consenso das partes, conforme previsão legal, por exemplo, no art. 65 da Lei nº 8.666/1993.[70]

Dentre as cláusulas exorbitantes, há a possibilidade de a Administração rescindir unilateralmente o contrato. Nesse sentido, pode-se indagar quanto às consequências econômicas desse ato, se poderiam ser solucionadas pela arbitragem. A resposta é afirmativa. Idêntica resposta é alcançada em termos de encampação dos serviços concedidos. As controvérsias que surgirem, finda a concessão, podem ser dirimidas pela arbitragem.

Observa-se que as áreas sobre as quais os árbitros podem decidir referem-se, muitas vezes, a matérias pontuais de fatos muitas vezes surgidos durante a execução do contrato, preservando a relação contratual e que podem ser alcançadas com mais brevidade. [71]

Sobre o tema, vale mencionar a I Jornada de Prevenção e Solução Extrajudicial de Litígios aprovou 87 enunciados relacionados aos meios alternativos de solução de controvérsias envolvendo a Administração Pública. Nesse sentido, destacam-se alguns enunciados específicos da Jornada esclarecedores da arbitragem na Administração Pública, em muitos aspectos:

> Enunciado 2: Ainda que não haja cláusula compromissória, a Administração Pública poderá celebrar compromisso arbitral;
> Enunciado 4: Na arbitragem, cabe à Administração Pública promover a publicidade prevista no art. 2, 3 e 8º da Lei n. 9.307/1996, observado o disposto na Lei n. 12.527/2011, podendo ser mitigada nos casos de sigilo previstos em lei, a juízo do árbitro;
> Enunciado 11: Nas arbitragens envolvendo a Administração Pública, é permitida a adoção das regras internacionais de comércio e/ou usos e costumes aplicáveis às respectivas áreas técnicas;

[70] *Ibidem*, p. 146-147.

[71] *Ibidem*, p. 148.

> Enunciado 13: Podem ser objeto de arbitragem relacionada à Administração Pública, dentre outros, litígios relativos: 1 – ao inadimplemento de obrigações contratuais por qualquer das partes; II – à recomposição do equilíbrio econômico-financeiro dos contratos, cláusulas financeiras e econômicas;
> Enunciado 18: Os conflitos entre a administração pública federal direta e indireta e/ou entes da federação poderão ser solucionados pela Câmara de Conciliação e Arbitragem da Administração Pública Federal – CCAF – órgão integrante da Advocacia-Geral da União, via provocação do interessado ou comunicação do Poder Judiciário;
> Enunciado 25: A União, os Estados, o Distrito Federal e os Municípios têm o dever de criar Câmaras de Prevenção e Resolução Administrativa de Conflitos com atribuição específica para autocomposição do litígio;
> Enunciado 31: É recomendável a existência de uma advocacia pública colaborativa entre os entes da federação e seus respectivos órgãos públicos, nos casos em que haja interesses públicos conflitantes/divergentes. Nessas hipóteses, União, Estados, Distrito Federal e Municípios poderão celebrar pacto de não propositura de demanda judicial e de solicitação de suspensão das que estiverem propostas com estes, integrando o polo passivo da demanda, para que sejam submetidos à oportunidade de diálogo produtivo e consenso sem interferência jurisdicional;
> Enunciado 32: A ausência da regulamentação prevista no art. 1º da Lei n. 9.469/1997 não obsta a autocomposição por parte de integrante da Advocacia-Geral da União e dirigentes máximos das empresas públicas federais nem, por si só, torna inadmissível para efeito do inc. II do & 4 do art. 334 do CPC/2015.8.

Curiosamente, Selma Ferreira Lemes, citando Pontes de Miranda, dispõe sobre os limites materiais da arbitragem administrativa:

> Importa observar que foram raros os textos legais exigindo autorização expressa para a Administração Pública dispor da arbitragem, sendo de registro somente o Código de Processo Civil e Comercial do Distrito Federal de 1910. A única proibição que existia para a União era sobre matéria fiscal (DL 960/38). Pontes de Miranda, ao analisar a questão, observou que se houvesse autorização legal, a matéria fiscal poderia ser submetida à arbitragem.[72]

[72] LEMES, Selma Ferreira. A evolução da utilização da arbitragem nos contratos firmados pela Administração Pública. *Revista Comercialista*, n. 7, n. 17, 2017, p. 53. Disponível em: http://comercialista.ibdce.com/. Acesso em: 30 jan. 2022.

Sendo fato que a adoção da arbitragem administrativa ocorre em patamares financeiros de relevo, os dados estatísticos das câmaras arbitrais brasileiras apontam para a importância da arbitragem aplicada ao setor público, destacando essa autora que:

> Não podemos finalizar sem antes trazer alguns dados estatísticos colhidos em seis câmaras de arbitragens brasileiras (AMCHAM, CAM-CCBC, CAM/CIESP/FIESP, CAM-BOVESPA, CAM/FGV e CAMARB) para informar que em 2015 do total de arbitragens em curso nas citadas Câmaras, 4% representavam arbitragens com a Administração Pública direta e indireta.
> Em 2016 essas Câmaras processavam 55 arbitragens com o setor público de um total de 609 casos em andamento, representando, portanto, 9% do movimento dessas Câmaras. Em 2015, os valores envolvidos em arbitragens eram de R$10 bilhões e, em 2016, foram R$24 bilhões. Os valores mais que dobraram e isso se deve, especialmente, às arbitragens com a Administração Pública.[73]

Além disso, destaca-se a necessidade de mudança de mentalidade dos agentes públicos e quanto à nobreza pela solução célere dos conflitos com foco no interesse coletivo, para que se possa entregar à sociedade serviços públicos de qualidade e infraestrutura adequada em ferrovias, rodovias e aeroportos, por exemplo.[74]

A utilização dos métodos adequados de solução de conflitos contribui para a pacificação dos longos contratos de PPP e PPI, pois as questões complexas são resolvidas por especialistas, em consonância com a denominada administração pública de forma consensual, pautada em resultados.[75]

---

[73] LEMES, Selma Ferreira. A evolução da utilização da arbitragem nos contratos firmados pela Administração Pública. *Revista Comercialista*, n. 7, n. 17, 2017, p. 61. Disponível em: http://comercialista.ibdce.com/. Acesso em: 30 jan. 2022.

[74] *Ibidem*, p. 62.

[75] *Ibidem*, p. 63.

O PROCESSO TRIBUTÁRIO NO BRASIL

2.1 O sistema tributário: justiça e eficiência

A celeridade da tramitação processual e a duração razoável do processo judicial e administrativo são garantias constitucionais nos termos do art. 5º, inciso LXXVIII, da Constituição Federal, introduzidas pela Emenda Constitucional nº 45, de 2004, que, sensível ao problema acima exposto, determinou a reforma do Poder Judiciário.

A garantia de celeridade e duração razoável do processo advém de orientação bastante discutida e introduzida nas convenções internacionais sobre Direitos Humanos. Estas entendem que a garantia é implícita à proteção judicial efetiva, ao estado de direito e, ainda, ao postulado da dignidade da pessoa humana.[76]

Tendo em conta o direito subjetivo consagrado constitucionalmente, a adoção de medidas fomentadoras para se concretizar um processo célere implica uma ação de controle do poder público e do Poder Judiciário, que tem, na fiscalização das políticas públicas, uma forma valiosa de administrar a prestação jurisdicional.[77]

Considerando essa relação entre justiça e eficiência, muito há que ser feito para o aprimoramento da prestação processual. Por exemplo: a simplificação e a modernização do sistema processual, a criação de

[76] MENDES, Gilmar Ferreira; COELHO, Inocêncio Mártires; BRANCO, Paulo Gustavo Gonet. *Curso de Direito Constitucional*. 3. Ed. São Paulo: Saraiva, 2008, p. 500.

[77] *Ibidem*, p. 501.

órgãos judiciais em compatibilidade numérica com a demanda e seu efetivo controle, bem como a efetividade do acesso à justiça.[78]

O que se quer dizer é que, em determinadas situações, a sistemática dos procedimentos e a demora podem acarretar a ineficácia ou inutilidade do provimento requerido, com o consequente perecimento do direito reclamado; por isso, é cogente a busca da efetividade do processo com base na missão social de dirimir conflitos e realizar a justiça.

Não se pode deixar de mencionar que a relação entre eficiência e justiça tem quatro concepções: concepção da autonomia, concepção do primado, concepção da contradição e concepção da conexão.[79-80]

Na primeira, concebe-se eficiência e justiça como elementos autônomos da relação, como ciências e realidades diversas, uma dada pela racionalidade jurídica e a outra pela racionalidade econômica; na concepção do primado, uma pode ser explicada pela outra; na concepção da contradição, eficiência e justiça são excludentes entre si, já que, quando se busca uma, se enfraquece a outra, denotando contradição; por fim, na concepção da conexão, concebe-se uma sociedade justa como sociedade eficiente.

Deve-se frisar que a legislação processual brasileira está ligada à reforma constitucional dada pela Emenda Constitucional nº 45, de 2004, já citada, de modo que a legislação infraconstitucional deverá ofertar a simplificação e a desburocratização do processo com foco na celeridade da tramitação processual.

Deve-se acrescentar que o princípio da eficiência aparece expresso no art. 37 da Constituição Federal, passando a ser considerado um direito da cidadania frente à prestação de serviços públicos em geral e é aplicado a toda estrutura da administração pública. O princípio da eficiência foi concebido na junção da ideia do produto útil com o meio empregado possível, e nas concepções gerenciais para a busca da eficiência da ação administrativa.[81]

Portanto, reitere-se, o processo administrativo e judicial célere é uma garantia do cidadão, mas deve ser conjugado com a ideia de justiça,

---

78 LENZA, Pedro. *Direito Constitucional esquematizado.* 21. Ed. São Paulo: Saraiva, 2017, p. 1216.

79 CASAMIGLIA, Albert. Eficiência; TEIXEIRA, Daniel Alves. *Derecho. Doxa*, n. 4, 1987, p. 271; *Praticidade no Direito Tributário:* fundamento e controle. 1. ed. Rio de Janeiro: Lumen Juris, 2016, p. 53-54.

80 SILVEIRA, Paulo Antônio Caliendo Velloso da. *Direito Tributário e Análise Econômica do Direito:* uma visão crítica. Rio de Janeiro: Elsevier, 2009, p. 75.

81 MOREIRA NETO, Diogo de Figueiredo. *Curso de Direito Administrativo.* Rio de Janeiro: Forense, 2009, p. 117.

para que ocorra no tempo adequado (razoável), satisfaça o interesse público em sua finalidade e preserve o direito fundamental.

Entende-se por prazo razoável aquele que impede que, em decorrência da demora do julgamento, crie-se uma instabilidade na situação jurídica das partes, o que seria incompatível com a ideia de segurança jurídica pregada por nosso sistema.[82]

2.2 O acesso à Justiça e a crise do Poder Judiciário brasileiro

O tema do acesso à justiça está previsto no art. 5º, XXXV, da Constituição Federal de 1988, que diz: "a lei não excluirá da apreciação do Poder Judiciário lesão ou ameaça de direito".[83] A pandemia de covid-19, por exemplo, trouxe impactos multidimensionais para a sociedade e apresentou diversas questões para o mundo jurídico, a exemplo do debate em torno do acesso à justiça, que ganhou novos contornos e desafios próprios, como a judicialização da saúde. Esses fatores são diagnósticos que provocam a discussão sobre a universalidade da justiça dentro de um contexto criativo da ordem social.

Não por acaso, sua importância é mencionada na sabedoria do art. 8º da Declaração Universal dos Direitos Humanos, o qual garante que "todo ser humano tem direito a receber dos tribunais nacionais competentes remédio efetivo para os atos que violem os direitos fundamentais que lhe sejam reconhecidos pela constituição ou pela lei". A Convenção Americana sobre Direitos Humanos, em consonância com os instrumentos jurídicos mencionados, aduz que toda pessoa tem direito de ser ouvida pelas jurisdições estatais disponíveis em seu país.

O acesso à Justiça está expresso e protegido, portanto, em diversos ordenamentos nacionais e internacionais. Trata-se de um percurso fundamental para o acesso à justiça social no Brasil. E é nesse cenário sociojurídico que, ao comemorar seus cinco anos de vigência, o Novo Código de Processo Civil de 2015 (NCPC/2015) trouxe contribuições importantes para o tema, especialmente pela centralidade conferida aos institutos de resolução extrajudiciais dentro do sistema de justiça brasileiro.

---

[82] GRECO, Leonardo. *Instituições de Processo Civil*. v. 1. 5. ed. Rio de Janeiro: Forense, 2015, p. 20.

[83] BRASIL. *Constituição da República Federativa do Brasil*. 1988

A democratização do acesso à Justiça é parte central para a compreensão sistêmica dos anseios éticos presentes no NCPC/2015. O Estado Democrático de Direito encontra sua efetividade por meio do conjunto de elaborações articuladas entre os atores sociais e a exegese jurídica que abranja, necessariamente, a pulsão ética em benefício da coletividade. A segurança jurídica, princípio constitucional central para a urdidura jurídica na aplicação das leis, conecta-se com a dimensão conciliatória apresentada pelo referido código processual.

Partindo de uma concepção monista do direito, compreende-se o acesso à justiça como o "acesso ao poder judicial e aos procedimentos e instrumentos disponibilizados para movimentá-lo ou nele adentrar",[84] por meio da intermediação do Estado enquanto ente que detém o poder de criar e reconhecer direitos.

Para Cappelletti e Garth,[85] a expressão "acesso à justiça" determina duas finalidades básicas do sistema jurídico: a) meio para a reivindicação de direitos perante o Estado; b) produção de resultados individuais ou socialmente justos. Ao falar da efetividade do acesso à justiça, os autores levantam as diferenças de armas entre as partes e elencam uma série de obstáculos para que essa efetivação se dê de modo justo, a exemplo das custas processuais.

Esses obstáculos tornam-se maiores na medida em que consideramos a representação de grupos e de seus interesses coletivos e difusos. Ao falar da segunda onda do movimento de acesso à justiça, Cappelletti e Garth[86] trazem à luz as reformas sobre as noções tradicionais do processo civil e sobre o papel dos tribunais que partiam de uma concepção individualista do devido processo judicial.

É nessa perspectiva coletiva que o debate sobre acesso à justiça ganha espaço no Brasil. Junqueira[87] fala de acesso coletivo à justiça para se referir ao movimento que ganha força no país a partir do surgimento

---

84 IGREJA, Rebecca L; RAMPIN, Talita. Acesso à Justiça e desigualdades: perspectivas latino-americanas. *In*: IGREJA, R. L; NEGRI, C. (org.) *Desigualdades globais e Justiça Social: diálogos Sul-Norte, Vol. I*, FLACSO, 2021. (no prelo).

85 CAPPELLETTI, M; GARTH, B. *Acesso à Justiça*. Porto Alegre: Sérgio Antônio Fabris, 1988. Disponível em: http://irib.org.br/app/webroot/publicacoes/diversos003/pdf.PDF. Acesso em: 17 fev. 2019.

86 CAPPELLETTI, M; GARTH, B. *Acesso à Justiça*. Porto Alegre: Sérgio Antônio Fabris, 1988, p. 118. Disponível em: http://irib.org.br/app/webroot/publicacoes/diversos003/pdf.PDF. Acesso em: 17 fev. 2019.

87 JUNQUEIRA, Eliane Botelho. Acesso à Justiça: um olhar retrospectivo. *Revista Estudos Históricos*, v. 9, n. 18, 1996, p. 391.

dos novos movimentos sociais no final dos anos 70 e com o início do processo de abertura política. A autora destaca ainda o papel desempenhado pelas ciências sociais, que, por meio das obras de Boaventura de Sousa Santos, revela a inacessibilidade da justiça para os setores minorados e apresentava diversas possibilidades não estatais de resolução de conflitos:

> Apesar de a pesquisa não estar preocupada diretamente com os canais de acesso à Justiça estatal, o direito de Pasárgada atesta não apenas a produção de uma nova ordem jurídica paralela ao direito oficial (direito do asfalto), mas a impossibilidade de os habitantes daquela comunidade, percebida como ilegal pelo direito oficial, buscarem soluções para seus conflitos no ordenamento jurídico e nas instâncias judiciais.[88]

Ciente das necessidades da sociedade brasileira de uma prestação jurisdicional efetiva, que desse conta da resolução de conflitos de forma célere e sem maiores prejuízos para as partes, o novo CPC, por meio do estabelecimento de novos mecanismos, aprofundou o reconhecimento do acesso à justiça como direito fundamental de todo cidadão.

Uma das principais queixas em relação ao sistema jurídico brasileiro, sem dúvidas, recai sobre a morosidade da resolução dos conflitos. Isso se deve, além de outros fatores, ao fato de que impera na cultura jurídica a expectativa de que os conflitos sejam solucionados por meio de uma sentença dada pelo órgão julgador. Desse modo, "(...) a predominância desse critério vem gerando a chamada 'cultura de sentença', o que explica o congestionamento não somente das instâncias ordinárias, como também dos Tribunais Superiores e até mesmo da Suprema Corte".[89]

Diante desse cenário, que aprofunda a crise estrutural do Poder Judiciário, "a não coincidência entre o mundo real e o legal adverte para a necessidade de se construir mecanismos que garantam a sua aproximação". Nesse sentido, a criação dos institutos, como a mediação e a conciliação, certamente constitui um avanço no que se refere à

---

[88] *Ibidem*, p. 392.

[89] FREITAS, Sérgio Henriques Zandona; FERREIRA, Sarah Marchisotti. O impacto da morosidade do Judiciário na definição da situação jurídica dos adotandos e a adoção tardia. Florianópolis: CONPED, 2019 (PÔSTER EXPOSTO EM CONGRESSO – *XXVIII CONGRESSO NACIONAL DO CONPED*, p. 1.

ampliação e à efetivação do direito ao acesso à justiça no ordenamento jurídico pátrio.[90]

Ao encorajarem o entendimento e o equilíbrio entre vontades divergentes, os métodos extrajudiciais de resolução de litígios contribuem não apenas para a redução do número de causas levadas aos tribunais, mas também para a promoção da concórdia, tão necessária às sociedades em geral, e à brasileira em especial – sobretudo nesses tempos de rivalidades tão afloradas. Além disso, a mediação e a conciliação favorecem a celeridade processual, estimulam a participação dos interessados e o entendimento duradouro, aliviam o Poder Judiciário e reduzem custos para as partes e para o Estado.

Para tanto, foi determinante a edição do Código de Processo Civil de 2015, que instituiu um novo paradigma de administração da justiça no território nacional. O estímulo às soluções consensuais está evidente no art. 3º, §2º, que diz: "O Estado promoverá, sempre que possível, a solução consensual dos conflitos". Além disso, estabelece que "A conciliação, a mediação e outros métodos de solução consensual de conflitos deverão ser estimulados por juízes, advogados, defensores públicos e membros do Ministério Público, inclusive no curso do processo judicial" (art. 3º, §3º).

Há, ainda, vários outros dispositivos que regulamentam ou recomendam o uso dos métodos consensuais de solução de conflitos (art. 154, VI; art. 381, II; arts. 164 a 174; art. 334; art. 565). Portanto, o incentivo à conciliação e à mediação tem sido marca da evolução do ordenamento jurídico brasileiro, como verificado no novo Código de Processo Civil, que estimula a prática da autocomposição, enfatizando que encorajá-las é função de todos os atores processuais – e não apenas dos juízes.

A Ordem dos Advogados do Brasil, que desempenhou papel fundamental para a aprovação do novo CPC, tem avançado na matéria e incluiu o estímulo à mediação entre os deveres do advogado. Trata-se de previsão explícita do art. 2º, parágrafo único, inciso VI, do novo Código de Ética e Disciplina da Advocacia, também de 2015, que diz "São deveres do advogado: [...] estimular, a qualquer tempo, a conciliação e a mediação entre os litigantes, prevenindo, sempre que possível, a instauração de litígios".

---

90 SADEK, Maria Tereza *et al.* *Justiça e cidadania no Brasil* [on-line]. Rio de Janeiro: Centro Edelstein, 2009, p. 224.

Assim, buscamos efetivar o direito fundamental constante do art. 5º, inciso 78, da Constituição Federal, que assegura a todos "a razoável duração do processo e os meios que garantam a celeridade de sua tramitação". Nesse diapasão, a mediação objetiva a informalidade, evita a excessiva burocratização e reforça o princípio da autonomia da vontade das partes, pois permite uma oportunidade de crescimento das partes e do próprio sistema de justiça ao conduzir os envolvidos na construção de suas próprias soluções de forma satisfatória.

Nas lições de Schnitman:[91]

> Nossa cultura privilegiou o paradigma ganhar-perder, que funciona como uma lógica determinista binária, na qual a disjunção e a simplificação limitam as opções possíveis. A discussão e o litígio – como métodos para resolver diferenças – dão origem a disputas nas quais usualmente uma parte termina ganhadora, e a outra, perdedora. Essa forma de colocar as diferenças empobrece o espectro de soluções possíveis, dificulta a relação entre as pessoas envolvidas e gera custos econômicos, afetivos e relacionais.

Dito isso, Maria de Nazareth Serpa,[92] assevera que "o objetivo principal da mediação é o acordo entre as partes, ou seja, a produção de um plano de ação para as futuras relações de pessoas envolvidas num conflito". Vale ressaltar que, no art. 165, do CPC, há a previsão de que cada tribunal possa criar o setor de conciliação e mediação ou investir em medidas que estimulem a resolução consensual dos conflitos. Com isso,

> [...] os litigantes chegam de comum acordo a uma solução, mas com o auxílio, o incentivo, do mediador ou conciliador. A distinção entre o conciliador e o mediador sempre foi doutrinariamente controvertida. O Código de Processo Civil veicula conceitos legais das duas figuras. Assim, nos termos da lei, o mediador atuará preferencialmente nos casos em que houver vínculo anterior entre as partes, cabendo-lhe auxiliá-las a compreender as questões e os interesses em conflito, de modo que elas possam, pelo restabelecimento da comunicação, identificar, por si próprias uma solução consensual satisfatória [art. 165, §3º, do CPC/2015]. Já o conciliador atuará preferencialmente nos casos em que não houver

---

91 SCHNITMAN, D. F. Novos paradigmas na resolução de conflitos. *In*: D. F. SCHNITMAN; LITTLEJOHN, S. (ed.). *Novos paradigmas em mediação*. Porto Alegre: Artmed, 1999, p. 17-27.

92 SERPA, Maria de Nazaré. *Mediação de Família*. Belo Horizonte, Del Rey, 1999, 134.

vínculo anterior entre as partes, cabendo-lhe sugerir, sem coagir nem intimidar, soluções razoáveis para o litígio [art. 165, §2º, do CPC/2015]. Em suma, a distinção reside em que o mediador trabalha para que as partes identifiquem e construam a solução consensual, ao passo que o conciliador fórmula ele mesmo sugestões de solução, que as partes poderão acolher, na íntegra ou com alterações, ou rejeitar.[93]

De forma muito simples, a conciliação seria um método que visa, por meio do diálogo e da condução de um terceiro que auxiliará o processo, a busca de soluções conjuntas, cabendo às partes envolvidas a decisão final.[94] Já a mediação consiste na presença de um terceiro que atua ajudando as próprias partes a elaborarem as soluções. Assim, a diferença reside apenas na postura do terceiro: o conciliador propõe soluções e o mediador apenas conduz o diálogo para que as partes elaborem por si mesmas as saídas para os conflitos.

Segundo dados fornecidos pelo Anuário da Justiça 2020,[95] observamos os seguintes dados:

• em 2019, 12,5% dos processos foram solucionados pela via da conciliação;
• a Justiça do Trabalho solucionou 24% de seus casos por meio de acordo;
• na fase de conhecimento do 1º, a Justiça do Trabalho atingiu o percentual de 39% de conciliações;
• atualmente, existem cerca de 1.284 Centros Judiciários de Resolução de Conflitos e Cidadania;
• nos juizados especiais, o índice de conciliação foi de 20% na fase de conhecimento, sendo de 23% na Justiça Estadual e de 12% na Justiça Federal.

Fonte: Justiça em Números 2020. Tabela elaborada pelo autor.

Como podemos observar, a Justiça que mais concilia é a Justiça do Trabalho, com cerca de 24% de seus casos solucionados por meio de acordos. Além disso, somente 12,5% dos processos em 2019 foram solucionados pela via da conciliação. Esses dados evidenciam que, apesar

93 WAMBIER, T. A. A. (coord.). *Breves comentários ao novo Código de Processo Civil*. São Paulo: Revista dos Tribunais, 2016, p. 54.

94 DIAS, L. S; FARIAS, K. C. A mediação e a conciliação no contexto do Novo Código de Processo Civil. *Revista Digital Constituição e Garantia de Direitos*, [S. l.], v. 8, n. 2, p. 20-44, 2016. Disponível em: https://periodicos.ufrn.br/constituicaoegarantiadedireitos/article/view/9990. Acesso em: 12 abr. 2022.

95 BRASIL. Conselho Nacional de Justiça. *Justiça em Números 2021*. Brasília: CNJ, 2021, p. 9. Disponível em: https://www.cnj.jus.br/wp-content/uploads/2021/09/relatorio-justica-em-numeros2021-12.pdf. Acesso em: 9 jun. 2022.

dos esforços do Conselho Nacional de Justiça e do Poder Judiciário de um modo geral, as práticas consensuais ainda não são rotina no mundo do direito.

Com a entrada em vigor do NCPC, tais institutos foram fortalecidos e ainda há muito o que amadurecer no cotidiano das práticas forenses. Não se muda uma cultura jurídica assentada na sentença em tão poucos anos, tampouco se avança na aproximação do Judiciário com a população em geral tão rapidamente. Trata-se de um processo longo, em que todos os atores envolvidos devem fazer sua parte.

Uma das novidades em termos procedimentais do CPC de 2015 é a abertura para o modelo multiportas de composição de litígios. Como nos ensina Marinoni,[96] a expressão se refere à necessidade de criação de centro de resolução de conflitos, como os 1.284 Centros Judiciários de Resolução de Conflitos e Cidadania criados no âmbito da Justiça Estadual brasileira. Para o autor, "a decisão judicial não é a mais adequada, considerando que suas características tendem a acirrar o conflito". Precisamos incentivar a implementação de técnicas que pacifiquem e mantenham os vínculos antes formados.[97]

Ainda segundo Marinoni, embora o NCPC, em seu art. 334, mencione apenas a mediação e a conciliação, "é evidente que esse momento processual deve ser empregado para oferecer às partes um rol muito maior de instrumentos de composição da controvérsia, na linha do que preconiza o art. 3º, §§2º e 3º, do CPC". Sobre isso, a Resolução nº 125/2010 do Conselho Nacional de Justiça (CNJ), que institui a Política Nacional de Tratamento dos Conflitos de Interesses, busca efetivar, sob a perspectiva de uma política pública, o acesso à Justiça por meio da aplicação de métodos adequados para a resolução de conflitos de interesses no âmbito do Poder Judiciário.[98]

Ainda no que se refere à dimensão de judicialização de conflitos, a resolução por meio extrajudicial permanece em pleno ascenso no ramo privado do direito. Discute-se, por outro lado, o cabimento de métodos como a arbitragem no direito público. O Conselho Arbitral do Estado de São Paulo (CAESP), no campo do direito privado, revela o aumento de 10% ao ano da atividade no Brasil, e, atualmente, estima-se

---

96 MARINONI, Luiz Guilherme. *Novo Curso de Processo Civil*. Volume I. Teoria do Processo Civil. São Paulo: Editora Revista dos Tribunais, 2015, p. 174.

97 *Ibidem*, p. 174-175.

98 *Ibidem*, p. 175.

200 entidades de mediação e arbitragem no país, da quais 77% estão concentradas nas regiões Sul e Sudeste.[99] O Direito Administrativo regula a arbitragem em contratos de concessão e no instrumento licitatório, conforme art. 23-A da Lei nº 8.987/1995 e art. 11, III, da Lei nº 11.079/2004, Lei de Parcerias Público e Privadas (PPP).[100]

A utilização de métodos alternativos à "cultura da judicialização" é central para o enfrentamento à crise no Poder Judiciário vivida atualmente. Trata-se de um benefício de relevância incomensurável, em particular em razão da flagrante insuficiência da capacidade instalada do Poder Judiciário nacional. Apesar dos índices supracitados, é importante destacar que a proporção – que vem aumentando gradativamente – atesta a emergência de uma nova cultura jurídica no país, que valoriza muito mais o diálogo do que o litígio.

2.3 O crédito tributário frente ao princípio da indisponibilidade e os percalços do processo administrativo tributário

Numa perspectiva histórica, a morosidade do Poder Judiciário vem sendo atribuída, em grande parcela, às execuções fiscais. Isso porque após o esgotamento da via administrativa, o crédito tributário apurado é inscrito na dívida ativa para ulterior execução fiscal pela Procuradoria da Fazenda Nacional (PGFN).

Dessa forma, o relatório do CNJ destaca que seriam necessários 11 anos para liquidar todas as execuções fiscais pendentes no Poder Judiciário. Traz-se o registro:

> Os processos de execução fiscal representam, aproximadamente, 39% do total de casos pendentes e 74% das execuções pendentes no Poder Judiciário, com taxa de congestionamento de 91,7%. Ou seja, de cada cem processos de execução fiscal que tramitaram no ano de 2017, apenas 8 foram baixados. Desconsiderando esses processos, a taxa de congestionamento do Poder Judiciário cairia 9 pontos percentuais, passando de 72% para 63% em 2017.

---

[99] Disponível em: https://www.dci.com.br/legislacao/camaras-arbitrais-devem-crescer-ainda-mais-1.688730. Acesso em: 22 fev. 2022.

[100] GODOI, Marciano Seabra; GIANNETTI, Leonardo Varella. *Arbitragem e Direito Tributário brasileiro:* a superação do dogma da indisponibilidade do crédito tributário. Lisboa: CAAD, 2015, p. 38.

> O maior impacto das execuções fiscais está na Justiça Estadual, que concentra 85% dos processos. À Justiça Federal responde por 14%; a Justiça do Trabalho, 0,31%, e a Justiça Eleitoral apenas 0,01%.
> A maior taxa de congestionamento de execução fiscal está na Justiça Federal [94%], seguida da Justiça Estadual [91%] e da Justiça do Trabalho [87%]. A menor é a da Justiça Eleitoral [74%], conforme se verifica na Figura 104.
> A série histórica dos processos de execução fiscal, apresentada na Figura 102, mostra crescimento gradativo na quantidade de casos pendentes, ano a ano, desde 2009. Os casos novos, após decréscimo em 2015, subiram em 2016 e 2017, em 12,9% e 7,4%, respectivamente. O tempo de giro do acervo desses processos é de 11 anos, ou seja, mesmo que o Judiciário parasse de receber novas execuções fiscais, ainda seriam necessários 11 anos para liquidar o acervo existente.

Especialmente sobre as execuções fiscais, salienta-se o exponencial avanço das pendências no desenrolar dos anos, como se percebe no gráfico a seguir, que saltou de 24 milhões, em 2009, para 31,2 milhões em 2017.

Ainda no ano de 2017, na Justiça Federal, os assuntos mais demandados no 1º grau tombados em processos tributários envolvendo matéria tributária correspondem, respectivamente, aos assuntos, números e percentuais a seguir: dívida ativa (446.695 e 1,42%); contribuições sociais (214.272 e 0,68%); contribuições corporativas (124.961 e 0,40%) e Imposto de renda de pessoa jurídica (87.398 e 0,28%). Na Justiça Estadual: dívida ativa (1.103.625 e 3,5%): IPTU (451.617 e 1,43%).[101]

Por fim, registra-se um assombroso estoque da dívida ativa, que alcança a quantia de 3,7 trilhões de reais.

Identificada a realidade do processo judicial tributário, passa-se a tratar do atual estado do contencioso administrativo fiscal.

Nos dizeres de Everardo Maciel, há, no CARF, cerca de R$600 bilhões de créditos em discussão, que podem significar, em curto prazo, o crescimento ainda maior dos créditos tributários inscritos na dívida ativa, devendo-se repensar o contencioso administrativo fiscal.[102]

---

[101] BRASIL. Conselho Nacional de Justiça. *Relatório Justiça em Números 2018.* Disponível em: http://www.cnj.jus.br/files/conteudo/arquivo/2018/08/44b7368ec6f888b383f6c3de40c32167.pdf. Acesso em: 21 fev. 2022.

[102] MACIEL. Everardo. PEC 112/2015 do senado federal seria a Solução? *In: Medidas de redução do contencioso tributário e o CPC/2015:* contributos práticos para ressignificar o processo administrativo e judicial e tributário. São Paulo: Almedina, 2017, p. 176 e 179.

Segundo os dados disponibilizados no Relatório de Gestão do Ministério da Fazenda do ano de 2017, as Delegacias Regionais de Julgamento analisaram quase 77 mil processos que discutiam desde pedidos de compensação, ressarcimento e restituição de tributos (PER/Dcomp) a lançamentos de crédito tributário, totalizando a monta de R$227 bilhões em litígio, que correspondem a quase 87% do valor total do ano anterior.[103]

Ademais, o relatório demonstra a preocupação com a celeridade, na medida em que destaca o desenvolvimento de ferramentas que auxiliaram os processos de baixo valor e complexidade, fazendo com que a força de trabalho atuasse mais firmemente nos processos mais relevantes.[104]

Os processos administrativos julgados em duas instâncias no ano de 2017 apresentaram 13.937 decisões nos recursos e seus respectivos acórdãos, com a movimentação de R$323 bilhões. O Ministério da Fazenda, no âmbito do CARF, preocupa-se, desde 2015, na redução do somatório produtivo de acórdãos e resoluções. Em 2017, o somatório foi de 16.095 decisões, com uma movimentação total de R$377.93 bilhões.

No ano de 2017, o CARF foi quem decidiu 16.905 processos, o que correspondeu a quase R$380 bilhões em créditos tributários. Em 2018, alcançou o seu maior valor, com decisão de 23.641 processos dentre acórdãos e resoluções, correspondente a mais de R$403 bilhões de créditos tributários.[105]

---

[103] Segundo o CNJ (2022, p. 170), "O processo de execução fiscal chega ao Poder Judiciário depois que as tentativas de recuperação do crédito tributário se frustraram na via administrativa, provocando sua inscrição na dívida ativa. Dessa forma, o processo judicial acaba por repetir etapas e providências de localização do devedor ou patrimônio capaz de satisfazer o crédito tributário já adotadas, sem sucesso, pela administração fazendária ou pelo conselho de fiscalização profissional. Acabam chegando ao Judiciário títulos de dívidas antigas ou com tentativas prévias de cobranças e, por consequência, com menor probabilidade de recuperação. Gestão judiciária 171 Os processos de execução fiscal representam, aproximadamente, 35% do total de casos pendentes e 65% das execuções pendentes no Poder Judiciário, com taxa de congestionamento de 90%. Ou seja, de cada cem processos de execução fiscal que tramitaram no ano de 2021, apenas 10 foram baixados. Desconsiderando esses processos, a taxa de congestionamento do Poder Judiciário cairia em 6,3 pontos percentuais, passando de 74,2% para 67,9% em 2021". Disponível em: https://www.cnj.jus.br/wp-content/uploads/2022/09/justica-em-numeros-2022-1.pdf. Acesso em: 21 nov. 2022.

[104] BRASIL. Conselho Nacional de Justiça. *Relatório Justiça em Números 2018*. Disponível em: http://www.cnj.jus.br/files/conteudo/arquivo/2018/08/44b7368ec6f888b383f6c3de40c32167.pdf. p. 183. Acesso em: 21 fev. 2022.

[105] BRASIL. Conselho Nacional de Justiça. *Relatório Justiça em Números 2018*. Disponível em: http://www.cnj.jus.br/files/conteudo/arquivo/2018/08/44b7368ec6f888b383f6c3de40c32167.pdf. p. 183. Acesso em: 21 fev. 2022.

Frise-se, ainda, que, nos anos de 2016, 2017 e 2018, a quantidade de julgamentos e seus respectivos valores destoou bastante dos anos anteriores (2011 a 2015), o que faz supor uma predileção do órgão pelo combate do déficit financeiro e apreço pela solução de processos com valores vultosos.[106]

Observe-se que, embora o esforço administrativo tivesse como política o combate às pendências e à crise fiscal, a Polícia Federal deflagrou, em 2015, a Operação Zelotes, arquitetada para investigar um esquema de corrupção dentro do CARF, que envolveu empresas de renome no cenário nacional, bem como partidos políticos e figuras públicas influentes.[107]

Deve-se salientar que constam como desafios e riscos no relatório de Gestão de 2017 os propósitos alinhados à justificativa desta pesquisa: atualizar a Lei nº 10.522/2002, para desburocratizar procedimentos; prevenir litigiosidade; uniformizar entendimentos da Receita Federal do Brasil (RFB) e da PGFN; inserir a administração tributária na autocomposição e utilização de meios alternativos de solução de conflitos; obter parâmetros para quantificar o custo da litigiosidade e, posteriormente, analisar seu custo benefício.[108]

2.4 O crédito tributário frente ao princípio da indisponibilidade

Outro tema importante é sobre a submissão da Administração Pública ao procedimento arbitral, isto é, a abrangência do princípio do interesse público no presente tema. De modo geral, o Direito Público tem esse princípio como seu principal orientador, especialmente pelo caráter orientador da coletividade do Estado. Pereira e Giovanini (2007) afirmam que, por outro lado, apesar de o interesse público ser alinhado aos interesses de uma determinada comunidade política, também há a possibilidade que ocorra a satisfação de determinados interesses privados, o que pode ocorrer quando, por exemplo, o interesse público

---

[106] *Ibidem.*

[107] *Ibidem.*

[108] BRASIL. Ministério da Fazenda. *Relatório de Gestão.* Disponível em: http://www fazenda.gov.br/acesso-2ainformacao/auditorias/arquivos/relatorio-dem-fge.sptdaf.o. Acesso em: 22 fev. 2022.

resulta tutelado por uma cláusula de direito fundamental individual, o que torna obrigatório o dever de sua proteção.

Sobre o tema, vale ressaltar a diferenciação entre o interesse público e o interesse privado apresentada por Mello,[109] para o qual a Administração Pública tem a coletividade como finalidade, e é em seu corpo social, no exercício da tradução da ideia de atrelamento a um objetivo preestabelecido e que deve ser atendido para o benefício de um terceiro. O autor argumenta que no direito privado, em contrapartida, a autonomia da vontade prevalece, cuja regra é o proveito próprio, com plena liberdade, desde que não haja violação da lei. E completa há "adstrição a uma finalidade previamente estabelecida, e, no caso de função pública, há submissão da vontade ao escopo pré-traçado na Constituição ou na lei e há o dever de bem curar um interesse alheio, que, no caso, é o interesse público".[110]

Para Mello,[111] há a diferenciação do interesse público, o qual é dividido em primário e secundário, em que o interesse primário seria a razão de ser do Estado, a finalidade que lhe fora consagrada por lei (promoção da justiça, saúde, segurança, educação, entre outros); e é, portanto, o interesse relativo à coletividade. O interesse secundário, por sua vez, seria o inerente à pessoa jurídica de direito público quando participa de uma relação jurídica, a qual deve buscar maximizar a arrecadação e minimizar despesas.

A ampliação do entendimento em relação ao interesse público tem sido expandida, na medida em que, em determinados objetivos normativos específicos, é para admitir a existência de uma gama de possibilidades lícitas e viáveis de seu atingimento.[112] A partir disso, compreende-se a abertura de negociação em que é possível dispor do interesse público para atingir determinado objetivo legal.

Hammoud[113] argumenta sobre a possibilidade de a Administração Pública se submeter à arbitragem, e sedia a discussão dentro do que tem nomeado como "novo Direito Administrativo", cuja concepção é a matização de uma reforma em curso, em que há a superação de moldes

---

109 MELLO, Celso Antônio Bandeira de. *Curso de Direito Administrativo*. 8. ed. rev. amp. São Paulo: Malheiros. 2006, p. 87.

110 *Ibidem*, p. 88.

111 *Ibidem*, p. 95.

112 SALLES, Carlos Alberto de. *Arbitragem em contratos administrativos*. Rio de Janeiro: Forense; São Paulo: Método, 2011, p. 129.

113 HAMMOUD, Leonardo Rocha. *Arbitragem tributária*. Rio de Janeiro: Lumen Juris, 2019.

tradicionalmente aceitos. Para o autor, o interesse público constitui o instrumento de poder, o fundamento e o limite, cuja medida e finalidade da função administrativa são o suporte e a legitimação dos atos na Administração.

A discussão sobre o princípio da supremacia e da indisponibilidade do interesse público atende a dois eixos: a absoluta, como regra; e a relativa, como exceção. A diferenciação ocorre a partir da perspectiva em que "os interesses públicos derivados referentes às pessoas jurídicas que os administram e que, por esse motivo, necessitam de autorização constitucional genérica ou legal".[114]

O tema ganha especial relevância ao abordar a discussão na arbitragem tributária. Argumenta-se, nesse sentido, sobre a relatividade do interesse público e o cumprimento da finalidade pública, especialmente no que tange ao crédito tributário, cuja indisponibilidade não é absoluta. O autor aponta exemplos como a renúncia, o parcelamento e a anistia, citados no CTN.

Essa perspectiva converge com o argumento de que a "se houver lei que permita a arbitragem ou a transação e descreva as circunstâncias dos meios alternativos de solução de controvérsias tributárias, como, por exemplo, a arbitragem tributária, será válida a norma".[115] Há segmentos doutrinários em sentido diverso, como Machado.[116] O autor argumenta pela impossibilidade no direito indisponível à arrecadação fazendária, inviabilização de sua flexibilização e indisponibilidade absoluta.

Esse entendimento converge com a perspectiva de que o crédito tributário não poderá ser objeto de arbitragem, "em razão da aplicação do princípio da indisponibilidade do interesse público, segundo o qual o tal crédito pertenceria à coletividade".[117] O STF, em sentido semelhante, nos termos do Recurso Extraordinário nº 253.885/MG, decide em favor da relatividade da indisponibilidade do interesse público, entendendo-a como mais adequada para a Administração Pública.

---

[114] HAMMOUD, Leonardo Rocha. *Arbitragem tributária*. Rio de Janeiro: Lumen Juris, 2019, p. 125.

[115] *Ibidem*, p. 121.

[116] MACHADO, Hugo de Brito. Transação e Arbitragem no âmbito tributário. *In: Transação e arbitragem no âmbito tributário:* homenagem ao jurista Carlos Mário da Silva Velloso. Belo Horizonte: Fórum, 2008.

[117] *Ibidem*, p. 125.

Ainda na discussão sobre o princípio em comento, Xavier[118] se aprofunda ao apontar que apesar de, na atualidade, haver métodos muito mais específicos para resolução de lides tributárias, como a arbitragem, "a implementação desses métodos encontra-se obstaculizada devido a uma interpretação formalista acerca do princípio da indisponibilidade do interesse público", de modo que ainda predomina esse entendimento na doutrina administrativista.

A autora remete às lições de José dos Santos Carvalho Filho, segundo o qual a indisponibilidade do interesse público é um princípio reconhecido que guarda essência axiológica na supremacia do interesse público, haja vista que, diante da impossibilidade de equilíbrio entre os interesses, o interesse particular não pode prevalecer sobre o interesse público.[119]

Em sentido semelhante, para Mello,[120] o interesse público reside no conjunto de interesses que os indivíduos detêm pessoalmente enquanto membros de uma sociedade, enquanto partes de uma coletividade socialmente organizada, pelo simples fato de o serem. Assim, segundo o autor, o interesse público seria "[...] a dimensão pública dos interesses individuais" (sua faceta coletiva) e, "[...] apenas se justificará como instrumento de realização dos interesses das partes que integram no presente e integrarão no futuro". [121]

Depreende-se que o dever do Estado, no que tange ao interesse público, seria de representação em relação ao todo. Contudo, como afirma Xavier,[122] dizer que o interesse público é somente interesse do Estado é simplista, porque inexiste coincidência necessária entre interesse público e interesse do Estado.[123]

A autora compreende que é comum que:

> O Estado tenha interesses individuais que figurem no Estado enquanto pessoa, que não são interesses públicos, mas interesses individuais

---

[118] XAVIER, Camilla Siqueira. A arbitragem em matéria tributária no Brasil: avanços e desafios. *Revista de Finanças Públicas, Tributação e Desenvolvimento*, v. 7, n. 8, jan./jun. 2019.

[119] CARVALHO FILHO, José dos Santos. *Manual de Direito Administrativo*. 30. ed. São Paulo: Atlas, 2016, p. 36.

[120] MELLO, Celso Antônio Bandeira de. *Curso de Direito Administrativo*. 26. ed. São Paulo: Malheiros, 2009, p. 61.

[121] *Ibidem*.

[122] XAVIER, Camilla Siqueira. A arbitragem em matéria tributária no Brasil: avanços e desafios. *Revista de Finanças Públicas, Tributação e Desenvolvimento*, v. 7, n. 8, jan./jun., 2019.

[123] *Ibidem*, p. 62.

> similares [e não idênticos] ao interesse individual de qualquer outra pessoa. Assim, o Estado apenas deixará prevalecer os seus próprios interesses individuais quando não sobreporem ao interesse público. Tal circunstância ocorre quando a norma de onde escoam os caracteriza como instrumentais ao interesse público e seja assim, indissociável ao interesse público.[124]

O art. 139 do CTN dispõe que o crédito tributário decorre da obrigação principal (pagamento do tributo ou da penalidade pecuniária) e tem a mesma natureza desta.[125]

Ao definir o tributo, por sua vez, na primeira parte do art. 3º do mesmo diploma legal, o legislador deixa clara a definição de tributo como prestação pecuniária, redundantemente compreendido como prestação pecuniária cobrada em moeda. Assim, tendo em vista a natureza jurídica do tributo, fica visível o caráter de patrimonialidade do crédito tributário. Esse é um dos principais argumentos utilizados pelos arbitralistas para ratificar a ideia de que o crédito tributário é sim disponível. Essa corrente doutrinária defende que a indisponibilidade se centra na ideia de que não cabe ao administrador dispor da fiscalização e da arrecadação do crédito tributário, mas o crédito *per si*, após ocorrido o lançamento, torna-se disponível.[126]

Na análise de Mendonça,[127] portanto, o que é indisponível é a competência tributária outorgada pela Constituição da República aos entes federativos. Assim, não cabe ao administrador, na condição de gestor público e garantidor do bem comum, abrir mão dessa atividade arrecadatória que lhe é outorgada, por mero deleite, haja vista que, nos moldes do art. 3º do CTN, trata-se de uma atividade vinculada.[128]

Corroborando com essa interpretação de que o crédito tributário *per si* seria disponível (desde que decorra de lei específica), destacam-se os institutos da transação, da remissão e da anistia, previstos nos arts. 156, III e IV, e art. 175, II, do CTN. A transação e remissão são arroladas como hipóteses de extinção do crédito tributário, e a anistia, como hipótese de exclusão do crédito tributário. Dessa forma, o fundamento

---

124 *Ibidem*, p. 21.

125 AMARO, Luciano. *Direito Tributário brasileiro*. São Paulo: Saraiva, 2008, p. 245-246.

126 MENDONÇA, Priscila Faricelli. *Arbitragem e transação tributárias*. 1. ed. São Paulo: Gazeta Jurídica, 2014, p. 81.

127 *Ibidem*.

128 MENDONÇA, Priscila Faricelli. *Arbitragem e Transação tributárias*. 1. ed. São Paulo: Gazeta Jurídica, 2014, p. 80.

de que o crédito tributário é absolutamente indisponível, sustentado por Hugo de Brito Machado para explicar a inviabilidade da arbitragem em seara tributária, cai por terra. Ora, se o próprio CTN legitima esses institutos, como seria o crédito tributário absolutamente indisponível?[129]

A transação tributária, segundo Onofre Alves Batista Júnior, está sistematizada numa óptica de Direito Administrativo Tributário que, muito embora seja norteado pelo princípio da tipicidade, de certa forma antagônica à discricionariedade generalizada, não está blindado às possibilidades de soluções extrajudiciais, sejam elas consensuais ou de base consensual.

A premissa de que a cobrança de tributos é uma atividade plenamente vinculada, utilizada por Hugo de Brito Machado como um dos argumentos para explicar a inviabilidade da arbitragem em matéria tributária, não desconstitui a arbitrabilidade do crédito tributário, uma vez que vinculação não é sinônimo de indisponibilidade absoluta.

A eficiência é um dos sustentáculos da administração pública e é um dever da Administração; e, como tal, a faz admitir a arbitragem como uma das formas a propiciar o acesso à justiça com adequabilidade e celeridade. Nessa esteira, a arbitragem não implicaria renúncia de direitos e deveres nem por parte do sujeito passivo, tampouco por parte do sujeito ativo, mas uma terceira via de impugnação. Senão vejamos o posicionamento de Giannetti e Godoi:

> Mesmo com o crédito tributário formalizado, no sistema brasileiro, ele é passível de ser combatido, seja na via administrativa – nesse caso por meio de processo instaurado e julgado pela Administração Tributária, seja na via judicial, por meio de medidas processuais próprias, decorrentes do exercício, pelo contribuinte, do respectivo direito de ação. A arbitragem, no caso, será uma terceira via de que o contribuinte poderá lançar mão em substituição à jurisdição estatal, faculdade esta que, sendo escolhida, impedirá (ou restringirá em alguns casos, conforme previsão legal a concomitante ou seguida discussão judicial da matéria fiscal cujo mérito tenha sido enfrentado em um tribunal arbitral).[130]

---

[129] BATISTA JÚNIOR, Onofre Alves. *Transações Administrativas:* um contributo ao estudo do contrato administrativo como mecanismo de prevenção e terminação de litígios e como alternativa à atuação administrativa autoritária, no contexto de uma administração pública mais democrática. São Paulo: Quartier Latin, 2007, p. 230.

[130] GIANNETTI, Leonardo; GODOI, Marciano. A superação do dogma da indisponibilidade do crédito tributário. *Arbitragem Tributária, n.* 3, CAAD, 2015, p. 38-39.

Assim, propiciar uma terceira via de impugnação do crédito tributário em um contexto de ineficiência dos métodos convencionais (administrativo e judicial), de forma facultativa e dialógica, seria uma forma legitimada de propiciar o acesso à justiça e possibilitar a segurança jurídica, tão maculada na seara fiscal, visto que a sentença arbitral além de qualificada é vinculativa, o que tornaria a rediscussão de mérito algo desnecessário.

Além disso, o próprio STJ se posicionou no sentido de distinguir o interesse público da possibilidade de o administrador público dispor de direitos patrimoniais com o fim último de pacificação social, para atender aos direitos coletivos. Em resumo, o fato de o interesse público ser relativamente indisponível não quer dizer que os direitos secundários, como está classificado o crédito tributário, não possam ser arbitráveis, haja vista que o interesse da administração pública não se confunde com interesse público.[131] Observa-se:

> Nestes termos, resta afirmar que a arbitragem se presta a dirimir litígios relativos a direitos patrimoniais disponíveis, o que não significa dizer disponibilidade do interesse público, pois não há qualquer relação entre disponibilidade ou indisponibilidade de direitos patrimoniais e disponibilidade ou indisponibilidade de interesse público. Assim, tratar de direitos disponíveis, ou seja, de direitos patrimoniais, significa valer-se da possibilidade de transferi-los a terceiros, porquanto alienáveis. Sob esse enfoque, saliente-se que dentre os diversos atos praticados pela Administração, para a realização do interesse público primário, destacam-se aqueles em que se dispõe de determinados direitos patrimoniais, pragmáticos, cuja disponibilidade, em nome do bem coletivo, justifica a convenção da cláusula de arbitragem em sede de contrato administrativo.[132]

De tal modo, o direito em disputa não será sempre arbitrável, na medida em que os interesses públicos primários não estão disponíveis, porque este esbarra no interesse da coletividade e, de certo modo, havendo conflito de interesses, este possui supremacia sobre o particular. No entanto, no que tange ao interesse público secundário, como é o

---

131 BRASIL. Superior Tribunal de Justiça. *Mandado de Segurança n. 11.308*. Julgado em 09/04/2008. Relator: Ministro Luiz Fux. Disponível em: https://stj.jusbrasil.com.br/jurisprudencia/7147580/agravo-regimental-no-mandado-de-seguranca-agrg-no-ms-11308-df-2005-0212763-0/inteiro-teor-12864814?ref=juris-tabs. Acesso em: 02 fev. 2018.

132 *Ibidem*.

caso do crédito tributário, este visa ao interesse patrimonial do Estado. É claro que os princípios norteadores da Administração Pública devem ser sempre respeitados, sobretudo sob o ponto de vista da moralidade e da legalidade, sob pena de a sentença arbitral ser anulada.

A dicotomia entre direito público disponível e indisponível passou a ser explicada por Mello[133] e, a partir da doutrina italiana, por Alessi. O administrativista italiano passou a se referir ao interesse público primário como sinônimo do interesse público originário, isto é, aquele que visa a satisfazer os interesses gerais da coletividade. Assim, a partir de uma leitura do direito brasileiro, pode-se constatar que os interesses primários estão ligados aos objetivos do Estado, arrolados na Carta Maior, notadamente em seu art. 3º. Como objetivos fundamentais da República Federativa, a título de exemplo, cita-se a promoção do bem de todos, sem preconceitos de origem, raça, sexo, cor, idade e quaisquer outras formas de discriminação.[134]

Os interesses públicos secundários, por outro lado, também chamados de interesses públicos derivados ou instrumentais, estariam ligados à satisfação dos interesses do próprio ente estatal, e possuem a característica da patrimonialidade. Os interesses públicos secundários possuem caráter instrumental porque não são fins em si mesmos. Dessa forma, Mello[135] aduz, a partir da doutrina italiana de Alessi, que os interesses secundários do Estado só podem ser sobrepostos quando coincidirem com os interesses primários.[136]

Dessa forma, mesmo que o crédito tributário não fosse visto como instrumental, mas numa perspectiva mais utilitarista, como fim em si mesmo, e, sob esse enfoque, fosse caracterizado como indisponível, discussões que perpassassem, por exemplo, pelo *quantum debeatur* poderiam sim ser arbitráveis. Isso porque, mesmo diante de direitos que *a priori* fossem vistos como indisponíveis, há exceções.

Nessa perspectiva, Escobar, se valendo dos ensinamentos de Carmona, exemplifica, a partir do direito de família, que em questões relativas ao estado das pessoas, como filiação, pátrio poder, casamento

---

133 MELLO, Celso Antônio Bandeira de. *Curso de Direito Administrativo*. 26. ed. São Paulo: Malheiros, 2009.

134 ALESSI, Renato. *Sistema Institucionale del Diritto Amministrativo italiano*. Milano: Dott. Antonio Giuffrè Editore, 1953, p. 151-152.

135 MELLO, Celso Antônio Bandeira de. *Curso de Direito Administrativo*. 26. ed. São Paulo: Malheiros, 2009.

136 *Ibidem*, p. 67.

e alimentos, mesmo que fossem inicialmente concebidas como indisponíveis, não seriam excluídas do plano de arbitragem, porque as consequências patrimoniais podem ser objeto de solução extrajudicial. No caso dos alimentos, por exemplo, o direito de o filho menor receber alimentos é um direito indisponível, mas o *quantum debeatur* pode ser objeto de arbitragem.[137]

Ainda que essa discussão acerca da indisponibilidade do direito fosse determinante, por si só, ela não tem o condão de impedir que as partes optem pela arbitragem, para discutir sobre um crédito tributário já constituído pelo lançamento. Pelo contrário, a reprodução dessas verdades construídas, de certa forma, pode afastar o acesso à justiça das partes. O instituto da arbitragem, ao contrário, poderia conferir legitimação à própria prática de pagar tributos, que, na era da informação, seria de algum modo uma proposta para uma sociedade mais participativa.

De fato, a disponibilidade merece destaque no art. 1º da Lei nº 9.307/1996, em que o legislador deixa claro que é necessário que as partes sejam capazes para dirimir o litígio via arbitragem e que o direito em questão seja patrimonial disponível. Inclusive, o §1º do mesmo diploma legal autoriza a opção pela arbitragem para a administração pública direta e indireta nessas condições. No entanto, verifica-se que a disponibilidade do direito deve ser verificada de maneira contextual com o conflito, por isso, o interesse público deve ser analisado de uma maneira principiológica e não formalista, haja vista que a disponibilidade do crédito tributário apenas ocorrerá nas formas da lei, e não de acordo com a livre decisão da Administração Pública.[138]

Portanto, embora a disponibilidade seja colocada como requisito essencial à adoção de métodos mais adequados, ou alternativos ao Judiciário, ela não é por si só um fator determinante. Todavia, o caráter patrimonial e, assim, disponível do crédito tributário desconstrói a argumentação de inviabilidade da arbitragem pautada exclusivamente na indisponibilidade do interesse público, haja vista que o crédito tributário não é absolutamente indisponível. Indisponível é a competência tributária. Mesmo que se admita como verdade o entendimento formalista de que o crédito tributário é absolutamente indisponível – e não é –, a

---

[137] ESCOBAR, Marcelo. *A arbitragem tributária no Brasil*. 1. ed. São Paulo: Almedina, 2017, p. 85.

[138] GIANNETTI, Leonardo; GODOI, Marciano. A superação do dogma da indisponibilidade do crédito tributário. *Arbitragem Tributária*, n. 3. Curitiba: CAAD, 2015, p. 40.

adequabilidade da arbitragem deveria ser pautada, caso a caso, a partir dos objetivos em resolver a lide com maior celeridade, especificidade e previsibilidade (segurança jurídica), e não exclusivamente na possibilidade de disposição, uma vez que dispor não significa renunciar. Nesse sentido, se posiciona o ministro Luiz Fux, do STF:

> ADMINISTRATIVO. MANDADO DE SEGURANÇA. PERMISSÃO DE ÁREA PORTUÁRIA. CELEBRAÇÃO DE CLÁUSULA COMPROMISSÓRIA. JUÍZO ARBITRAL. SOCIEDADE DE ECONOMIA MISTA. POSSIBILIDADE. ATENTADO.
> Outrossim, a ausência de óbice na estipulação da arbitragem pelo Poder Público encontra supedâneo na doutrina clássica do tema, *verbis*: [...] ao optar pela arbitragem o contratante público não está transigindo com o interesse público, nem abrindo mão de instrumentos de defesa de interesses públicos, está, sim, escolhendo uma forma mais expedita, ou um meio mais hábil, para a defesa do interesse público. Assim como o juiz, no procedimento judicial deve ser imparcial, também o árbitro deve decidir com imparcialidade, O interesse público não se confunde com o mero interesse da Administração ou da Fazenda Pública; o interesse público está na correta aplicação da lei e se confunde com a realização correta da Justiça." (No sentido da conclusão Dalmo Dallari, citado por Arnold Wald, Atlhos Gusmão Carneiro, Miguel Tostes de Alencar e Ruy Janoni Doutrado, em artigo intitulado "Da Validade de Convenção de Arbitragem Pactuada por Sociedade de Economia Mista", publicado na Revista de Direito Bancário do Mercado de Capitais e da Arbitragem, n. 18, ano 5, outubro-dezembro de 2002, à página 418). 14. A aplicabilidade do juízo arbitral em litígios administrativos, quando presentes direitos patrimoniais disponíveis do Estado é fomentada pela lei específica, porquanto mais célere, consoante se colhe do artigo 23 da Lei n. 8987/95, que dispõe acerca de concessões e permissões de serviços e obras públicas, e prevê em seu inciso XV, dentre as cláusulas essenciais do contrato de concessão de serviço público, as relativas ao 'foro e ao modo amigável de solução de divergências contratuais'.

Assim, o caráter indisponível do objeto litigioso não irá obstaculizar a arbitragem ou a solução de conflitos de forma extrajudicial, porque, mesmo que reconhecida essa indisponibilidade, ela não é absoluta. Há, na verdade, uma vedação de se proferir uma decisão baseada em juízos de equidade. Mas, na arbitragem tributária, há de prevalecer sempre a aplicação da lei. Nessa esteira, Leonardo Varella e Marciano Seabra de Godoi sustentam que na arbitragem não há uma disposição do crédito tributário, uma vez que a sentença arbitral não será fundamentada em juízos de conveniência e oportunidade, mas em lei.

Dessa forma, a reforma da Lei de Arbitragem, por meio da Lei nº 13.129/2015, demonstra o amadurecimento da legislação sobre a participação da Administração Pública no processo arbitral, embora a utilização da arbitragem esteja dentro da tradição do direito pátrio desde as Ordenações Filipinas e a própria arbitragem em direito público utilizada pelo império. Na esteira dessa evolução, o campo parece aberto para Arbitragem em Direito Tributário.

Nesse caminho, é importante entender que o crédito tributário constituído é direito patrimonial disponível, podendo, portanto, ser submetido à arbitragem tributária, elencada na lei. Heyde elaborou uma importante contribuição histórica ao catalogar os diversos usos da palavra "tipo", sobretudo ao tentar explicar a acepção que a palavra empresta à metodologia moderna.[139] Heyde explica que a teoria do tipo nasce junto com a teoria do fato gerador e que é através dela que conseguimos analisar elementos internos, dolo e culpa, bem como externos do tipo, como estado de necessidade, estrito cumprimento do dever legal etc.[140]

No Brasil, o fato gerador teria se afastado da teoria do tipo e, no sistema brasileiro, não existem os Tribunais de Justiça Administrativa como na Europa. A conclusão é que os auditores fiscais – sejam municipais, estaduais e federais – lançam o crédito tributário e lavram o auto de infração acrescido de multa e juros de correção sem se importar se houve erro em razão de negligência, imprudência ou imperícia do contribuinte, na verdade a sentença é dada por esses servidores e dificilmente é revertida. A arbitragem pode simplesmente reverter esse processo, evitando que o contribuinte bem-intencionado seja penalizado, através da análise do árbitro das condições fáticas da formação do fato gerador.

---

139 HEYDE, Erich. *Ein beitrag zur bedeutungsgeschichte des wortes typus. Froschungen und fortschritte.* Julho 1941, p. 220-223.

140 *Ibidem*, p. 223.

INICIATIVAS LEGISLATIVAS NO ÂMBITO DA ARBITRAGEM TRIBUTÁRIA BRASILEIRA

Este capítulo tem como objetivo debater sobre o percurso das iniciativas legislativas no âmbito da arbitragem, mais especificamente as que se voltam à arbitragem em demandas fiscais. A arbitragem é reconhecida pelo Código de Processo Civil brasileiro que, no inciso VI de seu art. 515,[141] prevê a sentença arbitral como um título executivo judicial. No mesmo diapasão, a Lei nº 9.307/96, que dispõe sobre arbitragem, no art. 31[142] reconhece a suma importância de tal instituto ao assegurar que a sentença arbitral goza dos mesmos efeitos da sentença exarada pelo Poder Judiciário, possuindo, desse modo, título executivo.

Como defende Martins,[143] pelo seu caráter extrajudicial, a arbitragem é de extrema valia para a resolução de conflitos; especialmente por minorar "[...] o tempo de tramitação das demandas, bem como a redução significativa dos gastos públicos, por exemplo". Isto é, ainda conforme Martins,[144] a arbitragem apresenta eficiência; possibilidade de que a resolução da demanda seja conduzida por especialista na área

[141] "Art. 515. São títulos executivos judiciais, cujo cumprimento dar-se-á de acordo com os artigos previstos neste Título: [...] VII – a sentença arbitral;" (BRASIL, 2015).

[142] "Art. 31. A sentença arbitral produz, entre as partes e seus sucessores, os mesmos efeitos da sentença proferida pelos órgãos do Poder Judiciário e, sendo condenatória, constitui título executivo" (BRASIL, 1996).

[143] MARTINS, Kallyd da Silva. *Arbitragem tributária:* um modelo eficiente na resolução de conflitos fiscais. 2021. Dissertação (Mestrado em Direito, Justiça e Desenvolvimento) – Programa de Pós-Graduação *Stricto Sensu* em Direito, Instituto Brasileiro de Ensino, Desenvolvimento e Pesquisa, São Paulo/SP, 2021, p. 55.

[144] *Ibidem.*

(especialidade);[145] celeridade; irrecorribilidade;[146] confidencialidade; bem como, neutralidade e imparcialidade.

Após uma breve explanação acerca da arbitragem de modo geral, evidenciam-se as arbitragens que têm como parte a Administração Pública. Nestas, é basilar rememorar que não há disponibilidade plena de direitos, portanto, não há que se falar em plena arbitrabilidade dos litígios, visto que

> os administradores públicos não ostentam a condição de titulares dos direitos materiais em jogo, mas sim a de representantes do povo, não possuindo, portanto, os mesmos poderes de disposição dos particulares em relação aos bens que integram seu patrimônio.[147]

Por essa razão, inclusive, há exceção ao pressuposto da confidencialidade – exposto anteriormente como uma das sustentações da arbitragem. Considerando que o art. 37 da Constituição Federal do Brasil impõe à Administração Pública, além de outros princípios, o da publicidade. Logo, quando ela figura como parte de um processo

---

[145] Esse aspecto se destaca quando pensamos na solução dos conflitos tributários. É de grande importância que a arbitragem desses litígios seja conduzida por alguém que conheça bem as normativas processuais e a matéria dessa área específica. Tal possibilidade tem maior potencial não só de resolutividade da contenda, mas de uma resolução qualificada. Nesse sentido, Ivankio e Bittebir (2020, p. 29) afirmam que: "Contudo, quando se leva em conta as especificidades da matéria tributária, que possui forte amparo na legalidade estrita – não sendo possível dar grande espaço à vontade das partes –, a arbitragem acaba sendo uma das alternativas mais eficientes".

[146] A irrecorribilidade não pode ser encarada de forma simplista, o que levaria a um entendimento equivocado de que não permite aos envolvidos recorrerem de possíveis decisões injustas. Nesse sentido, Martins afirma que "Esta característica diz respeito à decisão arbitral ser, via de regra, irrecorrível, conforme preconiza o art. 18 da Lei de Arbitragem. Ocorre que, no mesmo diploma legal, mais especificamente no art. 30, é prevista a hipótese de correção material ou esclarecimento de obscuridade, dúvida ou contradição que será dirigido ao árbitro ou tribunal arbitral" (MARTINS, Kallyd da Silva. *Arbitragem tributária*: um modelo eficiente na resolução de conflitos fiscais. 2021. Dissertação (Mestrado em Direito, Justiça e Desenvolvimento) – Programa de Pós-Graduação *Stricto Sensu* em Direito, Instituto Brasileiro de Ensino, Desenvolvimento e Pesquisa, São Paulo/SP, 2021). Isto é, o que é vedado é que uma decisão arbitral, como título executivo, seja questionada no Poder Judiciário, evitando, portanto, que a demanda seja prolongada desnecessariamente.

[147] PINHO, Humberto Dalla Bernardina de Pinho; Strätz, Murilo; RODRIGUES, Roberto de Aragão Ribeiro. Arbitragem tributária: perspectivas para o direito brasileiro. *Revista Eletrônica de Direito Processual – REDP*. Rio de Janeiro. Ano 14, v. 21, n. 3, set./dez. 2020. Periódico Quadrimestral da Pós-Graduação *Stricto Sensu* em Direito Processual da UERJ. Patrono: José Carlos Barbosa Moreira (*in mem.*), p. 275.

arbitral, não pode se valer da confidencialidade.[148] Frisa-se que esse dever também é reafirmado pela Lei nº 9.307,[149] que, em seu art. 1º, afirma:

> Art. 1º As pessoas capazes de contratar poderão valer-se da arbitragem para dirimir litígios relativos a direitos patrimoniais disponíveis
> [...]
> §3º A arbitragem que envolva a administração pública será sempre de direito e respeitará o princípio da publicidade.

Assim, Pinho *et al.*[150] argumentam que a arbitragem envolvendo a Fazenda Pública é perfeitamente viável quando há disposição do interesse ou direito por esta, o que – na visão dos autores – permite a autocomposição do conflito pelas partes; bem como que o direito envolvido na demanda tenha um caráter patrimonial. Interessante assinalar que essa premissa dialoga com o PL nº 4.257/2019, debatido mais à frente.

Nesse bojo, passar-se-á agora para um debate direcionado à arbitragem tributária, mais bem discutida nos próximos tópicos. De antemão, pontua-se que a doutrina brasileira, na discussão da autocomposição fiscal, observa atentamente a experiência portuguesa, principalmente nos últimos anos. Isso porque, em 2011, Portugal instituiu a arbitragem tributária pelo Decreto-Lei nº 10/2011[151] e da Lei de Arbitragem Voluntária – Lei nº 63/2011.[152] No entanto, esse diálogo tem se estabelecido não somente pela legislação em si, mas também pelo fato de a

[148] MARTINS, Kallyd da Silva. *Arbitragem tributária*: um modelo eficiente na resolução de conflitos fiscais. 2021. Dissertação (Mestrado em Direito, Justiça e Desenvolvimento) – Programa de Pós-Graduação *Stricto Sensu* em Direito, Instituto Brasileiro de Ensino, Desenvolvimento e Pesquisa, São Paulo/SP, 2021, p. 9.

[149] Disponível em: https://www.planalto.gov.br/ccivil_03/leis/l9307.htm.

[150] PINHO, Humberto Dalla Bernardina de Pinho; STRÄTZ, Murilo; RODRIGUES, Roberto de Aragão Ribeiro. Arbitragem tributária: perspectivas para o direito brasileiro. *Revista Eletrônica de Direito Processual – REDP*. Rio de Janeiro. Ano 14, v. 21, n. 3, set./dez. 2020. Periódico Quadrimestral da Pós-Graduação *Stricto Sensu* em Direito Processual da UERJ. Patrono: José Carlos Barbosa Moreira (*in mem.*).

[151] Disponível em: https://dre.pt/dre/detalhe/decreto-lei/10-2011-280904. Acesso em: 25 ago. 2022.

[152] Disponível em: https://www.pgdlisboa.pt/leis/lei_mostra_articulado.php?nid=1579&tabela=leis. Acesso em: 25 ago. 2022.

arbitragem tributária portuguesa estar apresentando resultados muito positivos, principalmente pela celeridade.[153-154]

A fim de disciplinar o supracitado decreto-lei português, foi elaborada a Portaria nº 112-A/2011,[155] dando condições de efetivação da arbitragem tributária no país. Conforme relata Pinho,[156] após essa normativa, o Tribunal Constitucional Português e o Tribunal de Justiça da União Europeia passaram a atribuir caráter jurisdicional às decisões tomadas nos tribunais arbitrais.

Após essa breve exposição, voltamo-nos agora à discussão do debate da arbitragem tributária, brasileira: passando tanto por uma linha do tempo da autocomposição fática e normativa até propostas legislativas que tramitam atualmente (PL nº 4.257/2019 e PL nº 4.468/2020).

3.1 Percurso da arbitragem tributária no Brasil: cronologia fático-normativa

A arbitragem foi inserida no ordenamento pátrio a partir da Lei nº 9.307/1996, fortalecendo-se especialmente pelo julgamento do Supremo Tribunal Federal que declarou a constitucionalidade dessa lei;[157] tomando robustez com o Decreto Presidencial nº 4.311/2002[158] – que promulga a Convenção sobre o Reconhecimento e a Execução de Sentenças Arbitrais Estrangeiras –, pois admite a exequibilidade de sentenças arbitrais estrangeiras no Brasil.

---

153 PINHO, Humberto Dalla Bernardina de Pinho; STRÄTZ, Murilo; RODRIGUES, Roberto de Aragão Ribeiro. Arbitragem tributária: perspectivas para o direito brasileiro. *Revista Eletrônica de Direito Processual – REDP*. Rio de Janeiro. Ano 14, v. 21, n. 3, set./dez. 2020. Periódico Quadrimestral da Pós-Graduação *Stricto Sensu* em Direito Processual da UERJ. Patrono: José Carlos Barbosa Moreira (*in mem.*).

154 PISCITELLI, Tathiane; MASCITTO, Andrea; FERNANDES, André Luiz Fonseca Fernandes. Um olhar para a arbitragem tributária: comparativo das propostas no Senado Federal, provocações e sugestões. *Revista Direito Tributário Atual*, n. 48, p. 743-767. São Paulo: IBDT, 2º semestre 2021.

155 Disponível em: https://www.pgdlisboa.pt/leis/lei_mostra_articulado.php?nid=1415&tabela=leis&so_miolo=. Acesso em: 25 ago. 2022.

156 PINHO, Humberto Dalla Bernardina de Pinho; STRÄTZ, Murilo; RODRIGUES, Roberto de Aragão Ribeiro. Arbitragem tributária: perspectivas para o direito brasileiro. *Revista Eletrônica de Direito Processual – REDP*. Rio de Janeiro. Ano 14, v. 21, n. 3, set./dez. 2020. Periódico Quadrimestral da Pós-Graduação *Stricto Sensu* em Direito Processual da UERJ. Patrono: José Carlos Barbosa Moreira (*in mem.*).

157 BRASIL. Supremo Tribunal Federal. *Ag. Reg. na Sentença Estrangeira 5.206-7*. Disponível em: https://redir.stf.jus.br/paginadorpub/paginador.jsp?docTP=AC&docID=345889. Acesso em: 24 ago. 2022.

158 Disponível em: http://www.planalto.gov.br/ccivil_03/decreto/2002/d4311.htm. Acesso em: 22 ago. 2022.

Porém, ao realizar uma análise histórica, é possível depreender que a arbitragem atravessa todas as relações socioeconômicas, inclusive a brasileira. Escobar[159] apresenta tal incidência desde a ocupação do país pelos europeus, chegando a afirmar que "[...] a arbitragem surgiu concomitantemente ao descobrimento do Brasil",[160] destacando a defesa dos bens públicos e indenizações resultantes de conflitos armados.

Um dos principais marcos que o autor aponta é o Tratado de Tordesilhas. No caso, o Papa Alexandre VI solucionou a querela entre as potências ibéricas por meio de arbitragem. A decisão apresentada na bula *inter coetera* fundamentou-se em direito natural, como posteriormente o monarca francês sabidamente satirizou a validade do documento perante outras nações. Todavia, na prática, foi uma decisão arbitral salutar, ao evitar um grande conflito entre potências vizinhas.

No entanto, somente com as Ordenações Filipinas a arbitragem ganha efetiva força, mais especificamente no Livro III, Título XVI ("Dos Juízes árbitros")[161] e Título XVII ("Dos Arbitradores"),[162] pois nesse segundo momento se reconhece dentro do ordenamento legal a validade e a relevância dos julgados arbitrais, ao se apresentar materialmente tal temática na codificação jurisdicional.

A arbitragem também esteve presente no corpo constitucional da primeira Carta Magna brasileira, Constituição de 1824, Título 6º (Do Poder Judicial), Capítulo Único (Dos Juízes e Tribunais de Justiça),[163] ganhando maior destaque dentro do ordenamento jurídico pátrio ao apresentar-se concomitantemente à organização judiciária, ocupando o mesmo corpo normativo. Nesse segundo momento, o tema ganha maior notoriedade por dividir espaço com o Poder Judicial comum, apresentando-se de forma mais ordenada na Constituição então vigente.

Em razão de ser a Constituição a norma basilar de toda a legislação, para fins didáticos, apresentar-se-á um quadro sinóptico da evolução da arbitragem nas Constituições brasileiras, com base principalmente em Escobar[164] e na análise do próprio corpo legal constitucional.

---

159 ESCOBAR, Marcelo. *Arbitragem tributária no Brasil*. 1. ed. São Paulo: Almedina, 2017, p. 97.

160 *Ibidem*, p. 98.

161 Disponível em: https://www.diariodasleis.com.br/tabelas/ordenacoes/1-274-103-1451-04-03-16.pdf. Acesso em: 22 ago. 2022.

162 Disponível em: https://www.diariodasleis.com.br/tabelas/ordenacoes/1-274-103-1451-04-03-17.pdf. Acesso em: 22 ago. 2022.

163 Disponível em: http://www.planalto.gov.br/ccivil_03/constituicao/constituicao24.htm. Acesso em: 22 ago. 22.

164 ESCOBAR, Marcelo. *Arbitragem tributária no Brasil*. 1. ed. São Paulo: Almedina, 2017.

(continua)

Constituição	Dispositivos	Principais contribuições
Constituição de 1824	Art. 160[165]	Facultou às partes elegerem "juízes árbitros", prevendo ainda que as sentenças exaradas por estes seriam executadas sem recurso, caso assim fosse convencionado.
Constituição de 1891	Art. 34, 11.[166]	A Constituição de 1891 foi mais tímida, pois previu o recurso do arbitramento apenas para que se tentasse conciliação entre Estados soberanos. Destaca-se, portanto, não haver previsão de arbitramento entre particulares.
Constituição de 1934	Art. 4º[167] Art. 5º XIX, c[168] Art. 40, b[169]	A Constituição de 1934 mantém a previsão do recurso do arbitramento, como alternativa de que se evitasse a guerra (art. 4º e art. 40). Porém, para mais, estabelece a competência privativa da União para legislar sobre arbitragem comercial (Art. 5º XIX, c), não excluindo a legislação estadual supletiva ou complementar sobre a matéria (Art. 5º, §3º). Além disso, em suas disposições transitórias também prevê utilização do recurso do arbitramento, a fim de solucionar eventuais conflitos dos estados, em razão e limites (Art. 13[170]).

165 "Art. 160. Nas cíveis, e nas penais civilmente intentadas, poderão as Partes nomear Juízes Árbitros. Suas Sentenças serão executadas sem recurso, se assim o convencionarem as mesmas Partes." Disponível em: http://www.planalto.gov.br/ccivil_03/constituicao/constituicao24.htm. Acesso em: 12 set. 2022.

166 Art. 34 – Compete privativamente ao Congresso Nacional: [...] 11. autorizar o Governo a declarar guerra, si não tiver logar ou mallograr-se o recurso do arbitramento, e a fazer a paz". Disponível em: http://www.planalto.gov.br/ccivil_03/constituicao/constituicao91.htm. Acesso em: 13 set. 2022.

167 "Art. 4º – O Brasil só declarará guerra se não couber ou malograr-se o recurso do arbitramento; e não se empenhará jamais em guerra de conquista, direta ou indiretamente, por si ou em aliança com outra nação." Disponível em: http://www.planalto.gov.br/ccivil_03/constituicao/constituicao34.htm. Acesso em: 13 set. 2022.

168 "Art. 5º – Compete privativamente à União: [...] XIX – legislar sobre: [...] c) normas fundamentais do direito rural, do regime penitenciário, da arbitragem comercial, da assistência social, da assistência judiciária e das estatísticas de interesse coletivo". Disponível em: http://www.planalto.gov.br/ccivil_03/constituicao/constituicao34.htm. Acesso em: 13 set. 2022.

169 "Art. 40 – É da competência exclusiva do Poder Legislativo: [...] b) autorizar o Presidente da República a declarar a guerra, nos termos do art. 4º, se não couber ou malograr-se o recurso do arbitramento, e a negociar a paz". Disponível em: http://www.planalto.gov.br/ccivil_03/constituicao/constituicao34.htm. Acesso em: 13 set. 2022.

170 "Art. 13 – Dentro de cinco anos, contados da vigência desta Constituição, deverão os Estados resolver as suas questões de limites, mediante acordo direto ou arbitramento.
§1º – Findo o prazo e não resolvidas as questões, o Presidente da República convidará os Estados interessados a indicarem árbitros, e se estes não chegarem a um acordo na escolha do desempatador, cada Estado indicará Ministros da Corte Suprema em número correspondente a maioria absoluta dessa Corte, fazendo-se sorteio dentre os indicados.

(conclusão)

Constituição	Dispositivos	Principais contribuições
Constituição de 1937	Art. 18, d[171]	Há autorização para os Estados legislarem – mesmo sem autorização – sobre "organizações públicas, com o fim de conciliação extrajudiciária dos litígios ou sua decisão arbitral", desde que tratado em lei federal e que fosse para suprir deficiências ou adequar à realidade local.
Constituição de 1946	Art. 4º[172]	Tal Carta Magna em muito se comunica com a Constituição de 1934, inclusive no que diz respeito à arbitragem, prevendo-a também como recurso para solução pacífica de conflitos.
Constituição de 1967	Art. 7º[173]	De antemão, chama-se atenção para o fato de tratar-se da Constituição do regime militar. Apesar de seu caráter nada democrático e de um contexto autoritário, no tocante à arbitragem, há a previsão desta como meio para dirimir conflitos internacionais, apontando-a como "meio pacífico".
Constituição de 1988	Art. 114, §1º[174]	A Constituição Cidadã prevê o recurso da arbitragem como possibilidade para solucionar demandas trabalhistas. Além disso, o art. 12 do ADCT assegura que estados e municípios poderiam, no prazo de três anos após a promulgação da CF/88, promover mediante acordo ou arbitragem demarcação de suas linhas territoriais que estivessem sob conflito.

§2º – Recusado o arbitramento, o Presidente da República nomeará unia Comissão especial para o estudo e a decisão de cada uma das questões, fixando normas de processo que assegurem aos interessados a produção de provas e alegações." Disponível em: http://www.planalto.gov.br/ccivil_03/constituicao/constituicao34.htm. Acesso em: 13 set. 2022.

171 Art. 18 – Independentemente de autorização, os Estados podem legislar, no caso de haver lei federal sobre a matéria, para suprir-lhes as deficiências ou atender às peculiaridades locais, desde que não dispensem ou diminuam es exigências da lei federal, ou, em não havendo lei federal e até que esta regule, sobre os seguintes assuntos: [...] d) organizações públicas, com o fim de conciliação extrajudiciária dos litígios ou sua decisão arbitral;" Disponível em: http://www.planalto.gov.br/ccivil_03/constituicao/constituicao37.htm. Acesso em: 12 set. 2022.

172 "Art. 4º – O Brasil só recorrerá à guerra, se não couber ou se malograr o recurso ao arbitramento ou aos meios pacíficos de solução do conflito, regulados por órgão internacional de segurança, de que participe; e em caso nenhum se empenhará em guerra de conquista, direta ou indiretamente, por si ou em aliança com outro Estado". Disponível em: http://www.planalto.gov.br/ccivil_03/constituicao/constituicao46.htm. Acesso em: 12 set. 2022.

173 "Art. 7º – Os conflitos internacionais deverão ser resolvidos por negociações diretas, arbitragem e outros meios pacíficos, com a cooperação dos organismos internacionais de que o Brasil participe." Disponível em: http://www.planalto.gov.br/ccivil_03/constituicao/constituicao67.htm. Acesso em: 12 set. 2022.

174 "Art. 114. Compete à Justiça do Trabalho processar e julgar: [...] IX outras controvérsias decorrentes da relação de trabalho, na forma da lei. §1º Frustrada a negociação coletiva, as partes poderão eleger árbitros." (BRASIL, 1988).

Outro marco legislativo importante para a arbitragem no Brasil é a Lei nº 556/1850, que instituiu o Código Comercial, que só veio a ser revogado em 2002. O ordenamento em questão destaca-se por ter ido além da mera citação e reconhecimento da força arbitral, ao mencionar, dentro da matéria comercial, a aplicabilidade de resoluções negociais arbitrais por mecanismos legais previamente estabelecidas dentro da norma.

São exemplos dessa aplicabilidade direta normas expressamente apresentadas no Código Comercial de 1850, quando este faz referências a determinados casos, tais como: contrato de seguro marítimo, casos de danos causados por abalroação de navios, valores devidos em decorrência de salvamento de navio naufragado, entre outros casos. Em resumo, o Código em análise enumerava casos específicos que deveriam ser solucionados por meio de decisões arbitrais. Nesse ponto, o prestígio dado pelo ordenamento se materializa pela obrigatoriedade da aplicação dos juízos arbitrais nos casos enumerados na lei em questão, mesmo que tal perspectiva não traduza de forma apropriada a reta aplicação dos tribunais de arbitragem.

Outro ponto de grande valia para o histórico arbitral administrativo no Brasil é sua importância dentro de nossa política internacional, a ligação que existe entre a diplomacia brasileira e o juízo arbitral exemplificam muito bem a relevância do tema dentro da história pátria. Acabando por ajudar na compreensão da envergadura do tema que vai se traduzir dentro de decisões das cortes superiores mais adiante.

Talvez o caso mais famoso da história brasileira seja a "questão Christie",[175] conflito ocorrido entre o, na época, Império brasileiro e a Grã-Bretanha, que levou a um rompimento temporário – porém duradouro – de suas relações diplomáticas. O evento leva o nome do então diplomata inglês que representava a coroa britânica no Brasil no período referido, o embaixador William Dougal Christie. A relação entre os dois impérios já vinha se estremecendo por rusgas anteriores, como o caso do navio *Prince of Wales* que naufragou no litoral do Rio Grande do Sul e foi saqueado por populares na ocasião de seu naufrágio, em junho de 1861. Todavia, a gota d'água foi a prisão de três marinheiros britânicos no Rio de Janeiro, em maio de 1862.

---

175 ESCOBAR, Marcelo Ricardo. *Arbitragem tributária no Brasil*. São Paulo: Almedina, 2017, p. 106.

Os marinheiros em questão estariam alcoolizados, causando baderna na cidade; eles teriam desacatado a guarda local, que estaria tentando manter a ordem. O diplomata inglês tentou interceder na questão alegando antigos acordos, estabelecidos antes da independência brasileira (logo tratados celebrados ainda com o reino de Portugal), mas que o diplomata alegava que deveriam ser aplicados no caso em específico, no qual os marinheiros, por serem britânicos, deveriam se sujeitar apenas a julgamentos de seu próprio país.

Na realidade, o desentendimento entre o embaixador e Dom Pedro II era anterior ao fato e este serviu apenas de estopim para o rompimento das relações diplomáticas entre o Brasil e a Grã-Bretanha. A questão teve que ser solucionada por um árbitro belga, o Rei Leopoldo I, que afirmara na ocasião que não havia qualquer ato exagerado ou ilegal, cometido por parte do oficialato brasileiro, de tal modo que a Marinha Britânica não poderia ter sido ofendida por tais atos regulares. Desse modo, em 1863, restabeleceu-se as relações entre o Brasil e a Grã-Bretanha.

Aparentemente o caso seria simplório, mas levou ao rompimento de duas nações. Porém, uma sensata e imparcial arbitragem, efetuada por terceiro estranho ao conflito, logrou êxito em restabelecer as relações maculadas. Nesse caso em específico se esclarece a força e a relevância do juízo arbitral na solução imparcial e amigável de querelas que, caso fossem negligenciadas, poderiam causar conflitos de proporções catastróficas.

A Lei nº 1.350/1866,[176] marco relevante, estabeleceu o caráter voluntário dentro da arbitragem, reformando o Código Comercial que estava em vigência. Desse modo, a arbitragem se apresenta como alternativa ante a estrutura jurisdicional habitual. O fato de se apresentar como escolha possível entre as partes, e não mais uma estrutura obrigatória, reforça principiologicamente a liberdade individual dos negociantes. Apresenta-se como um respiro de liberdade dentro de uma estrutura judiciária que muitas vezes hermética e travada.

Adentrando mais diretamente o escopo tributário brasileiro, destaca-se o Decreto nº 2.647/1860,[177] ao apresentar a possível solução arbitral de querelas ocorridas dentro do contexto alfandegário. Mais

[176] ESCOBAR, Marcelo Ricardo. *Arbitragem tributária no Brasil*. São Paulo: Almedina, 2017, p. 107.

[177] *Ibidem*.

adiante, ainda no período imperial, tem-se o Decreto nº 3.900/1867,[178] ordenamento em que se regulamentou o "Juízo Arbitral do Comércio". Destaca-se na normativa supracitada o cabimento de multa e prisão para árbitros que favorecessem indevidamente uma das partes.

Um episódio histórico curioso foi a participação de um árbitro brasileiro no julgamento do *Alabama Case*.[179] Foi um caso de grande relevância em que os EUA levaram para debate a participação do Reino Unido durante os eventos de sua Guerra de Secessão, em que a Grã-Bretanha teria fabricado navios de guerra para os estados confederados, complicando os combates no Atlântico e prolongando a guerra. O tema em si não é caro ao direito pátrio, mas demonstra a relevância brasileira dentro do cenário arbitral internacional no meio do século XIX.

Porém, outros casos arbitrais foram de grande relevância para a história brasileira. Como o caso entre Brasil e Argentina denominado *The Misiones Territory*, de 1889.[180] Caso esse em que se estabeleceram as fronteiras da região sul brasileira. Nessa mesma toada, a antiga Confederação Helvética arbitrou um conflito territorial entre o Brasil e a França, que se encerrou em 1900.[181] Tal julgado é um marco nas fronteiras do norte brasileiro, ao tratar do reto reconhecimento da região do atual Estado do Amapá, que estabelece fronteira com a Guiana Francesa.

Dentro do histórico arbitral brasileiro deve-se destacar também a atuação pátria no contexto internacional. Nesse ponto, deve-se tratar da atuação de Rui Barbosa na 2ª Conferência Internacional da Paz, ocorrida em outubro de 1907. O debate que será destacado no presente trabalho ocorreu entre o ilustre patrício compatriota e representantes da delegação dos Estados Unidos, em um período no qual a potência estadunidense iniciava seu momento de destaque internacional.

Na situação em questão, o organismo internacional, palco do debate, contava com uma Corte Permanente de Arbitragem, responsável por dirimir conflitos entre nações. A delegação dos Estados Unidos apresentou proposta para que se substituísse o colendo tribunal em questão por uma Corte Internacional de Justiça, composta por juízes permanentes. Porém, o detalhe que saltava aos olhos era o fato de que

---

[178] *Ibidem*, p. 111.

[179] *Ibidem*, p. 112.

[180] *Ibidem*, p. 116.

[181] *Ibidem*, p. 119.

tal tribunal seria composto por magistrados indicados pelo próprio EUA e por outras potências do velho continente.

Logicamente a proposta estadunidense contava com o apoio de algumas potências europeias, mas representava um duro golpe contra as demais nações. Nesse momento, o brilhantismo de Rui Barbosa se manifestou, em meio ao choque da proposta o douto patrício argumentou a fio que a instauração de tal corte colocaria em xeque a confiabilidade de tão sublime organismo internacional.

Instituir um órgão julgador internacional no qual só alguns países teriam o poder de indicar seus magistrados e o restante deveria apenas submeter-se às suas decisões, sem qualquer contraponto, seria o mesmo que renunciar a sua soberania. No caso em específico, o nobre diplomata brasileiro apresentou esse ponto de forma mais sutil e ponderada, mesmo que firme, defendendo de forma inconteste, em meio ao debate iniciado, que se mantivesse a Corte Permanente de Arbitragem, órgão que equalizava melhor as forças das nações querelantes.

Em resposta à sublime atuação de Rui Barbosa, destaca-se o comentário do chefe da delegação francesa, devidamente recortado por Escobar:

> A América do Sul fez brilhantemente sua estreia na sociedade oficial dos Estados, e se revelou à nossa ignorância como uma poderosa associação moral e intelectual. Saudamos com reconhecimento as intervenções sempre discretas, mas eficazes, eloquentes e regularmente decisivas de cada uma de suas delegações.[182]

Esse fato apresenta-se como relevante para tratar da arbitragem, sobre a ótica brasileira, pois mostra quão significativa é a temática internacionalmente para o país e como tal mecanismo jurisdicional se entrelaça com a própria história sul-americana.

Voltando ao contexto brasileiro direto, algumas fronteiras internas, entre os estados brasileiros, também foram solucionadas por meio da atividade arbitral. Destaca-se sobre essa perspectiva a solução da fronteira entre os estados de Mato Grosso e Goiás, julgado que se iniciou

---

[182] CARDIN, Carlos Henrique. A luta pelo Princípio da Igualdade entre as nações: Rio Branco e Rui Barbosa na Convenção de Paz da Haia de 1907. *In*: COUTINHO, Maria do Carmo Strozzi [coord. ed.]. *II Conferência da Paz Haia de 1907: a correspondência telegráfica entre o Barão de Rio Branco e Rui Barbosa*. Brasília: FUNAG, 2014, p. 242 *apud* ESCOBAR, Marcelo Ricardo. *Arbitragem tributária no Brasil*. São Paulo: Almedina, 2017, p. 124.

em 1919[183] por iniciativa do Governo Federal, com intuito de sanear a querela entre os entes federados.

Ao final do período imperial, vemos um declínio paulatino da força arbitral na atividade jurisdicional e diplomática pátria. É um momento marcado por estagnação legiferante, dentro da perspectiva de sua modernização, com parcas inovações em curtos respiros democráticos. O Código Civil, filho da Lei nº 3.071/1916, não fora um ordenamento generoso com a temática arbitral. A norma em questão não permitia cláusulas compromissórias, que seriam prévios estabelecimentos de compromisso ante a arbitragem em caso de turbação da relação que se estabelece.[184]

Já a Constituição Federal de 1934, que mesmo que de curta duração, apresentou novidades quanto à previsão expressa do cabimento da atividade arbitral envolvendo a Administração Pública. Como já apresentado anteriormente em diversos casos internacionais, a Administração Pública brasileira já fazia uso da arbitragem em algumas resoluções de conflitos, mas apresentar isso de forma expressa dentro de um diploma de tamanha relevância nacional é sem sombra de dúvidas um ponto que merece destaque, mesmo que tal sucedido tenha provocado, aparentemente, pouquíssima reverberação.[185]

Em contrapartida, o Código de Processo Civil, oriundo do Decreto-Lei nº 1.608/1939, apresentou mais modificações, mesmo que singelas. Em sua obra, Escobar afirma que a doutrina especializada não considera grande avanço o Título inteiro que tal diploma dedica ao Juízo Arbitral

> Com o advento do Código de Processo Civil – Decreto-Lei n. 1.608, de 18 de setembro de 1939, que apesar de dedicar ao chamado *'Juízo Arbitral'* um Título inteiro em seu bojo não é considerado pela doutrina especializada como um grande avanço, estampou entre os arts. 1.031 a 1.035 as disposições gerais, e nos arts. 1.036 a 1.046 as formas de andamento da causa de do julgamento.[186]

Como o autor bem elucida, é inegável o tom discreto desenvolvido no diploma em estudo, mas, como já mencionado anteriormente,

---

183 ESCOBAR, Marcelo Ricardo. *Arbitragem tributária no Brasil*. São Paulo: Almedina, 2017, p. 120.

184 *Ibidem*, p. 124.

185 *Ibidem*.

186 *Ibidem*, p. 128.

em momento de tamanha estagnação legiferante não é tão apropriado descartar tão rapidamente qualquer movimento legislativo contrário à tendência que se instaurava. Mesmo que o movimento em questão não tenha sido revolucionário quanto à matéria arbitral, apresentou acréscimos no mínimo curiosos. Um exemplo disso é quando a norma afirma que o juiz arbitral pode atuar, concomitantemente, dentro do processo arbitral, também como escrivão do juízo; ou, em outra oportunidade, quando a norma afirma que só seria necessária a presença de um terceiro árbitro em caso de empate entre os dois primeiros. Nesses momentos, a norma parece estabelecer o óbvio, no entanto, na realidade são perspectivas que estariam apontando para a simplificação do processo. Objetivam a redução de tempo no processo dos julgados e, sincronicamente, economia de custos barateando o processo e tornando-o mais viável e atrativo.

Porém, o Código de Processo Civil, produto da Lei nº 5.869/1973, fruto do governo ditatorial militar, nos mesmos moldes do Código Civil de 1916 foi muito silente no que tange à arbitragem.[187] Isso ignorava, novamente, a plausibilidade da cláusula compromissória, ao mesmo tempo que não admitia a estruturação contratual de subsunção à arbitragem. Tal atividade somente seria cabível posteriormente à ocorrência do conflito.

Esse movimento legiferante, se não representou um retrocesso completo no desenvolvimento da atividade arbitral no país, no mínimo foi um forte período de estagnação. Mas se trata de um momento de arrocho conservador limitando-se e travando o desenvolvimento das liberdades individuais. No caso arbitral, traduzindo-se no desincentivo da aplicação de resoluções alternativas dos conflitos, vinculando mais e mais as atividades jurisdicionais à aplicação direta ligada aos poderes estatais instituídos.

Tratando-se para além do histórico normativo, casos concretos nacionais, diferentemente das atuações internacionais já apresentadas, que serviram de baliza dentro do Judiciário brasileiro, também devem ser ressaltados. Sobre essa perspectiva, Pinho *et al.* (2020) destacam o "Caso Lage" – exposto mais detalhadamente anteriormente – como precedente para a admissão de arbitragem na solução de lides nas quais a Fazenda Pública era parte, mesmo antes da Constituição de 1988.

---

[187] ESCOBAR, Marcelo Ricardo. *Arbitragem tributária no Brasil*. São Paulo: Almedina, 2017, p. 129.

> Ementa: INCORPORAÇÃO, BENS E DIREITOS DAS EMPRESAS ORGANIZAÇÃO LAGE E DO ESPOLIO DE HENRIQUE LAGE. JUÍZO ARBITRAL. CLÁUSULA DE IRRECORRIBILIDADE. JUROS DA MORA. CORREÇÃO MONETÁRIA. 1. A LEGALIDADE DO JUÍZO ARBITRAL, QUE O NOSSO DIREITO SEMPRE ADMITIU E CONSAGROU, ATÉ MESMO NAS CAUSAS CONTRA A FAZENDA. PRECEDENTE DO SUPREMO TRIBUNAL FEDERAL. 2. LEGITIMIDADE DA CLÁUSULA DE IRRECORRIBILIDADE DA SENTENÇA ARBITRAL, QUE NÃO OFENDE A NORMA CONSTITUCIONAL. 3. JUROS DE MORA CONCEDIDOS, PELO ACÓRDÃO AGRAVADO, NA FORMA DA LEI, OU SEJA, A PARTIR DA PROPOSITURA DA AÇÃO. RAZOÁVEL INTERPRETAÇÃO DA SITUAÇÃO DOS AUTOS E DA LEI N. 4.414, DE 1964. 4. CORREÇÃO MONETÁRIA CONCEDIDA, PELO TRIBUNAL A QUO, A PARTIR DA PUBLICAÇÃO DA LEI N. 4.686, DE 21.6.65. DECISÃO CORRETA. 5. AGRAVO DE INSTRUMENTO A QUE SE NEGOU PROVIMENTO.[188]

Nesse diapasão, as demandas tributárias também estão sujeitas à arbitragem. Conforme Martins,[189] o marco para a arbitragem em querelas referentes ao fisco foi o momento em que a Administração Pública passou a integrar, como parte, a relação processual arbitral de forma mais concreta. A Lei nº 13.129/2015, além de outras providências, amplia o âmbito de aplicação da arbitragem, admitindo em no §1º do art. 1º que a Administração Pública se utilize da arbitragem[190] de uma forma mais bem estruturada dentro dos mecanismos legais.

3.2 Normatização brasileira a partir da segunda metade do século XX

Seguindo na linha cronológica normativa supracitada que chega até a segunda metade do século XX, verifica-se um rejuvenescimento da temática arbitral, da qual, no presente momento, discutir-se-á mais sobre a ótica administrativa. Partimos de leis voltadas para a atividade

---

[188] BRASIL. Supremo Tribunal Federal. *Agravo de Instrumento nº 52.181*. Relator: BILAC PINTO. Data de Julgamento: 14/11/1973, TRIBUNAL PLENO, Data de Publicação: DJ 15-02-1974.

[189] MARTINS, Kallyd da Silva. *Arbitragem tributária*: um modelo eficiente na resolução de conflitos fiscais. 2021. Dissertação (Mestrado em Direito, Justiça e Desenvolvimento) – Programa de Pós-Graduação *Stricto Sensu* em Direito, Instituto Brasileiro de Ensino, Desenvolvimento e Pesquisa, São Paulo/SP, 2021.

[190] "Art. 1º §1º A administração pública direta e indireta poderá utilizar-se da arbitragem para dirimir conflitos relativos a direitos patrimoniais disponíveis" (BRASIL, 2015b).

de descentralização, verificando-se um momento paradigmático dentro da legislação administrativa em que Fazenda Pública se afasta dos paradigmas burocráticos, fortemente estabelecidos no período de Vargas, para se aproximar de uma nova perspectiva administrativa, o paradigma administrativo gerencial, ligado a um movimento de fortalecimento das estruturas autárquicas.

Toda essa estrutura, voltada para uma perspectiva de flexibilidade, se materializa, por exemplo, em inovações estabelecidas na Lei Federal nº 5.662/71. Normativa esta que trata de atividades internacionais vinculadas ao Banco Nacional do Desenvolvimento Econômico e Social (BNDES).[191] O destaque nesse caso vai para a autorização legal, para que em contratos internacionais o banco possa admitir a constituição de cláusulas prevendo o arbitramento em caso de conflitos contratuais futuros, cláusulas compromissórias. É um movimento simples, mas apresenta-se como indicativo do novo rumo paradigmático que se pretendia tomar.

Nessa mesma toada, outro instrumento normativo veio a baile com o intuito de facilitar operações financeiras estatais realizadas fora do país. O Decreto-Lei nº 1.312/74 trata de empréstimos externos efetuados pelo Estado. Escobar esmiúça muito bem o cabimento a relevância de tal instrumento normativo, mas para melhor elucidar o que aqui se pretende explanar cabe apresentar o próprio texto normativo:

> Art. 11. O Tesouro Nacional contratando diretamente ou por intermédio de agente financeiro poderá aceitar as cláusulas e condições usuais nas *operações com organismos financeiros internacionais,* sendo válido o compromisso geral e antecipado de *dirimir por arbitramento todas as dúvidas e controvérsias* derivadas dos respectivos contratos.[192]

Essa é mais uma demonstração legiferante do período que reflete o novo rumo que se pretendia tomar ante a relação entre as atividades arbitrais e a Administração Pública. Dentre estas, da própria administração pública.

---

191 ESCOBAR, Marcelo Ricardo. *Arbitragem tributária no Brasil.* São Paulo: Almedina, 2017, p. 131.

192 BRASIL. *Decreto-Lei nº 1.312,* de 15 de fevereiro de 1974. Autoriza o Poder Executivo a dar a garantia do Tesouro Nacional a operações de créditos obtidos no exterior, bem como, a contratar créditos em moeda estrangeira nos limites que específica, consolida inteiramente a legislação em vigor sobre a matéria e dá outras providências. 1974.

Cronologicamente seguimos para o maior marco da codificação brasileira na atualidade, a Carta Magna de 1988. A Constituição cidadã não fora eloquente no que se refere à temática da atividade arbitral ante a administração pública. Porém, principiologicamente, no que tange à perspectiva paradigmática, pode se falar que a Constituição de 1988 foi revolucionária.

Nesse ponto Escobar é eloquente em elogios e no reto reconhecimento da devida proporção que a Carta Maior trouxera para a jurisdição brasileira:

> É inegável que com a promulgação da Constituição Federal de 1988 pavimentou-se o caminho para que a arbitragem, em especial a envolvendo a Administração Pública pudesse florescer. Seja por conta de previsões que facilitaram o seu surgimento, mesmo sem a menção expressa ao instituto, seja por trazer claramente em seu texto tais possibilidades. Quanto às menções indiretas ou que auxiliaram a consolidação da arbitragem ressaltamos, exemplificadamente, a ausência de indicações do monopólio da jurisdição estatal na redação do art. 5º [...].[193]

Compreende-se a ótica abordada pelo autor, no ponto em que concordamos com o caráter audaz da norma em questão. A Constituição de 1988 abriu novos horizontes que permitiram inovações cada vez maiores. Porém, não encontramos de forma palpável dentro da cártula em si palavras que objetivamente levem a qualquer apontamento direto que seja favorável aos juízos arbitrais em geral. Todavia, dentro da perspectiva principiológica, não apontamos qualquer crítica à visão apresentada, a Carta Magna foi incontestavelmente revolucionária.

Nessa toada inovadora, trataremos do reflexo da abertura de perspectivas trazido pela nova constituição e seus resultados dentro das legislações estaduais. Traremos a baile três normas estaduais para estudo: a Lei do Rio de Janeiro nº 1.481/1989, a Lei de São Paulo nº 7.835/1992 e a Lei de Minas Gerais nº 19.477/11.

Os dois primeiros ordenamentos apresentados são bem similares. Tanto a lei fluminense quanto a paulista tratam sobre a concessão de serviços e obras públicas, em seus referidos estados. A lei carioca merece destaque por ser pioneira, foi a primeira lei estadual brasileira a tratar da temática, possibilitando a realização da revisão tarifária, em

---

193 ESCOBAR, Marcelo Ricardo. *Arbitragem tributária no Brasil*. São Paulo: Almedina, 2017, p. 132-133.

tais contextos administrativos, por meio de juízo arbitral, estabelecendo um novo paradigma de referência estatal.

A lei paulista veio posteriormente à carioca, tratando também da mesma temática, mas foi mais tímida, pois fora mais genérica que a anterior ao prever apenas "soluções amigáveis" para tais conflitos. Sem sombra de dúvidas, trata-se de um contexto em que é cabível o juízo arbitral, dentro do contexto de relações público-privadas, mas não afirmou isso de forma categórica.

Já a legislação mineira foi a mais ousada de todas, pois trata diretamente sobre a arbitragem na administração pública dentro do estado. O estado de Minas Gerais estabeleceu na legislação em escopo os parâmetros legais para a estruturação e organização da relação de juízos arbitrais entre o estado de mineiro e particulares. Com isso, estabeleceu-se uma dúvida jurídica complexa sobre a constitucionalidade ou não de tal norma. O art. 22 da CRFB/88, em seu inciso I,[194] estabelece que é de competência privativa da União legislar sobre matéria de direito civil e processual civil, que é o caso da matéria de juízo arbitral. Portanto, caso o tema seja matéria de direito administrativo a lei seria constitucional, caso seja matéria de direito civil ou processual civil, a lei seria inconstitucional.

Como apresentado, existem pontos favoráveis e pontos contrários, mas a dúvida deve se findar quando nos deparamos com a jurisprudência dos tribunais superiores:

> Ação Direta de Inconstitucionalidade. 2. Lei Estadual que disciplina a homologação judicial de acordo alimentar firmado com a intervenção da Defensoria Pública [Lei 1.504/1989, do Estado do Rio de Janeiro]. 3. O Estado do Rio de Janeiro disciplinou a homologação judicial de acordo alimentar nos casos específicos em que há participação da Defensoria Pública, não estabelecendo novo processo, mas a forma como este será executado. Lei sobre procedimento em matéria processual. 4. A prerrogativa de legislar sobre procedimentos possui o condão de transformar os Estados em verdadeiros 'laboratórios legislativos'. Ao conceder-se aos entes federados o poder de regular o procedimento de uma matéria, baseando-se em peculiaridades próprias, está a possibilitar-se que novas e exitosas experiências sejam formuladas. Os Estados passam a ser partícipes importantes no desenvolvimento do direito nacional e a atuar ativamente na construção de possíveis experiências

---

[194] "Art. 22. Compete privativamente à União legislar sobre: I – direito civil, comercial, penal, processual, eleitoral, agrário, marítimo, aeronáutico, espacial e do trabalho" (BRASIL, 1988).

> que poderão ser adotadas por outros entes ou em todo território federal. 5. Desjudicialização. A vertente extrajudicial da assistência jurídica prestada pela Defensoria Pública permite a orientação [informação em direito], a realização de mediações, conciliações e arbitragem [resolução alternativa de litígios], entre outros serviços, evitando, muitas vezes, a propositura de ações judiciais. 6. Ação direta julgada improcedente.[195]

A jurisprudência supracitada aponta o direcionamento adotado pelo Supremo. Mesmo que em específico as matérias sejam distintas, em concreto, a falha legislativa procedimental, quanto à competência para se legislar, comunicam-se. O excelentíssimo Ministro nos esclarece quanto às vantagens do experimento que se verifica no caso concreto, e ele se aplica no âmbito do juízo arbitral. A corte acaba flexibilizando seu entendimento para proporcionar maiores avanços jurídicos, que principiologicamente se alinham com a Carta Magna, concomitantemente facilitam a vida do cidadão médio.

Escobar[196] reflete sobre o mesmo julgado ante a análise da lei mineira, mas apresenta uma ótica muito otimista em relação à justificativa jurisprudencial, pois, no fim, apresenta justificativas muito esguias para respaldar a decisão da corte superior:

> No caso em questão, o réu – Estado do Rio de Janeiro – alegou que a lei carioca que disciplinou a homologação judicial de acordo alimentar firmado com a intervenção da Defensoria Pública foi editada com base na competência legislativa suplementar prevista no art. 24, §2º da CF/88. E nessa linha decidiu o Pretório Excelso, entendendo que aos entes foi conferida a prerrogativa de definir a forma como a matéria processual será executada, de acordo com a maneira que julgar ser mais adequada para atender suas peculiaridades, consoante art. 24, §3, da Cf/88.
> Assim, caso haja qualquer questionamento de que a lei mineira de arbitragem possa ser considerada uma norma processual, e, portanto, inconstitucional, o entendimento recente proferido pelo STF deve prevalecer validando a iniciativa de Minas Gerais.[197]

Essa justificativa apresentada é muito superficial perante a profundidade da falha procedimental da lei em questão. Meramente alegar

---

[195] BRASIL. Supremo Tribunal Federal. *Ação Direta de Inconstitucionalidade 2.922/RJ*. Relator: Min. Gilmar Mendes. Julgado em 03 de abril de 2014.

[196] ESCOBAR, Marcelo Ricardo. *Arbitragem tributária no Brasil*. São Paulo: Almedina, 2017.

[197] *Ibidem*, p. 159.

a aplicabilidade do art. 24, §§2º e 3º, da CRFB/88 não se apresenta como argumento suficiente para a defesa da constitucionalidade da norma em questão. Porém, o posicionamento jurisprudencial apresentado, concomitantemente com as defesas principiológicas da norma em estudo, são justificativas mais coerentes. Adequando-se dentro da legalidade pelo respaldo principiológico constitucional, por exemplo, atrelando-se a própria perspectiva de acesso à justiça, ao mesmo tempo em que apresenta respaldo jurisprudencial em casos semelhantes, como na jurisprudência supracitada.

Além da legislação estadual, cabe tratar também da legislação federal. Nesse campo encontramos diversos exemplos, tais como a Lei Federal nº 9.478/97, que tratou da política energética nacional. A norma em questão disciplinava sobre o monopólio do petróleo e criou o Conselho Nacional de Política Energética. Porém, o que nos interessa no presente caso é a previsão em seu art. 20, *caput*, de que a ANP (Agência Nacional de Petróleo) trataria solução de conflitos entre agentes econômicos e usuários/consumidores por meio de conciliação e arbitragem. Mesmo os contratos de concessão deveriam contar com cláusulas submetendo a resolução de conflitos por meio de conciliação ou arbitragem, que poderia ser internacional.

No mesmo tom, a Lei Federal nº 10.233/2001, que trata das Concessões de Transportes Públicos, apresenta expressa previsão de que os contratos feitos perante a administração pública referentes a concessões de transporte devem conter cláusula contratual firmando a resolução arbitral como meio de solução de conflitos. Posteriormente, a Lei Federal nº 10.438/2002, que dispõe sobre a Agência Nacional de Energia Elétrica (ANEEL), quando trata da recomposição tarifária extraordinária, faz referência a arbitragem. A lei fala que tal operação estará sujeita à homologação da ANEEL e que, em caso conflituoso, caso perdure a controvérsia, será julgada pela ANEEL, por via arbitral regulada pela própria agência.

Pode-se citar ainda da Lei Federal nº 11.079/2004, que tratou sobre minúcias das PPP (parcerias público-privadas) referente a normas gerais sobre licitações e contratos administrativos, que afirmava a plausibilidade da submissão de possíveis conflitos contratuais ao juízo arbitral.

Esses são apenas alguns exemplos de legislações federais tratando do tema, mas por meio desses poucos exemplos podemos ver as falhas e vantagens das legislações administrativas que tratam de juízo arbitral. O juízo em questão é uma alternativa ao Judiciário, não o substitui, longe disso, contudo, cria alternativas inteligentes e flexíveis para a resolução de conflitos contratuais. Ao mesmo tempo que, principalmente, representa uma ampliação dos direitos individuais do cidadão ao oferecer maior liberdade na hora de escolher caminhos para resolver conflitos.

A fim de esquematizar didaticamente as principais normativas que tratam de arbitragem em que a Administração Pública figura como parte, apresenta-se tabela elaborada pelo autor.

(continua)

Normativa	Principais contribuições
Lei nº 5.662/1971	No parágrafo único do art. 5º dessa lei,[198] é facultado ao BNDES (empresa pública) efetuar operações bancárias, podendo consentir com cláusulas advindas de arbitramento.
Decreto Lei nº 1.3212/74	Em seu art. 11,[199] faculta ao Tesouro Nacional, em caso de financiamentos firmados por meio de órgãos internacionais, submeter eventuais dúvidas e conflitos advindas do contrato à arbitragem.
Constituição de 1988	Como já esmiuçado anteriormente, o art. 12 do ADCT[200] assegurava que estados e municípios poderiam, no prazo de três anos após a promulgação da CF/88, promover, mediante acordo ou arbitragem, demarcação de suas linhas territoriais que estivessem sob conflito. Além disso, também destaca-se a previsão da arbitragem para dissolução de conflitos trabalhistas, como citado em tabela anterior.

198 "Art. 5º A empresa pública Banco Nacional do Desenvolvimento Econômico (BNDE) poderá efetuar tôdas as operações bancárias necessárias à realização do desenvolvimento da economia nacional, nos setores e com as limitações consignadas no seu Orçamento de Investimentos, observado o disposto no artigo 189 do Decreto-Lei nº 200, de 25 de fevereiro de 1967. Parágrafo único. As operações referidas neste artigo poderão formalizar-se no exterior, quando necessário, para o que fica a empresa pública Banco Nacional do Desenvolvimento Econômico e Social – BNDES autorizada a constituir subsidiárias no exterior e a aceitar as cláusulas usuais em contratos internacionais, entre elas a de arbitramento. [Redação dada pela Lei nº 11.786, de 2008]". Disponível em: https://presrepublica.jusbrasil.com.br/legislacao/104169/lei-5662-71#:~:text=Enquadra%20o%20Banco%20Nacional%20do,Ver%20t%C3%B3pico%20(680%20documentos). Acesso em: 14 set. 2022.

199 "Art. 11. O Tesouro Nacional contratando diretamente ou por intermédio de agente financeiro poderá aceitar as cláusulas e condições usuais nas operações com organismos financiadores internacionais, sendo válido o compromisso geral e antecipado de dirimir por arbitramento todas as dúvidas e controvérsias derivadas dos respectivos contratos." Disponível em: http://www.planalto.gov.br/ccivil_03/decreto-lei/1965-1988/Del1312.htm. Acesso em: 14 set. 2022,

200 "Art. 12. Será criada, dentro de noventa dias da promulgação da Constituição, Comissão de Estudos Territoriais, com dez membros indicados pelo Congresso Nacional e cinco pelo Poder Executivo, com a finalidade de apresentar estudos sobre o território nacional e anteprojetos relativos a novas unidades territoriais, notadamente na Amazônia Legal e em áreas pendentes de solução. [...] §2º Os Estados e os Municípios deverão, no prazo de três anos, a contar da promulgação da Constituição, promover, mediante acordo ou arbitramento, a demarcação de suas linhas divisórias atualmente litigiosas, podendo para

(continua)

Normativa	Principais contribuições
Lei RJ nº 1.481/89 (Posteriormente revogada pela Lei nº 2.831/97)	Esta norma dispõe sobre o regime de concessões de serviços e obras públicas no estado do Rio de Janeiro. No seu art. 5º, mais precisamente nos §2º e 3º,[201] prevê a possibilidade de estabelecer critérios adequados para redução de tarifas através de juízo arbitral.
Lei SP nº 7.835/92	Versa sobre o regime de concessão e permissão de serviços e obras públicas no estado de São Paulo. No inciso XXI do art. 8º,[202] há previsão indireta da arbitragem para resolução de conflitos de contratos administrativos.
Lei Federal nº 8693/93	Dispõe sobre a descentralização de transporte ferroviário coletivo de passageiro urbano e suburbano, da União para os Estados e Municípios. Esta, no §8º do art. 1º,[203] vedando aos aditivos a crédito externo a jurisdição de tribunais estrangeiros, mas admitindo o juízo arbitral para dirimir eventuais dúvidas e/ou conflitos.
Lei Federal nº 8.987/95	Trata do regime de concessão e permissão da prestação de serviços públicos. O art. 23-A[204] prevê expressamente a arbitragem como solução de conflito.

isso fazer alterações e compensações de área que atendam aos acidentes naturais, critérios históricos, conveniências administrativas e comodidade das populações limítrofes." Disponível em: http://www.planalto.gov.br/ccivil_03/constituicao/constituicao.htm#adct. Acesso em: 14 set. 2022.

201 "Art. 5º – Considera-se justa a remuneração do capital que atenda: [...] §2º – Os contratos de concessão conterão regras para estabelecer mecanismos e critérios adequados de revisão de tarifas, que poderá ser feita por juízo arbitral, nos termos contratualmente previstos. §3º – O contrato de concessão deverá prever os mecanismos e critérios adequados para o ressarcimento referido no parágrafo anterior." Disponível em: https://gov-rj.jusbrasil.com.br/legislacao/90994/lei-1481-89. Acesso em: 14 ago. 2022.

202 "Artigo 8º – São cláusulas essenciais no contrato as relativas a:[...] XXI – foro competente e modo amigável para solução das divergências contratuais". Disponível em: https://www.al.sp.gov.br/repositorio/legislacao/lei/1992/compilacao-lei-7835-08.05.1992.html#:~:text=Disp%C3%B5e%20sobre%20o%20regime%20de,p%C3%BAblicos%20e%20d%C3%A1%20provid%C3%AAncias%20correlatas. Acesso em: 14 set. 2022.

203 "Art. 1º A Rede Ferroviária Federal S.A. (RFFSA) e a Rede Federal de Armazéns Gerais Ferroviários S.A. (Agef) transferirão à União, atendidas as condições previstas nesta lei, a totalidade das ações de sua propriedade no capital da Companhia Brasileira de Trens Urbanos (CBTU) e da Empresa de Trens Urbanos de Porto Alegre S.A. [...] §8º Nos aditivos a contratos de crédito externo constará, obrigatoriamente, cláusula excluindo a jurisdição de tribunais estrangeiros, admitida apenas a submissão de eventuais dúvidas e controvérsias delas decorrentes à justiça brasileira ou a arbitragem, nos termos do art. 11 do Decreto-Lei nº 1.312, de 15 de fevereiro de 1974." Disponível em: http://www.planalto.gov.br/ccivil_03/leis/l8693.htm#:~:text=L8693&text=LEI%20N%C2%BA%208.693%2C%20DE%203%20DE%20AGOSTO%20DE%201993.&text=Disp%C3%B5e%20sobre%20a%20descentraliza%C3%A7%C3%A3o%20dos,Munic%C3%ADpios%2C%20e%20d%C3%A1%20outras%20provid%C3%AAncias. Acesso em: 14 set. 2022.

204 "Art. 23-A. O contrato de concessão poderá prever o emprego de mecanismos privados para resolução de disputas decorrentes ou relacionadas ao contrato, inclusive a arbitragem, a ser realizada no Brasil e em língua portuguesa, nos termos da Lei n. 9.307, de 23 de setembro

(conclusão)

Normativa	Principais contribuições
Lei Federal nº 9.307/96 (Lei da Arbitragem)	Disciplina a arbitragem, prevendo – como já exposto anteriormente – em seu art. 1º a administração pública como um possível polo na arbitragem.
Lei Federal nº 9.472/97	Trata dos serviços de telecomunicação. A arbitragem é prevista especialmente no art. 19, inciso XVII, e art. 93, inciso XV,[205] dos quais se depreende a possibilidade de solução de conflito tendo a ANATEL como mediadora, não se confunde com a arbitragem prevista na lei anteriormente exposta.
Lei Federal nº 9478/97	Versa sobre a política energética nacional e atividades relativas ao monopólio do petróleo e, em seus arts. 20 e 43, inciso X,[206] prevê a possibilidade da arbitragem.
Lei Federal nº 10.233/01	Dispõe sobre a concessão de transporte aquaviário e terrestre. Em seu art. 35[207] traz a arbitragem como um dos meios de dirimir controvérsias.
Lei Federal nº 11.079/2004[208]	Trata sobre as normas para licitação e parceria público-privada no âmbito da Administração Pública, na qual prevê a possibilidade de que possíveis conflitos contratuais sejam resolvidos por arbitragem.

de 1996." Disponível em: http://www.planalto.gov.br/ccivil_03/leis/l8987cons.htm. Acesso em: 15 set. 2022.

205 Disponível em: http://www.planalto.gov.br/ccivil_03/leis/l9472.htm. Acesso em: 15 set. 2022.

206 Disponível em: http://www.planalto.gov.br/ccivil_03/leis/l9478.htm. Acesso em: 14 set. 2022.

207 "Art. 35. O contrato de concessão deverá refletir fielmente as condições do edital e da proposta vencedora e terá como cláusulas essenciais, ressalvado o disposto em legislação específica, as relativas a:[...] XVI – regras sobre solução de controvérsias relacionadas com o contrato e sua execução, inclusive a conciliação e a arbitragem" Disponível em: http://www.planalto.gov.br/ccivil_03/leis/leis_2001/l10233.htm#:~:text=Disp%C3%B5e%20sobre%20a%20reestrutura%C3%A7%C3%A3o%20dos,Transportes%2C%20e%20d%C3%A1%20outras%20provid%C3%AAncias. Acesso em: 15 set. 2022.

208 Disponível em: http://www.planalto.gov.br/ccivil_03/_ato2004-2006/2004/lei/l11079.htm. Acesso em: 14 set. 2022.

3.3 Experiências paradigmáticas

Quanto aos julgados, devemos retroceder um pouco na linha cronológica, para compreender algumas referências. Um dos casos paradigmáticos mais relevantes, já mencionado no presente trabalho, foi o "Caso Lage". A querela inicia-se com a edição do Decreto-lei nº 4.648/42, um dos marcos legais pátrios durante o período da Segunda Grande Guerra, representando, na prática, uma grande ruptura nos direitos fundamentais devido à extensa restrição que instituiu as liberdades individuais da população em geral.

Mas, no caso em específico, são os reflexos de tal norma sobre o processo de incorporação dos bens e direitos do grupo empresarial "Organização Lage" e do espólio de Henrique Lage ao patrimônio nacional que estabeleceram a relevância paradigmática. A União inicialmente aceitou o juízo arbitral para a resolução do conflito sobre os valores indenizatórios devidos. Nesse momento, cabe destacar, pactuou-se entre as partes que a arbitragem se daria em instância única e renunciando-se ao direito recursal.

Porém, depois de apurado elevado valor indenizatório, o então Procurador-Geral da Fazenda alegou inconstitucionalidade do juízo arbitral para decidir sobre a demanda. Cabe destacar parte da decisão, brilhantemente apontado por Escobar em sua obra, salientando-se a reta resposta da corte superior sobre a referida temática:

> [...] Estou de acordo com o despacho recorrido em que todas as arguições formuladas pela União Federal, nos seus recursos extraordinários [fls. 523/533 e fls. 656/675], no que concerne à inconstitucionalidade e à ilegalidade do Juízo Arbitral instituído pelo Decreto-Lei n. 9.521, de 27.7.1946, foram cabalmente respondidas pelo douto e ilustre Magistrado Godoy Ilha (...)
> [...] o Supremo Tribunal Federal teve oportunidade de apreciar a legalidade do Juízo Arbitral, discutido nesta demanda, ao julgar ação movida pelo Espólio de Henrique Lage contra a Companhia Nacional de Navegação Costeira – P.N. -, na qual ser reclamada indenização pelo torpedeamento dos navios Piave, Araraquara e Itagiba durante a Guerra. No exame da questão de mérito, o ilustre Ministro Amaral Santos, fundou-se em argumentação coincidente com a do acórdão recorrido [...] Tenho como incensurável a decisão recorrida, quer no que concerne à constitucionalidade e à legalidade do Juízo Arbitral, quer no que se refere à condenação ao pagamento de juros de mora, nos termos nela fixados. [...]

Com esses fundamentos, nego provimento ao agravo da União Federal.[209]

Minúcias sobre o caso são desimportantes para o presente estudo, mas a conclusão salutar é a resposta do STF, sacramentando balizas fundamentais da aplicabilidade, cabimento e constitucionalidade do Juízo Arbitral, ante o poder público. A Egrégia Corte trouxe para dentro de nossas fronteiras algo que já se aplicava fora dela mesmo antes de o primeiro europeu pisar em terras brasileiras. Pois, como já debatido aqui, o Tratado de Tordesilhas, de 1494, já representa uma conclusão arbitral de um conflito, que no caso em específico tratava de nossas fronteiras.

Em diversos outros casos aqui explanados, o governo brasileiro se valeu do juízo arbitral para solucionar conflitos externos, mas dentro de nossas fronteiras por vezes a Administração Pública brasileira se esquiva de tal modalidade de resolução de conflitos. O "Caso Lage" é a experiência judicial paradigmática que sacramenta o reto cabimento da subordinação do Estado ante os juízos arbitrais internamente. O Supremo Tribunal Federal apresentou posicionamento sobre a própria moralidade administrativa, pois, em um primeiro momento, o Governo admitiu a atuação do juízo arbitral para solucionar o conflito, mas, quando a resposta lhe fora desfavorável, esquivou-se de sua responsabilidade afirmando não se submeter à corte arbitral. Desse modo, a decisão do STF resguarda inclusive a própria moralidade administrativa, ante seus administrados.

3.3.1 Deliberações sobre os Estádios da Copa de 2014

A Copa do Mundo de Futebol ocorrida no Brasil, no ano de 2014, reverberou dentro do direito brasileiro. Por exemplo, quando se tratou do consumo de bebidas alcoólicas dentro dos estádios, debatia-se sobre a ilegalidade e nocividade de tal conduta dentro dos ambientes em questão, mas no fim alterou a norma para atender aos interesses financeiros da FIFA (PL nº 2.330/11, convertido em LO nº 12.663/2012). Mas outras reverberações do evento em questão foram menos polêmicas, como as cláusulas arbitrais previstas nos contratos administrativos referentes às gestões de estádios que seriam utilizados no evento.

[209] ESCOBAR, Marcelo Ricardo. *Arbitragem tributária no Brasil.* São Paulo: Almedina, 2017, p. 174-175.

A análise dos contratos administrativos firmados pela Administração Pública ante a iniciativa privada, para gestão e administração dos estádios, mostra o lidar de cada Estado com a perspectiva arbitral. Sobre essa perspectiva, o Estado do Rio de Janeiro, por meio de parceria público-privada, sobre a perspectiva de concessão administrativa,[210] firmou cláusula de resolução de conflito arbitral como alternativa para dirimir eventuais querelas. Tanto a preocupação em redigir tal previsão quanto suas referências firmadas na legislação pátria coadunam-se com a orientação que o Estado já tomava. O que se observa no contraponto com o contrato firmado na PPP em questão é o desenvolvimento da relação do juízo arbitral com a administração pública estadual.

Em contrapartida, no Estado do Amazonas estabeleceu-se contrato administrativo, sobre a ótica da Lei nº 8.666/93, com o Consórcio Arena Manaus, regularizando a administração e exploração do estádio em questão. Porém, a relação contratual estabeleceu-se de maneira muito mais precária, se comparada com o exemplo dos cariocas.

> [...] não ostentou expressamente a possibilidade de dirimir suas divergências através as arbitragens, uma vez que na cláusula 21 constou apenas que 'o foro do presente contrato é o desta cidade de Manaus, com expressa renúncia da contratada a qualquer outro que tenha ou venha a ter, por mais privilegiado que seja'.[211]

O que se destaca no trecho em análise é a simplicidade normativa, que representa mesmo uma fragilidade contratual ao não estabelecer uma estrutura legal mais robusta para antever resoluções de conflitos mais céleres. Mas, como demonstrado na linha temporal normativa, apresentada ao longo do presente estudo, a unidade federativa em questão não se destacou no contexto nacional dentro do âmbito do juízo arbitral no cenário administrativo. Desse modo, é coerente que o Estado do Amazonas não tenha demonstrado preocupação, ante o contrato firmado, para com a previsão de estabelecimento do juízo arbitral como meio de resolução de futuras querelas.

---

[210] ESCOBAR, Marcelo Ricardo. *Arbitragem tributária no Brasil*. São Paulo: Almedina, 2017, p. 197.

[211] ESCOBAR, Marcelo Ricardo. *Arbitragem tributária no Brasil*. São Paulo: Almedina, 2017, p. 206.

Por outro lado, em Minas Gerais estabeleceu-se parceria público-privada para a reforma do complexo do Mineirão. No contrato administrativo em vista foi adotada toda uma gradação na resolução de possíveis conflitos, onde a solução arbitral apresenta-se como uma dessas camadas. Mas, para além disso, previu de forma exemplificativa matérias que podem ser debatidas pela arbitragem.[212] Chegou a apontar uma instituição arbitral responsável por dirimir os conflitos, a Câmara de Arbitragem Empresarial – Brasil (CAMARB). O que se destaca no contexto mineiro é o qual rebuscado e completo fora toda a malha contratual estabelecida na PPP em questão.

O que se depreende do presente caso é o esmero mineiro em tratar de tais previsões. O contrato ora em análise fora firmado em 2010, anteriormente à Lei Mineira de Arbitragem, já tratada em tópicos anteriores, porém a PPP em questão já se alinha com tal normativa. Esse é um excelente quadro para se observar o desenvolvimento do juízo arbitral, dentro do contexto administrativo, dentro dos Estados brasileiro, ao se observarem as soluções apresentadas pelos estados do Rio de Janeiro, Amazonas e Minas Gerais. Não focamos aqui na crítica particular a qualquer dos modelos contratuais estabelecidos, mas sim queremos observar o desenvolvimento "administrativo arbitral" dos entes federativos em geral.

3.3.2 Projeto de Lei nº 4.257/2019

O Projeto de Lei nº 4.257/2019, ainda em tramitação, é de iniciativa do senador Antonio Anastasia (PSDB/MG) e propõe a modificação da Lei nº 6.830, de 22 de setembro de 1980, a fim de "[...] instituir a execução fiscal administrativa e a arbitragem tributária, nas hipóteses que especifica". Este projeto, consoante justificação, é voltado para o estabelecimento de procedimento de execução fiscal administrativa para cobrança de IPTU, IPVA e ITR, da contribuição de melhoria e de taxas incidentes em razão da propriedade, como melhor será exposto adiante.

Ao explicar a ementa acima transcrita, o referido projeto de lei traz a possibilidade ao executado de eleger o juízo arbitral, quando a execução for garantida por depósito em dinheiro, fiança bancária ou seguro garantia. Do mesmo modo, também é facultado à Fazendo

---

[212] *Ibidem*, p. 200.

Pública optar pela execução extrajudicial da dívida ativa de tributos e taxas, perante notificação administrativa do devedor.

Caso aprovado, o PL acrescentará à Lei nº 6.830/1980 dispositivos que modificam a execução judicial da dívida ativa (art. 16-A a 16-F), a execução extrajudicial da dívida ativa (art. 41-A a 41-R), bem como as disposições finais e transitórias (art. 41-S e 41-T).[213] Ressalta-se que o presente estudo se volta para a arbitragem de causas envolvendo o fisco, logo, os primeiros artigos são os que mais interessam, dentre os quais serão destacados os mais significativos.

Quanto aos primeiros dispositivos, chama-se atenção para o fato de a arbitragem – no âmbito deste projeto de lei – ocorrer quando já existir uma relação jurídica, como apontam Piscitelli, Mascito e Fernandes,

> Como mencionado, o PL n. 4.257/2019 prevê a arbitragem em momento posterior à constituição da relação jurídica tributária e demanda, como requisito de acesso ao procedimento, a garantia dos valores em debate, realizada no contexto de ação judicial em curso – Execução Fiscal, Ação Consignatória de Pagamento ou Ação Anulatória do Ato Declarativo da Dívida.[214]

O art. 16-A prevê a possibilidade de o executado optar pela adoção de juízo arbitral para julgar os embargos, caso este garanta a execução por depósito em dinheiro, fiança bancária ou seguro garantia, respeitando as exigências da Lei nº 9.307/1996 e outras – acrescidas pelo PL em discussão. Críticas feitas por Piscitelli, Mascito e Fernandes[215] merecem ser expostas: esse dispositivo dá ao executado a possibilidade de escolher o juízo arbitral, no entanto, é silente sobre o andamento da execução fiscal, caso tal opção seja feita. Sem dúvidas, é fundamental que a suspensão processual seja explicitamente tratada. Nesse sentido, os autores sugerem:

> Sugere-se, aqui, a resolução desse problema mediante a inclusão de um parágrafo no art. 16-A, com os seguintes dizeres: "A opção pela

---

[213] Disponível em: https://legis.senado.leg.br/sdleg-getter/documento?dm=7984784&ts=1650302080988&disposition=inline. Acesso em: 25 ago. 2022.

[214] PISCITELLI, Tathiane; MASCITTO, Andrea; FERNANDES, André Luiz Fonseca Fernandes. Um olhar para a arbitragem tributária: comparativo das propostas no Senado Federal, provocações e sugestões. *Revista Direito Tributário Atual*, São Paulo, IBDT, n. 48, p. 750, 2º semestre 2021.

[215] *Ibidem*.

> adoção de juízo arbitral suspende a execução fiscal até o recebimento da notificação ou ciência pessoal da sentença arbitral ou da decisão do pedido de esclarecimentos". Com isso, não haveria dúvidas, na seara do processo executivo fiscal, sobre os efeitos da opção pela via arbitral [...]
> Para que isso seja assegurado pela legislação, sugere-se a inclusão de novo parágrafo em dispositivo (art. 16-A) que o art. 1º do PL n. 4.257/2019 almeja incluir na LEF, com a seguinte redação: "A sentença arbitral deverá ser proferida no prazo de seis meses a contar do início do processo arbitral, prorrogável, por igual período, até o máximo de um ano".[216]

Ainda na análise do art. 16-A, pondera-se uma exigência central feita pelo dispositivo: a de que a execução seja garantida por depósito em dinheiro, fiança bancária ou seguro garantia. Compartilha-se do pensamento de parte da doutrina:[217] [218] essa imposição – sem a previsão de nenhuma exceção – limita a escolha do executado. Na verdade, ela impossibilita que os sujeitos economicamente vulneráveis possam ter acesso a arbitragem nesses moldes. Piscitelli, Mascito e Fernandes[219] salienta a possibilidade de futura arguição de inconstitucionalidade em razão de prejuízo ao direito de defesa do contribuinte. Desse modo, o que se sugere aqui é que seja acrescido dispositivo que possibilite aos executados hipossuficientes optar pela arbitragem, dispensando-se a garantia e/ou oferecendo formas de garanti-la.

Retornando aos requisitos impostos para que o executado eleja o juízo arbitral para julgar os embargos, um dos mais expressivos é o de que nenhum árbitro poderá atuar em dois ou mais processos do mesmo particular ou de grupo que este integre por um ano (16-B),[220] modificação esta que sofre duras críticas por parte dos estudiosos tributaristas, a

---

[216] PISCITELLI, Tathiane; MASCITTO, Andrea; FERNANDES, André Luiz Fonseca Fernandes. Um olhar para a arbitragem tributária: comparativo das propostas no Senado Federal, provocações e sugestões. *Revista Direito Tributário Atual*, São Paulo, IBDT, n. 48, p. 750, 2º semestre 2021

[217] MARTINS, Kallyd da Silva. *Arbitragem tributária*: um modelo eficiente na resolução de conflitos fiscais. 2021. Dissertação (Mestrado em Direito, Justiça e Desenvolvimento) – Programa de Pós-Graduação *Stricto Sensu* em Direito, Instituto Brasileiro de Ensino, Desenvolvimento e Pesquisa, São Paulo/SP, 2021.

[218] PISCITELLI, Tathiane; MASCITTO, Andrea; FERNANDES, André Luiz Fonseca Fernandes. Um olhar para a arbitragem tributária: comparativo das propostas no Senado Federal, provocações e sugestões. *Revista Direito Tributário Atual*, São Paulo, IBDT, n. 48, 2º semestre 2021.

[219] *Ibidem*.

[220] *In verbis*: "Art. 16-B. Nenhum árbitro pode decidir mais de um processo do mesmo particular ou do grupo econômico do qual este faça parte o particular por ano".

exemplo de Martins,[221] tendo em vista os critérios para que um árbitro possa atuar ou não em uma demanda já determinada na legislação. O que se percebe, mascarado por uma suposta defesa da imparcialidade, é uma dúvida injustificada sobre o desempenho do profissional.

Voltando-se agora para a justificação do Projeto de Lei nº 4.257/2019, o crédito público é posto como desafio central para os governos de todos os níveis da federação. De acordo com o senador Antonio Anastasia, é urgente desburocratizar os procedimentos para cobrança da dívida ativa, pois há um latente desequilíbrio nas contas públicas de boa parte dos entes federados.

Ainda em sua explicação, o legislador ressalta que a recuperação do crédito público se apresenta como grande óbice para o Judiciário. Para fundamentar seu apontamento, traz pesquisa do Conselho Nacional de Justiça (CNJ), que apresenta os dados referentes à execução fiscal[222] e pondera os sobre o impacto orçamentário desse volume exacerbado de demandas judiciais.

No tocante às execuções fiscais, a justificação do parlamentar cita estudo do IPEA, de 2011, que "[...] concluiu que o custo unitário médio total de uma ação de execução fiscal promovida pela Procuradoria-Geral da Fazenda Nacional junto à Justiça Federal é de R$5.606,67".[223] Agravando tal cenário, a referida pesquisa ainda aponta que "o tempo médio total de tramitação é de 9 anos, 9 meses e 16 dias, e a probabilidade de obter a recuperação integral do crédito é de apenas 25, 8%".[224]

---

[221] MARTINS, Kallyd da Silva. *Arbitragem tributária*: um modelo eficiente na resolução de conflitos fiscais. 2021. Dissertação (Mestrado em Direito, Justiça e Desenvolvimento) – Programa de Pós-Graduação *Stricto Sensu* em Direito, Instituto Brasileiro de Ensino, Desenvolvimento e Pesquisa, São Paulo/SP, 2021.

[222] Vejamos: "A recuperação do crédito público, da mesma maneira, é o maior desafio do Poder Judiciário brasileiro. No último relatório Justiça em Números, divulgado pelo Conselho Nacional de Justiça – CNJ em 2018, ano base 2017, o Poder Judiciário contava com um acervo de 80,1 milhões de processos pendentes de baixa, sendo que mais da metade desses processos [53%] estava em fase de execução [121]. As execuções fiscais representavam 74% desse estoque, correspondendo a aproximadamente 31.4 milhões de processos ou 39% dos casos pendentes [Id.]. A taxa de congestionamento das execuções fiscais foi de 92% em 2017, a maior taxa entre os tipos de processos [Id.]. Esse dado significa que, em média, de cada 100 processos de execução fiscal que iniciaram o ano tramitando, apenas 8 tinham sido extintos ao final do ano." Disponível em: https://legis.senado.leg.br/sdleg-getter/documento?dm=7984784&ts=1650302080988&disposition=inline. Acesso em: 24 ago. 2022.

[223] BRASIL. Senado Federal. *Projeto de Lei nº 4257*, de 2019. Modifica a Lei nº 6.830, de 22 de setembro de 1980, para instituir a execução fiscal administrativa e a arbitragem tributária, nas hipóteses que especifica, 2019. Disponível em: https://www25.senado.leg.br/web/atividade/materias/-/materia/137914.

[224] *Ibidem*.

Mediante o cenário exposto, o projeto de lei explanado neste tópico indica a necessidade de desjudicialização dessas demandas, defendendo que a intervenção do Judiciário deve ocorrer apenas quando a atuação do juiz togado for indispensável à proteção de um direito fundamental do cidadão. Contudo, ao voltar-se para a execução fiscal dos tributos não se verifica essa imprescindibilidade, considerando que

> [...] são devidos em razão da propriedade, posse ou usufruto de bens imóveis passíveis de alienação ou da propriedade de veículos, cuja instituição se encontra prevista nos arts. 145, II e III, 153, VI, 155, III, 156, I, da Constituição Federal. Esses tributos são comumente referidos nas legislações locais instituidoras pelas siglas IPTU, ITR e IPVA. Além deles, incluem-se no escopo desse projeto a cobrança de contribuições de melhoria e de taxas devidas pela propriedade, posse ou usufruto de imóvel.[225]

A fundamentação do PL nº 4257/2019 ressalta que, na execução fiscal tributária advinda da propriedade, posse ou usufruto, o processo de execução sequer precisa localizar bem do devedor, pois essa obrigação já surge pela posse, propriedade ou usufruto de determinado bem. Assim, o senador aponta a incoerência: mediante o não pagamento de algum desses tributos, é imposto à Fazenda Pública o ajuizamento de uma execução fiscal, citação do contribuinte, aguardar o cumprimento ou não da obrigação, para, caso a dívida não seja solvida ou garantida, requerer ao Judiciário que se proceda a alienação do bem em leilão judicial.

Ademais, o PL em questão também traz a previsão da extinção das execuções fiscais em curso, a fim de que sejam substituídas pelo procedimento de resolução extrajudicial e administrativo, sem que haja implicação na renúncia ao direito de cobrar o tributo que vinha sendo executado. Além disso, o autor frisa a garantia à ampla defesa e ao contraditório, na medida em que, ao executado, haveria a oportunidade de opor embargos à execução, a ser processado pelo juízo arbitral.

Cumprindo o intento de redução dos gastos da Fazenda Pública, o executado deveria arcar com a antecipação das custas inerentes à arbitragem; devendo a Administração Pública ressarcir tais valores ao

---

[225] BRASIL. Senado Federal. *Projeto de Lei nº 4257*, de 2019. Modifica a Lei nº 6.830, de 22 de setembro de 1980, para instituir a execução fiscal administrativa e a arbitragem tributária, nas hipóteses que especifica, 2019, p. 11. Disponível em: https://www25.senado.leg.br/web/atividade/materias/-/materia/137914.

executado, caso esta seja sucumbente. Entretanto, neste ponto, Martins[226] faz crítica crível:

> No que diz respeito a assegurar a execução, não vejo motivos plausíveis para excluir a penhora, como garantia capaz de possibilitar a oposição de embargos pela via arbitral. O inciso III, do artigo 16 da Lei de Execuções Fiscais, acima mencionado, é claro ao incluir a penhora como algo capaz de assegurar o cumprimento da obrigação, possibilitando a oferta de Embargos à Execução Fiscal. Postura distinta, não isonômica, é uma maneira de penalizar o contribuinte que não tem condições de depositar o valor integral do alegado débito, adquirir seguro garantia ou fiança bancária junto a seguradoras e bancos. Aliás, retirar a possibilidade de ter sua contenda analisada de forma célere e eficaz, pode ser perdas econômicas consideráveis, com repercussões fatais na vida do contribuinte. Portanto, rememoro o já exposto: se é possível via jurisdição estatal, também é pela via arbitral.[227]

Por mais que tal propositura legislativa aparente ser inovação, seu próprio autor reconhece que não há nenhuma originalidade nela, pois a legislação brasileira já permite a arbitragem para instituições financeiras cobrar dívidas hipotecárias, nos termos dos art. 31 a 38 do Decreto Lei nº 70/1966.[228] O que se objetiva é que a Fazenda Pública possa optar por solução semelhante.[229] O PL supracitado traz também entendimento jurisprudencial do Supremo Tribunal Federal para demonstrar a compatibilidade desse projeto com a Constituição Federal, mais precisamente o Recurso Extraordinário nº 408224 AgR/SE, *in verbis:*

> RECURSO EXTRAORDINÁRIO. SISTEMA FINANCEIRO DA HABITAÇÃO. DECRETO-LEI N. 70/66: COMPATIBILIDADE COM A CONSTITUIÇÃO DE 1988. PRECEDENTES. RECURSO PROVIDO.[...] Apreciada a matéria trazida na espécie, DECIDO. 3. Razão de direito

[226] MARTINS, Kallyd da Silva. *Arbitragem tributária*: um modelo eficiente na resolução de conflitos fiscais. 2021. Dissertação (Mestrado em Direito, Justiça e Desenvolvimento) – Programa de Pós-Graduação *Stricto Sensu* em Direito, Instituto Brasileiro de Ensino, Desenvolvimento e Pesquisa, São Paulo/SP, 2021.

[227] *Ibidem*, p. 89.

[228] Disponível em: http://www.planalto.gov.br/ccivil_03/decreto-lei/del0070-66.htm#:~:text=DECRETO%2DLEI%20N%C2%BA%2070%2C%20DE,hipotec%C3%A1ria%20e%20d%C3%A1%20outras%20provid%C3%AAncias. Acesso em: 24 ago. 2022.

[229] BRASIL. Senado Federal. *Projeto de Lei nº 4.257*, de 2019. Modifica a Lei nº 6.830, de 22 de setembro de 1980, para instituir a execução fiscal administrativa e a arbitragem tributária, nas hipóteses que especifica. 2019. Disponível em: https://www25.senado.leg.br/web/atividade/materias/-/materia/137914.

> assiste ao Recorrente. 4. A jurisprudência deste Supremo Tribunal Federal firmou-se no sentido de que o Decreto-Lei n. 70/66 é compatível com a atual Constituição da República de 1988. Confiram-se, a propósito, os seguintes julgados: EMENTA: 1. Execução extrajudicial: firme o entendimento do Tribunal no sentido de que o Decreto-lei 70/66 é compatível com a atual Constituição. (cf. RE 287453, Moreira, DJ 26.10.2001; RE 223075, Galvão, DJ 23.06.98). 2. Agravo regimental: inovação de fundamento: inadmissibilidade.' [RE 408.224-AgR, Rel. Min. Sepúlveda Pertence, Primeira Turma, DJ 31.8.2007]. E:'EXECUÇÃO EXTRAJUDICIAL. DECRETO-LEI N. 70/66. CONSTITUCIONALIDADE. Compatibilidade do aludido diploma legal com a Carta da República, posto que, além de prever uma fase de controle judicial, conquanto a posteriori, da venda do imóvel objeto da garantia pelo agente fiduciário, não impede que eventual ilegalidade perpetrada no curso do procedimento seja reprimida, de logo, pelos meios processuais adequados. Recurso conhecido e provido' (RE 223.075, Rel. Min. Ilmar Galvão, Primeira Turma, DJ 6.11.1988). E ainda: 'EMENTA: 1. É pacífica a orientação desta Corte no sentido de que o Decreto-lei 70/66 é compatível com a atual Constituição Federal. 2. Agravo regimental improvido'.[230]

Após essa breve análise, apreende-se que o Projeto de Lei nº 4.257/2019, mesmo diante de algumas ressalvas, tem grande importância na modernização e desburocratização da relação entre Administração Pública – aqui ressalvando-se o fisco – e contribuintes. Além disso, por todo exposto, também se identifica ser indispensável desafogar o Judiciário, a fim de que sejam reduzidos os gastos exacerbados e que as execuções fiscais tenham andamento e solução mais célere.

3.3.3 PL nº 4.468/2020

Outro projeto de lei que também interessa à arbitragem tributária é o PL nº 4.468/2020, de autoria da senadora Daniella Ribeiro do PP/PB, que institui a arbitragem especial tributária, voltada à fase de fiscalização, dentre outras providências.

Consoante Piscitelli, Mascitto e Fernandes,[231] esse projeto de lei se propõe a estabelecer regime autônomo, ou seja, não está vinculado nem

---

[230] BRASIL. Supremo Tribunal Federal. *AI 514.565-AgR*. Rel. Min. Ellen Gracie, Segunda Turma, DJ 24.2.2006.

[231] PISCITELLI, Tathiane; MASCITTO, Andrea; FERNANDES, André Luiz Fonseca Fernandes. Um olhar para a arbitragem tributária: comparativo das propostas no Senado Federal,

ao regime geral da arbitragem previsto na Lei nº 9.307/96, tampouco ao processo de execução fiscal. Isto é, a arbitragem, nessa proposta legislativa, ocorrerá antes de que seja estabelecida uma relação jurídica tributária, "a ausência de constituição pelo lançamento é, em verdade, pressuposta ao procedimento".[232]

A arbitragem tributária especial, nos termos do art. 1º[233] será instaurada no decorrer da fiscalização, quando o contribuinte instar, ou quando a Administração Pública a requerer. Já de início o dispositivo expõe seu objetivo: "[...] prevenir conflitos mediante solução de controvérsias sobre matérias de fato, observando o disposto nesta lei".[234]

Entretanto, inicialmente, já impõe uma impossibilidade à arbitragem tributária especial no parágrafo único do art. 1º: ela não poderá ser realizada quando o crédito tributário já houver sido constituído através de lançamento tributário ou ato de infração e imposição de multa, deixando dúvidas. Como bem pontua Piscitelli, Mascitto e Fernandes,[235] só é possível que a arbitragem especial seja requerida para discussão de "[...] tributos sujeitos ao lançamento por homologação que tenham sido declarados e não pagos".

Um aspecto também marcante do PL nº 4.468/2020 é a limitação que ele traz para a arbitragem tributária quanto à matéria, em seu art.

provocações e sugestões. *Revista Direito Tributário Atual*, São Paulo, IBDT, n. 48, 2º semestre 2021.

232 PISCITELLI, Tathiane; MASCITTO, Andrea; FERNANDES, André Luiz Fonseca Fernandes. Um olhar para a arbitragem tributária: comparativo das propostas no Senado Federal, provocações e sugestões. *Revista Direito Tributário Atual*, São Paulo, IBDT, n. 48, p. 748, 2º semestre 2021.

233 *In verbis*:" Art. 1º A arbitragem especial tributária poderá ser instaurada no curso da fiscalização, mediante solicitação do contribuinte ou provocação da Administração tributária, para prevenir conflitos mediante solução de controvérsias sobre matérias de fato, observando o disposto nesta lei. Parágrafo único. Este procedimento não poderá ser instaurado nos casos de crédito tributário que já tenha sido constituído mediante lançamento tributário ou auto de infração e imposição de multa" (SENADO FEDERAL, 2020, p. 2).

234 BRASIL. Senado Federal. *Projeto de Lei nº 4.257*, de 2019. Modifica a Lei nº 6.830, de 22 de setembro de 1980, para instituir a execução fiscal administrativa e a arbitragem tributária, nas hipóteses que especifica. 2019, p. 2. Disponível em: https://www25.senado.leg.br/web/atividade/materias/-/materia/137914.

235 PISCITELLI, Tathiane; MASCITTO, Andrea; FERNANDES, André Luiz Fonseca Fernandes. Um olhar para a arbitragem tributária: comparativo das propostas no Senado Federal, provocações e sugestões. *Revista Direito Tributário Atual*, São Paulo, IBDT, n. 48, p. 752, 2º semestre 2021.

2º.[236] Como explica Piscitelli, Mascitto e Fernandes,[237] esta só pode ser de fato, não permitindo que, por exemplo, verse sobre lei em tese e constitucionalidade de normas. Além disso, aqui também é vedado que decisão arbitral contrarie decisão na qual haja julgamento em sede de repercussão geral no STF ou entendimentos consolidados do Judiciário, nos termos do art. 927 do CPC.[238]

Entretanto há nessa limitação uma latente problemática: em Direito, há matéria apenas de fato? A verdade é que não, pois uma querela sempre terá matéria de fato e de direito: olhar para um acontecimento dentro das ciências jurídicas implica impreterivelmente analisá-lo sob a ótica da legislação, jurisprudências, teorias. Nas palavras de Piscitelli, Mascitto e Fernandes:

---

236 "Art. 2º As controvérsias tributárias que podem ser objeto da arbitragem tributária de que trata esta Lei são aquelas relativas a matérias fáticas, sendo vedado: I – discussão sobre constitucionalidade de normas jurídicas; II – discussão sobre lei em tese; III – decisão contrária a entendimento consolidado pelo Poder Judiciário nas hipóteses de que trata o art. 927 da Lei nº 13.105, de 16 de março de 2015 (Código de Processo Civil), bem como julgamentos em sede de repercussão geral pelo Supremo Tribunal Federal" (SENADO FEDERAL, 2020, p. 2).

237 PISCITELLI, Tathiane; MASCITTO, Andrea; FERNANDES, André Luiz Fonseca Fernandes. Um olhar para a arbitragem tributária: comparativo das propostas no Senado Federal, provocações e sugestões. *Revista Direito Tributário Atual*, São Paulo, IBDT, n. 48, p. 752, 2º semestre 2021.

238 "Art. 927. Os juízes e os tribunais observarão:
I – as decisões do Supremo Tribunal Federal em controle concentrado de constitucionalidade; Ver tópico
II – os enunciados de súmula vinculante; Ver tópico
III – os acórdãos em incidente de assunção de competência ou de resolução de demandas repetitivas e em julgamento de recursos extraordinário e especial repetitivos;
IV – os enunciados das súmulas do Supremo Tribunal Federal em matéria constitucional e do Superior Tribunal de Justiça em matéria infraconstitucional;
V – a orientação do plenário ou do órgão especial aos quais estiverem vinculados.
§1º Os juízes e os tribunais observarão o disposto no art. 10 e no art. 489, §1º, quando decidirem com fundamento neste artigo.
§2º A alteração de tese jurídica adotada em enunciado de súmula ou em julgamento de casos repetitivos poderá ser precedida de audiências públicas e da participação de pessoas, órgãos ou entidades que possam contribuir para a rediscussão da tese.
§3º Na hipótese de alteração de jurisprudência dominante do Supremo Tribunal Federal e dos tribunais superiores ou daquela oriunda de julgamento de casos repetitivos, pode haver modulação dos efeitos da alteração no interesse social e no da segurança jurídica.
§4º A modificação de enunciado de súmula, de jurisprudência pacificada ou de tese adotada em julgamento de casos repetitivos observará a necessidade de fundamentação adequada e específica, considerando os princípios da segurança jurídica, da proteção da confiança e da isonomia.
§5º Os tribunais darão publicidade a seus precedentes, organizando-os por questão jurídica decidida e divulgando-os, preferencialmente, na rede mundial de computadores."

Acerca do tema, deve-se destacar inicialmente que uma disputa nunca envolverá apenas questões de fato, já que a subsunção do fato à norma tributária demanda, necessariamente, interpretação desta, de modo que aspectos qualificados como "de direito" necessariamente virão à tona.[239]

Ademais, não se pode esquecer que os processos de arbitragem passaram, por óbvio, pelo crivo de árbitros, que, nas palavras do próprio PL é "[...] juiz de fato e de direito e do laudo arbitral proferido não cabe homologação ou recurso ao Poder Judiciário".[240]

Quanto ao laudo do árbitro, o inciso IV do art. 8º estabelece que a decisão arbitral é definitiva e terminativa, com a ressalva de que é possível propor ação de anulação do veredicto, quando das hipóteses dos incisos do art. 10[241] do projeto de lei em questão. De acordo com análise de Piscitelli, Mascitto e Fernandes,[242] essas especificidades do PL apresentam um modelo arbitral similar ao sistema geral da Lei de Arbitragem, ou seja, "a atividade a ser desenvolvida no processo arbitral do PL nº 4.468/2020 terá natureza jurisdicional".

Porém, mesmo o caráter jurisdicional da arbitragem não permite a ela exercer controle concentrado ou abstrato de constitucionalidade, haja vista ser privativo do Poder Judiciário, nos termos do art. 97 da Constituição Federal.[243] Entretanto, quando se trata de controle difuso ou concreto de constitucionalidade não somente é permitido como obrigado ao árbitro, haja vista não poder decidir com base em leis ou

---

239 PISCITELLI, Tathiane; MASCITTO, Andrea; FERNANDES, André Luiz Fonseca Fernandes. Um olhar para a arbitragem tributária: comparativo das propostas no Senado Federal, provocações e sugestões. *Revista Direito Tributário Atual*, São Paulo, IBDT, n. 48, p. 754, 2º semestre 2021.

240 §3º do art. 4º do Projeto de Lei nº 4.468/2020.

241 "Art. 10 Poderá ser proposta ação de anulação do laudo arbitral, após 60 dias da ciência pelas partes do laudo arbitral proferido, quando: I – for nulo o compromisso arbitral; II – emanou de quem não podia ser árbitro; III – não contiver os requisitos do art. 3º desta Lei; IV – for proferida fora dos limites do compromisso arbitral; V – comprovado que foi proferida por prevaricação, concussão ou corrupção passiva; VI – forem desrespeitados os princípios de que trata o art. 2° desta Lei. VII – for proferida fora do prazo estipulado no art. 6, IX desta Lei" (SENADO FEDERAL, 2020, p. 8).

242 PISCITELLI, Tathiane; MASCITTO, Andrea; FERNANDES, André Luiz Fonseca Fernandes. Um olhar para a arbitragem tributária: comparativo das propostas no Senado Federal, provocações e sugestões. *Revista Direito Tributário Atual*, São Paulo, IBDT, n. 48, p. 755, 2º semestre 2021.

243 "Art. 97. Somente pelo voto da maioria absoluta de seus membros ou dos membros do respectivo órgão especial poderão os tribunais declarar a inconstitucionalidade de lei ou ato normativo do Poder Público." (BRASIL, 1988).

atos normativos que ataquem ou contrariem a Carta Magna brasileira. Nesse sentido,

> Para Gustavo Justino de Oliveira e Felipe Faiwichow Estefam, a resposta seria negativa, pois a atividade do árbitro seria de cunho jurisdicional, não podendo ele "ignorar a supremacia da Constituição e permitir que a sua decisão seja construída a partir de leis ou atos normativos eivados de inconstitucionalidade". Segundo os autores, "a incorporação de preceitos tidos por inconstitucionais equivaleria a aceitar a alteração de preceito constitucional por norma infraconstitucional"[36]. Caberia, então, ao árbitro, nessa situação, afastar a aplicação de leis e atos normativos inconstitucionais [...] *Seria interessante, para tanto, a modificação do inciso I do art. 2º do PL n. 4.468/2020, de modo que, na hipótese de vedação à "I – discussão sobre constitucionalidade de normas jurídicas", fosse acrescentado o seguinte trecho: exceto no caso de controle difuso ou concreto.*[244]

Por fim, fundamental sublinhar crítica feita aos dois projetos de lei, por parte da doutrina que entende que estes se furtam de encarar uma necessidade de ampliar o Código Tributário Nacional, a fim de acrescer a essa legislação as hipóteses de suspensão da exigibilidade e extinção do crédito.[245]

3.3.4 Análise do Projeto de Lei Complementar nº 17/2022

O Projeto de Lei Complementar nº 17/2022, apresentado pelo deputado Felipe Rigoni, em conjunto com outros 31 parlamentares, e que no presente momento encontra-se em tramitação na Câmara dos Deputados, apresenta-se como verdadeiro "Código de Defesa do Contribuinte". O projeto trata de diversas medidas que visam defender o contribuinte de arbitrariedades do fisco. Um exemplo dessas medidas seria a proibição da utilização de força policial durante diligências sem prévia autorização judicial.

Um dos pontos mais relevantes do projeto foca no acesso à justiça. A própria divulgação da Câmara dos Deputados esclarece muito bem esse ponto, por meio da Agência Câmara de Notícias, ao enumerar

[244] PISCITELLI, Tathiane; MASCITTO, Andrea; FERNANDES, André Luiz Fonseca Fernandes. Um olhar para a arbitragem tributária: comparativo das propostas no Senado Federal, provocações e sugestões. *Revista Direito Tributário Atual*, São Paulo, IBDT, n. 48, p. 755, 2º semestre 2021.

[245] *Ibidem*.

exemplos: "O projeto elenca diversos direitos dos contribuintes, como acesso facilitado ao superior hierárquico da repartição fazendária em que estiver em curso seu atendimento, não obrigatoriedade de pagamento imediato de qualquer autuação e o imediato exercício do direito de defesa, e tratamento adequado e eficaz na repartição fazendária".[246] Como se observa no trecho em destaque, o acesso a um justo processo administrativo é um dos pontos mais coerentes do projeto.

Porém, também se destacam pontos de ressalva. A proposta apresenta forte inspiração no *Tax Payer Bill of Rights*, oriundo do IRS (*Internal Revenue Service*) estadunidense, visando à proteção do cidadão ante o fisco. Porém, cabe destacar que esses espelhamentos efetuados diretamente sobre códigos estranhos à normativa nacional devem ser trabalhados com cautela. A realidade dos EUA é bem diferente da brasileira, a realidade estadunidense é marcada por efetivas prisões e condenações de cidadãos "inadimplentes", enquanto a realidade brasileira é marcada por multas e perdões. Excessivas liberalidades em um contexto de parcas responsabilizações podem implicar favorecimentos exorbitantes nesse país de abismos sociais, já que não será a classe média brasileira a se favorecer de tal benesse legislativa.

Por outro lado, algumas medidas vêm apenas regularizar práticas bem acolhidas no direito brasileiro. Um dos pontos em destaque seria a não obrigatoriedade de pagamento imediato de qualquer autuação, vinculado a um imediato exercício do direito de defesa. Tal medida alinha-se muito com o que prescreve a Súmula Vinculante nº 21, ao tratar como inconstitucional qualquer exigibilidade de pagamento para que se efetue um recurso administrativo. Nesse ponto, a nova lei trata o tema do acesso à justiça, dentro do direito tributário, em consonância com a suprema corte constitucional. Ao mesmo tempo, a previsão de aplicabilidade do juízo arbitral como meio de solucionar os conflitos tributários coaduna-se com toda a orientação jurisprudencial, legislativa e histórica.

3.3.5 A Recomendação nº 120/21 do CNJ

Cabe, finalmente, abordar a Recomendação nº 120/2021 do Conselho Nacional de Justiça (CNJ). Nesse documento, orientou-se

---

[246] Disponível em: https://www.camara.leg.br/noticias/862901-projeto-institui-codigo-para-garantir-direitos-de-contribuintes/. Acesso em: 16 set. 2022.

aos magistrados que priorizem a solução consensual das querelas dentro do meio tributário, estimulando-se desse modo o exercício da negociação, conciliação, mediação e da arbitragem. Todas as formas alternativas de se solucionar os conflitos, elevando a autonomia das partes, propiciando maior celeridade processual (ou procedimental) e reduzindo-se os custos do Judiciário.

Essa visão judicial já vem em consonância com marcos anteriores, como a Recomendação nº 125/2010 do CNJ, que criou a Política Judiciária Nacional de Tratamento Adequado de Conflitos, e o próprio art. 334, *caput* do CPC/2015, que trata da audiência preliminar de conciliação ou mediação.

Desse modo, tanto o PLP nº 17/2022 quanto a Recomendação nº 120/2021 representam uma guinada dentro da administração pública favorável à solução de querelas tributárias por meio da via do Juízo Arbitral. Por todo o histórico aqui esmiuçado, tal movimento apresenta-se como esperado e coerente com a linha jurisdicional brasileira.

A partir do que foi exposto neste capítulo, não resta dúvida de que a arbitragem não é só possível, mas como factível. Ademais, especialmente perante o abarrotamento do Judiciário com as demandas tributárias, é necessário que o Legislativo seja menos inerte, que tome a questão da regularização da arbitragem em âmbito tributário como algo urgente, porque o é.

A partir de 2015, o instituto da arbitragem ganhou nova roupagem com a introdução das alterações da Lei nº 13.129, que ampliou o campo da jurisdição arbitral, introduzindo a arbitragem em Direito Público. A reboque, outros diplomas normativos passaram a prever a arbitragem em consonância com outras reformas realizadas no âmbito da administração. Na esteira dessas transformações sociais, a arbitragem no direito tributário não poderia estar fora dessas mudanças, em que o Estado passa a ver o contribuinte como parceiro e não mais como súdito.

A ARBITRAGEM TRIBUTÁRIA E A EXPERIÊNCIA PORTUGUESA

4.1 A opção pela arbitragem tributária em Portugal

Considerando os dados apresentados, o sistema administrativo e judicial brasileiro de solução de controvérsias tributárias passa por uma inegável dificuldade. Destarte, a ideia de combater as pendências é cabal para a manutenção do Estado de Direito que, por natureza, deve garantir respostas céleres às demandas e evitar um número crescente e desproporcional de conflitos.

A experiência arbitral portuguesa, no âmbito tributário, foi pioneira na Europa, seguindo a dos Estados Unidos da América, o que denota a sua relevância no cenário mundial e, principalmente, nos países de língua portuguesa, que pretendem discutir uma possível inserção do instituto no seu ordenamento jurídico, como é o caso do Brasil.[247]

Nos dizeres de Nuno de Villa-Lobos e Tânia Carvalhais Pereira, a experiência portuguesa da arbitragem tributária partiu do reconhecimento dos problemas que afetam a justiça fiscal em Portugal, o qual se enquadrava num novo modo de pensar o sistema de justiça, focado em oportunizar mecanismos de composição de litígios, além dos tradicionais.[248]

[247] FERREIRA, Rogério M. Fernandes. Prefácio. *In: Arbitragem tributária*: desafios institucionais brasileiros e a experiência portuguesa. São Paulo: Thomson Reuters, 2018, p. 11.

[248] VILLA-LOBOS, Nuno de; PEREIRA, Tânia Carvalhais. *Guia da arbitragem tributária*. 3. ed. Coimbra: Almedina, 2017, p. 5-6.

Deve-se observar que o contencioso fiscal português de solução de litígios tributários era diferenciado, e contava com um tribunal administrativo de características semelhantes às de um tribunal judicial que integrava, com os demais, a jurisdição do Ministério da Justiça, e tinha a possibilidade da arbitragem tributária como via alternativa à justiça comum.[249]

Ademais, o sistema tributário português tinha considerável volume de pendências processuais que obstruíam os tribunais administrativos e fiscais. Os portugueses compreendiam que o combate às pendências dependia de um maior diálogo entre os sujeitos da relação jurídica tributária, o que traria inúmeros benefícios para a sociedade de forma geral.

A celeridade necessária para reduzir as pendências processuais somada aos problemas orçamentários que o país enfrentava foram cruciais para abrir o caminho da arbitragem tributária. A idoneidade do procedimento arbitral garantiria a observância da legalidade, desde a decisão do árbitro até a sua publicação. O objetivo era melhorar o sistema de justiça, evitar litígios, combater a cultura da litigiosidade, que, por sua vez, desequilibrava o sistema intensamente.

A arbitragem tributária portuguesa tem como objetivos principais: reforçar a eficácia da tutela dos direitos e interesses legalmente protegidos dos sujeitos passivos; dar celeridade à solução das demandas e reduzir as pendências processuais nos tribunais administrativos e fiscais.[250]

Considerando a semelhança dos problemas e dos objetivos do Brasil e de Portugal, bem como os resultados da arbitragem tributária portuguesa, que tem a média de 4,5 meses para solução da controvérsia tributária, é de interesse compreender o seu funcionamento para, se for o caso, servir de inspiração a um possível modelo brasileiro, com destaque à regulamentação inovadora introduzida pelo modelo português.[251] Posto isso, iniciar-se-á a exposição sobre o instituto da

---

249 TAPIAS, Camila Abrunhosa. Análise comparativa dos órgãos de solução de litígios em matéria tributária: experiências bem-sucedidas. *In: Medidas de Redução do Contencioso Tributário e o CPC 2015*: contributos práticos para ressignificar o processo administrativo e judicial tributário. São Paulo: Almedina, 2017, p. 267.

250 ESCOBAR, Marcelo Ricardo. *Arbitragem tributária no Brasil*. São Paulo: Almedina, 2017, p. 213.

251 *Ibidem*, p. 209.

arbitragem tributária portuguesa, suas principais características, seu modelo operacional e os resultados consolidados empiricamente.

4.2 O marco legal

A arbitragem tributária é uma realidade no direito português vigente, com uma crescente procura dos contribuintes, sejam os de menor potencial econômico, sejam os de maior poder aquisitivo, pessoas físicas ou jurídicas.

A Constituição da República Portuguesa (CRP) dispõe expressamente, no Capítulo II, nº 2 do art. 209, os tribunais arbitrais entre as categorias de tribunais.

De acordo com Nabais, a disposição dos arts. 180 a 187 do Código de Processo nos Tribunais Administrativos (CPTA) trouxe evolução ao instituto da arbitragem administrativa, e a do art. 124 da LOF/2010 (Lei nº 3-B/2010, de 28 de abril), a consagração da arbitragem tributária no sistema jurídico português. Nabais aborda ainda o desenvolvimento de um *modus operandi* que se transformou a partir de uma dinâmica estatal atuante em atos e contratos administrativos, matéria sobre a qual se debruçou em intensa pesquisa, que não será tratada neste trabalho.[252]

O avanço paulatino da legislação lusitana em relação à administração pública brasileira foi categórico para o amadurecimento da arbitragem administrativa que culminou por admitir a arbitragem em matéria tributária, podendo-se destacar os seguintes diplomas normativos: Decreto-Lei nº 13.355, de 09 de novembro de 1960; Lei nº 11, de 13 de janeiro de 1994 (art. 17); Decreto Regulamentar nº 14, de 30 e junho de 2003; Decreto-Lei nº 32, de 22 de agosto de 2000; Decreto-Lei nº 380, de 13 de novembro de 2007; Decreto-Lei nº 86, de 28 de maio de 2008; Despacho nº 5.097/2009, Portaria nº 1.149, de 04 de novembro de 2010; Decreto-Lei nº 10, de 20 de janeiro de 2011; Lei nº 10, de 06 de março de 2014; Decreto-Lei nº 126, de 22 de agosto de 2014; Decreto-Lei nº 136, de 09 de setembro de 2014; Portaria nº 219, de 21 de outubro de 2014; Decreto-Lei nº 40, de 16 de março de 2015.[253]

---

[252] NABAIS, José Casalta. Reflexão sobre a introdução da arbitragem tributária. *Revista da PGFN*, p. 31. Disponível em: http://www.pgfn.fazenda.gov.br'revista-pgfn/revista-pgfn/ano-i-numero-i/casaltpad.f. Acesso em: 25 fev. 2022.

[253] ESCOBAR, Marcelo Ricardo. *Arbitragem tributária no Brasil*. São Paulo: Almedina, 2017, p. 210 e 211.

A arbitragem tributária em Portugal é um meio jurisdicional de resolução de litígios parcialmente alternativo à impugnação judicial, de complementação, e não de substituição, sendo mais uma forma de solução de controvérsias tributárias à disposição do fisco e do contribuinte para solucionar pendências.[254]

A Lei nº 3-B/2010, de 28 de abril, apresentou no art. 124 a arbitragem tributária, dando ao governo a incumbência de legislar para sua instituição, consistindo em um meio alternativo de ordem processual ao processo de impugnação judicial e à ação de reconhecimento de um direito ou interesse legítimo de cunho tributário.

4.3 A arbitragem tributária e a indisponibilidade do crédito tributário em Portugal

O Regime Jurídico da Arbitragem Tributária (RJAT) foi introduzido pelo Decreto-Lei nº 10/2011, que é explícito quanto ao fato de as decisões serem pautadas, exclusivamente, pelo direito posto, não permitindo a equidade em sua abertura de julgamento, mas apenas um controle de legalidade sem características discricionárias.

Portugal considerou, durante longo tempo, a indisponibilidade do crédito tributário como um impeditivo da arbitragem tributária, adotando uma interpretação restritiva do nº 3 do art. 212 da Constituição da República Portuguesa (CRP), do art. 30 da Lei Geral Tributária (LGT) e do Decreto-Lei nº 398, de 1998.

Como não havia proibição constitucional expressa à criação de tribunais arbitrais em matéria fiscal, com a permissão dada à sua implementação pelo art. 209, nº 2, da CRP, no ano de 2010, os estatutos do Centro de Arbitragem Administrativa (CAAD) foram emendados e passaram a admitir a arbitragem como meio alternativo de solução de conflitos tributários. Tal como visto, o governo deu autorização legislativa pelo art. 124 da Lei nº 3-B/2010 para a criação do RJAT, apontando como objetivo a constituição de um meio processual alternativo ao processo de impugnação judicial.[255]

---

254 VILLA-LOBOS, Nuno de; PEREIRA, Tânia Carvalhais. *Guia da arbitragem tributária*. 3. ed. Coimbra: Almedina, 2017, p. 7.

255 VILLA-LOBOS, Nuno de; PEREIRA, Tânia Carvalhais. *Guia da arbitragem tributária*. 3. ed. Coimbra: Almedina, 2017, p. 77.

No tocante à indisponibilidade do crédito tributário, vale frisar que não há qualquer dispositivo correspondente à matéria na Constituição da República Portuguesa. Todavia, a comunidade jurídica sempre interpretou a indisponibilidade advinda dos princípios da igualdade e legalidade vinculante à atividade administrativa, nos contornos dos arts. 3, nº 13, e 266, nº 2, da CRP.

No ordenamento jurídico português, o art. 30, nº 2, da Lei Geral Tributária (LGT) apresenta o crédito tributário como indisponível, mas, ao mesmo tempo, excetua o que poderá ser reduzido ou extinto quando respeitar os princípios da legalidade tributária e da igualdade, ou seja, nas hipóteses tipificadas na legislação de extinção do crédito tributário.[256]

Mesmo assim, sabe-se que isso não é obstáculo para que sejam emitidos juízos sobre a existência e a legalidade dos créditos tributários por órgãos que não os tribunais tributários estaduais, já que ao crédito tributário subjaz o fato tributário, que pode ser apreciado de maneira diversa pelas autoridades de liquidação e julgadoras.[257]

Além disso, no ordenamento jurídico português, a legalidade dos atos de liquidação pode ser impugnada por meios administrativos próprios, como a reclamação graciosa e o recurso hierárquico, bem como por via judicial. Essas formas de impugnação estão previstas no art. 112.º do Código de Procedimento e de Processo Tributário, que disciplina os instrumentos de revisão e contestação da matéria tributável desde a fase administrativa até a judicial.[258]

Tais confrontos resultam na possibilidade de anulação parcial ou total do montante do crédito tributário declarado anteriormente, o que nos faz concluir que tal indisponibilidade per si, como princípio, restaria prejudicada e, dessa forma, não seria um princípio absoluto. Observe-se, portanto, que a indisponibilidade só poderá reportar aos créditos já consolidados e após o esgotamento dos meios de impugnação, havendo antes disso mera expectativa.[259]

Vale destacar que, mesmo para créditos consolidados, observando a legalidade, com fulcro no art. 78 da LGT, a revisão do ato tributável pode ocorrer fora dos prazos normais de impugnação. Assim, a administração tributária tem o dever de anular os atos ilegais, condizente

---

256 *Ibidem*, p. 78.

257 *Ibidem*, p. 78-79.

258 *Ibidem*, p. 79.

259 *Ibidem*, p. 79-80.

com os princípios da igualdade, justiça e legalidade que ocasionam arrecadação superior ao de fato devido.[260]

Nesse desiderato, reconhecendo o erro, a administração tributária não rompe com o princípio da indisponibilidade, mas age de acordo com os princípios da legalidade e da igualdade, que, em contrapartida, informam o princípio da indisponibilidade. Desse modo, a indisponibilidade não é um fim em si mesma, mas está atenta aos anseios da legalidade e da igualdade.

Por óbvio, há uma preocupação do Estado com a idoneidade do funcionamento da arbitragem tributária, justamente pela nobreza do crédito tributário em contraponto com o interesse público, o que torna razoável a intervenção de órgãos públicos na fiscalização.

Conforme o exposto, não há monopólio dos tribunais tributários estaduais para revisar e revogar os atos de liquidação por via administrativa, não sendo este o obstáculo para adoção da arbitragem tributária no contexto português.

Por fim, pode-se asseverar que o instituto arbitral tributário português foi possível pelo espaço aberto pela Constituição da República Portuguesa; pela superação da discussão da indisponibilidade; e pela busca de solução das pendências tributárias em prol de um Estado que garantisse os direitos fundamentais.[261]

4.4 A experiência do Centro de Arbitragem Administrativa

O Centro de Arbitragem Administrativa (CAAD) é o local onde funcionam os tribunais arbitrais que julgam causas relativas aos contratos administrativos e às controvérsias fiscais da administração pública portuguesa nas hipóteses materiais tipificadas. É composto por uma Direção, um Conselho de Ética, por eles denominado Conselho Deontológico, Conselho Fiscal, Assembleia Geral e um Conselho de Representantes.[262]

O CAAD foi criado pelo Despacho nº 5.097/2009 do Secretário de Estado e da Justiça, com posterior promulgação do Decreto-Lei nº 10,

---

[260] VILLA-LOBOS, Nuno de; PEREIRA, Tânia Carvalhais. *Guia da arbitragem tributária*. 3. ed. Coimbra: Almedina, 2017, p. 81.

[261] *Ibidem*.

[262] *Ibidem*, 119.

de 20 de janeiro de 2011. Trata-se de uma associação privada, sem fins lucrativos, vinculada ao Ministério da Justiça, que, mesmo não sendo um órgão estadual, julga demandas relacionadas aos contratos e relações jurídicas de emprego público por meio de mediação, conciliação ou arbitragem, podendo qualquer pessoa coletiva de direito público ou privado ser associada.[263] [264]

O CAAD, como visto, é governado por uma associação composta por entes que têm funções definidas para a condução dos trabalhos arbitrais. Francisco Nicolau Domingos, dispondo sobre a estrutura orgânica do CAAD, salienta que:

> O CAAD é assim um centro de arbitragem de carácter institucionalizado, que funciona a partir de uma instituição privada sem fins lucrativos, uma associação constituída por tempo indeterminado, de âmbito nacional, de caráter especializado e cujos associados são pessoas coletivas de direito público ou de direito privado, exigindo-se, para adquirir esse estatuto, uma deliberação favorável da Assembleia Geral, sob proposta do presidente da Direção ou do Conselho de Representantes. Ou dito de outro modo, são entes representativos das potenciais partes em litígio.

4.4.1 O Conselho Deontológico

O Conselho Deontológico do CAAD designa os árbitros e, se caso for, os exonera nas hipóteses de descumprimento dos deveres anexos, tendo um zelo especial no exercício desse controle. O presidente é nomeado pelo Conselho Superior dos Tribunais Administrativos e Fiscais nos termos do Decreto-Lei nº 214-G/2015, pois é interesse do Estado fiscalizar a lisura do procedimento arbitral, devido à importância do crédito tributário na manutenção estatal.

4.4.2 Os Tribunais Arbitrais

Os Tribunais Arbitrais funcionam no âmbito do CAAD com fundamento no nº 2 do art. 4º do RJAT. Contudo, apresentam natureza

---

263 ESCOBAR, Marcelo Ricardo. *Arbitragem tributária no Brasil.* São Paulo: Almedina, 2017, p. 213.

264 VILLA-LOBOS, Nuno de; PEREIRA, Tânia Carvalhais. *Guia da arbitragem tributária.* 3. ed. Coimbra: Almedina, 2017, p. 151.

jurisdicional na forma do devidamente apontado pelo Tribunal Constitucional, no Acórdão nº 230/86, de 08 de julho de 1986.

Destaque-se que, quando os meios ordinários não servem ao propósito do sistema para se encontrar a estabilização dos conflitos tributários em tempo razoável, tal como reza o art. 20, nº 4, da CRP, é obrigatória para manutenção do estado de direito a adoção de meios eficazes de resolução jurisdicional de conflitos.[265]

A celeridade deve estar ao lado do devido processo legal, o que se explicita pelas garantias do contraditório e da ampla defesa e favorece os direitos e garantias fundamentais em consonância com o estado de direito.

Observe-se que na implementação do RJAT ponderou-se adequadamente o valor constitucional da celeridade que informa a tutela efetiva judicial, prezando-se pela imparcialidade e pela concretização da legalidade e da igualdade, garantindo a correção de erros das decisões proferidas nos tribunais arbitrais, o que se dá pelo reconhecimento legislativo e pela análise da jurisprudência do CAAD.

Os tribunais arbitrais não possuem competência executiva das próprias decisões, devendo a administração tributária executar o título decisório utilizando-se do processo de execução preconizado no art. 173 e seguintes do CPTA, tal como autoriza o art. 29, nº 1, alíneas "a" e "c" do RJAT e arts. 102 da LGT e 146, nº I, do CPPT.

4.4.3 A constituição do Tribunal Arbitral

A constituição do Tribunal Arbitral se inicia pela solicitação por escrito do contribuinte, remetida por via eletrônica ao presidente do CAAD, com prazo de 90 e 30 dias dos respectivos atos: (*i*) termo do prazo para pagamento voluntário das prestações tributárias legalmente notificadas ao contribuinte; (*ii*) notificação dos restantes atos tributários, mesmo quando não deem origem a qualquer liquidação; (*iii*) citação dos responsáveis subsidiários em processo de execução fiscal; (*iv*) formação da presunção de indeferimento tácito: (*v*) notificação dos restantes atos que possam ser objeto de impugnação autônoma nos termos desse código; (*vi*) conhecimento dos atos lesivos dos interesses legalmente

[265] VILLA-LOBOS, Nuno de; PEREIRA, Tânia Carvalhais. *Guia da arbitragem tributária.* 3. ed. Coimbra: Almedina, 2017, p. 86.

protegidos não abrangidos nas alíneas anteriores, conforme nºs 1 e 2 do art. 102 do CPPT.

Após a solicitação, o presidente, no prazo de dois dias a partir da recepção do pedido, comunica à administração tributária que não poderá rejeitar a instauração do pedido, dando-se por constituído o tribunal apenas após a escolha dos árbitros, o que pode ocorrer nas formas apresentadas adiante.[266-267]

4.4.4 Da competência dos tribunais arbitrais tributários

Os tribunais arbitrais possuem competência restrita para declarar a ilegalidade de: atos de liquidação de tributos; de retenção na fonte; de autoliquidação e pagamento por conta; de atos de fixação de matéria tributável que dê origem à liquidação de qualquer tributo; de atos e fixação de valores patrimoniais e determinação da matéria coletável.[268-269]

Logo, compete aos tribunais arbitrais julgar pedidos de declaração de ilegalidade sobre liquidação de qualquer tributo previsto no art. 3º da LGT (fiscais, parafiscais, estaduais, regionais, locais, impostos aduaneiros, impostos especiais, taxas e demais contribuições financeiras a favor de entidades públicas), mesmo que os litígios não tenham utilidade econômica determinável.

Por outro lado, exclui-se a possibilidade de tratar de litígios em processos de execução fiscal ou nos denominados processos contraordenacionais tributários, bem como de apreciar a legalidade ou ilegalidade de atos administrativos de indeferimento parcial ou total. Ainda, não se incluem atos que pretendam a revogação de isenções ou benefícios fiscais, nem aqueles que se encontrem fora do âmbito de competência das matérias afetas aos atos de agravamento à coleta, apreensão e adoção de providências cautelares pela administração tributária.

Ademais, a competência e a vinculação dos serviços e organismos limitam-se ao valor da causa, correspondendo o valor da causa à quantia que se pretende anular, nos casos de declaração de ilegalidade da

---

[266] PEREIRA, Rui Ribeiro. Breves Notas sobre o regime da arbitragem tributária. *In: A Arbitragem Administrativa e tributária*: problemas e desafios. Coimbra: Almedina, 2012, p. 198.

[267] VILLA-LOBOS, Nuno de; PEREIRA, Tânia Carvalhais. *Guia da arbitragem tributária*. 3. ed. Coimbra: Almedina, 2017, p. 197.

[268] *Ibidem*, p. 87.

[269] SOUTELINHO, Susana. Arbitragem tributária: uma realidade? *In: A Arbitragem Administrativa e tributária*: problemas e desafios. Coimbra: Almedina, 2012, p. 213.

liquidação, e à quantia contestada, nos casos de declaração de ilegalidade do ato de fixação da matéria coletável ou dos valores patrimoniais.[270]

4.4.5 Das matérias arbitráveis

Antes de especificar as matérias arbitráveis no cenário português, é mister dizer que cabe à Administração Tributária e Aduaneira (AT) a missão de administrar os direitos aduaneiros, os impostos sobre o patrimônio, os impostos sobre o rendimento e os impostos sobre o consumo, além dos tributos que lhe sejam porventura atribuídos, como, por exemplo, as contribuições especiais.[271]

No que se refere às matérias arbitráveis, pode-se destacar o trecho abaixo, de Villa-Lobos e Pereira, que estabelece a síntese material e a competência na arbitragem tributária portuguesa:

> a) De atos de liquidação de tributos cuja administração seja cometida à Autoridade Tributária e Aduaneira (AT) (alínea a) do n. 1 do artigo 2 do RJAT, e corpo do artigo 2 e n. 1 do artigo 3, ambos da Portaria n. 112-A/2011, de 22 de março de 2011);
> b) De atos de auto liquidação, retenção na fonte e pagamento por conta de tributos cuja administração seja cometida à AT, desde que tenham sido procedidos recursos à via administrativa prévia necessária, prevista nos termos dos artigos 131 a 133 do Código de Procedimentos e de Processo Tributário (CPPT) (alínea a) do número 1 do artigo 2 do RJAT, e corpo e alínea a) do artigo 2 e n. 1 do artigo 3, ambos da Portaria número 112-A/2011, de 22 de março de 2011);
> c) De atos de fixação da matéria tributável sem recursos a métodos indiretos, quando não dê origem à liquidação de qualquer tributo (alínea b) do número 1 do artigo 2 do RJAT, e alínea b) do artigo 2, a contrário, da Portaria número 112-A/2011, de 22 de março de 2011);
> d) De atos de determinação da matéria coletável de imposto cuja administração seja cometida à administração tributária, sem recursos a métodos indiretos (alínea b) do número 1 do artigo 2 do RJAT, e alínea b) do artigo 2 do RJAT, e alínea b) do artigo 2, a contrário, da Portaria número 112 -A/2011, de 22 de março);
> e) De atos de fixação de valores patrimoniais, para efeitos de imposto, cuja administração seja cometida à AT (alínea b) do número 1 do artigo

[270] VILLA-LOBOS, Nuno de; PEREIRA, Tânia Carvalhais. *Guia da arbitragem tributária*. 3. ed. Coimbra: Almedina, 2017, p. 37.

[271] VILLA-LOBOS, Nuno de; PEREIRA, Tânia Carvalhais. *Guia da arbitragem tributária*. 3. ed. Coimbra: Almedina, 2017, p. 191.

2 do RJAT, e corpo do artigo 2 da Portaria número 112-A/2011, de 22 de março);

f) De atos de liquidação de direitos aduaneiros e encargos de efeito equivalente sobre exportação de mercadorias (alínea a) do número 1 do artigo 2 do RJAT, alínea c) do artigo 2, a contrário, da Portaria número 112-A/2011, de 22 de março, primeiro travessão do número 11 do artigo 4, e artigos 161, 126,211, todos do Código Aduaneiro Comunitário, aprovado pelo Regulamento (CEE) número 2913/92, do Conselho, de 12 de outubro de 1992);

g) As pretensões relativas às imposições à exportação instituídas no âmbito da política agrícola comum (PAC), ou no âmbito de regimes específicos aplicáveis a determinadas mercadorias resultantes de transformação de produtos agrícolas (alínea a) do número 1 do artigo 2 do RJAT, segundo travessão do número 11 do artigo 4 Código Aduaneiro Comunitário);

h) De atos de liquidação de imposto sobre o valor acrescentado (IVA), impostos especiais sobre o consumo (IECS) e outros impostos indiretos sobre mercadorias que não sejam sujeitas a direitos de importação (alínea a) do número 1 do artigo 2 do RJAT, e alínea d) do artigo 2, a contrário, da Portaria 112-A/2011, de 22 de março de 2011).

4.4.6 Do árbitro

Na arbitragem tributária, o árbitro é um terceiro da relação jurídica, um técnico especialista, imparcial e neutro, escolhido pelas partes ou designado pelo CAAD, que decide a controvérsia tributária.

O árbitro, ao apreciar as provas, decide a questão posta com imparcialidade e independência, e seu parecer final tem o mesmo valor de uma decisão judicial proferida por um magistrado (Estado-juiz) e garante, absolutamente, os valores básicos (neutralidade e autonomia) que se espera da jurisdição. Ele tem o dever de guardar sigilo fiscal.

Ressalte-se que os árbitros licenciados em economia ou gestão podem ser nomeados nas questões de maior complexidade que exijam conhecimentos afetos aos argumentos extrajurídicos, tendo sempre um jurista como árbitro, um presidente com no mínimo 10 anos de experiência comprovada na área do direito tributário, o que transparece a preocupação com o conhecimento técnico necessário para fazer frente à complexidade do conflito e à garantia de uma decisão acertada.[272-273]

Deve-se observar, ainda, que, nas causas de valor igual ou superior a € 1.000.000, o árbitro presidente deve ter o grau de Doutor em Direito Fiscal ou ter exercido a magistratura no âmbito dos tribunais tributários, o que reforça a expertise do julgador e agrega segurança para as partes quanto ao resultado.[274]

Além disso, o procedimento possui traços céleres por não trazer uma formalidade especial, pela autonomia do árbitro na condução do processo, pela primazia da oralidade e pela mediação para discutir as matérias fáticas e de direito. Não se pode esquecer de que o intuito desse meio de solução de conflitos é a celeridade, que traz a almejada redução das pendências nos tribunais administrativos e fiscais.[275]

Observando-se o compêndio normativo da arbitragem tributária portuguesa, nota-se que há uma preocupação constante com a lisura e a polidez da atuação dos árbitros, dispondo a legislação sobre os impedimentos desses profissionais nos termos dos Enunciados nº 1 do art. 44 do Código do Procedimento Administrativo.[276]

No biênio anterior da sua indicação, o árbitro não poderá ter agido em prol do sujeito passivo de nenhuma forma, como, por exemplo:

---

[272] PEREIRA, Rui Ribeiro. Breves Notas sobre o regime da arbitragem tributária. *In: A Arbitragem Administrativa e tributária*: problemas e desafios. Coimbra: Almedina, 2012, p. 198.

[273] VILLA-LOBOS, Nuno de; PEREIRA, Tânia Carvalhais. *Guia da arbitragem tributária*. 3. ed. Coimbra: Almedina, 2017, p. 19.

[274] *Ibidem*, p. 37.

[275] *Ibidem*, p. 28-30.

[276] Nenhum titular de órgão ou agente da Administração Pública pode intervir em procedimento administrativo ou em ato ou contrato de direito público ou privado da Administração Pública nos seguintes casos: a) Quando nele tenha interesse, por si, como representante ou como gestor de negócios de outra pessoa; b) Quando, por si ou como representante de outra pessoa, nele tenha interesse o seu cônjuge, algum parente ou afim em linha reta ou até ao 2º grau da linha colateral, bem como qualquer pessoa com quem viva em economia comum; c)Quando, por si ou como representante de outra pessoa, tenha interesse em questão semelhante à que deva ser decidida, ou quando tal situação se verifique em relação a pessoa abrangida pala alínea anterior; d) Quando tenha intervindo no procedimento como perito ou mandatário ou haja dado parecer sobre questão a resolver; e) Quando tenha intervindo no procedimento como perito ou mandatário o seu cônjuge, parente ou afim em linha reta ou até ao 2º grau da linha colateral, bem como qualquer pessoa com quem viva em economia comum; f) Quando contra ele, seu cônjuge ou parente em linha reta esteja intentada ação judicial proposta por interessado ou respectivo cônjuge; g) Quando se trate de recurso de decisão proferida por si, ou com a sua intervenção, ou proferida por qualquer das pessoas referidas na alínea b) ou com intervenção destas. 2 – Excluem-se do disposto no número anterior as intervenções que se traduzam em atos de mero expediente, designadamente atos certificativos.

dirigente, funcionário ou agente da administração tributária, auditor, advogado ou consultor.[277]

Os árbitros são escolhidos com base em suas qualificações formais, na experiência e no domínio sobre a matéria afeta ao direito público, para garantir competência técnica ao exercício da função. O Código Deontológico do CAAD, no art. 2º, também recomenda ao árbitro o dever de lealdade para com o processo arbitral, para com as partes e os demais árbitros, na hipótese de se tratar de um tribunal coletivo.[278]

Ademais, pelos padrões éticos na administração pública e pela seriedade com que é tratada a arbitragem tributária em Portugal, o árbitro está expressamente proibido de receber qualquer vantagem decorrente da sua função, o que poderia macular toda a lisura do procedimento arbitral.

O Conselho Deontológico do CAAD assegura o julgamento do processo de recusa do árbitro quando esta for manifestada por uma das partes. O prazo para instauração do processo de recusa é de cinco dias úteis a partir da aceitação do encargo pelo árbitro.[279]

Reitere-se que o julgamento da matéria pelo árbitro se dá pelo direito posto (vigente na ordem jurídica), e não se permite o julgamento por equidade, o que constitui uma garantia às partes, que prezam pela aplicação correta da legislação no caso concreto.

4.4.7 Da escolha do árbitro

Inicialmente, deve-se mencionar que a escolha do árbitro pode ser feita pelo contribuinte ou pelo CAAD, embora, genericamente, caiba ao Conselho Deontológico a designação dos árbitros com base na lista dos *experts* organizada pelo CAAD. Escolhido ou designado, o árbitro deverá, dentro de cinco dias, aceitar o encargo ou recusá-lo, fundamentando sua decisão na hipótese de recusa.[280]

Caso o contribuinte requeira a instauração da arbitragem, poderá ser chamado a antecipar as custas do procedimento, conforme

---

[277] PEREIRA, Rui Ribeiro. Breves Notas sobre o regime da arbitragem tributária. *In: A Arbitragem Administrativa e tributária*: problemas e desafios. Coimbra: Almedina, 2012, p. 198.

[278] VILLA-LOBOS, Nuno de; PEREIRA, Tânia Carvalhais. *Guia da arbitragem tributária.* 3. ed. Coimbra: Almedina: 2017, p. 45.

[279] *Ibidem*, p. 49.

[280] VILLA-LOBOS, Nuno de; PEREIRA, Tânia Carvalhais. *Guia da arbitragem tributária.* 3. ed. Coimbra: Almedina: 2017, p. 46.

o regulamento da câmara arbitral aplicável. No entanto, conforme o art. 27 da Lei de Arbitragem (Lei nº 9.307/1996), a responsabilidade final pelo pagamento das custas será fixada na sentença arbitral, podendo recair sobre a parte vencida, ainda que as despesas tenham sido inicialmente adiantadas pela parte vencedora.[281]

Nesse caso, o tribunal arbitral funcionará com um colegiado de três árbitros, escolhidos da seguinte forma: um árbitro escolhido pelo contribuinte, outro pela Fazenda e o último será escolhido pelos árbitros designados pelas partes e servirá como árbitro presidente naquela arbitragem específica.

Caso os árbitros designados não cheguem a um consenso na escolha do árbitro presidente, caberá ao Conselho Deontológico a sua designação, que deverá ser oficializada por meio de requerimento de um ou de ambos os árbitros.

Não sendo designado um árbitro, o tribunal arbitral funcionará com um árbitro singular nas demandas com pedido de até € 60.000,00. Caso o pedido ultrapasse € 60.000,00, haverá a obrigatoriedade de os três árbitros serem designados pelo Conselho Deontológico.[282]

O compromisso com a minimização da asfixia das demandas que atravancam o sistema fiscal e obstruem a máquina administrativa é notado pelo incentivo para a adesão à arbitragem tributária nos processos pendentes de julgamento por mais de dois anos, sem decisão proferida. Se forem submetidos à arbitragem tributária, ficarão isentos das custas judiciais.[283-284]

Como já visto, não se aplica a equidade para julgar o processo tributário, devendo o árbitro fazê-lo de acordo com o direito posto e aplicar ao julgamento a equidade de direito, sem adotar critérios de justiça que não estejam na lei, o que confere segurança às partes aderentes ao compromisso arbitral.[285]

Ademais, é mister ressaltar que, diante de valores relacionados à concentração de atos, à economia e à praticabilidade, permite-se a

---

[281] *Ibidem*, p. 18.

[282] ESCOBAR, Marcelo Ricardo. *Arbitragem tributária no Brasil*. São Paulo: Almedina, 2017, p. 213-214.

[283] VILLA-LOBOS, Nuno de; PEREIRA, Tânia Carvalhais. *Guia da arbitragem tributária*. 3. ed. Coimbra: Almedina, 2017, p. 19.

[284] SOUTELINHO, Susana. Arbitragem tributária: uma realidade? *In: A Arbitragem Administrativa e tributária*: problemas e desafios. Coimbra: Almedina, 2012, p. 218.

[285] VILLA-LOBOS, Nuno de; PEREIRA, Tânia Carvalhais. *Guia da arbitragem tributária*. 3. ed. Coimbra: Almedina, 2017, p. 19.

cumulação de pedidos quando se evidenciem as mesmas circunstâncias de fato, bem como da interpretação e aplicação dos mesmos princípios ou regras de direito.[286]

No que se refere à contagem dos prazos, mesmo que diante do rito estabelecido dialeticamente entre as partes e o árbitro, os prazos seguem o que está estabelecido com fulcro no Código de Procedimento Administrativo e nos termos do Código de Processo Civil portugueses, o que denota a repetição do padrão cultural já observado e a segurança jurídica nas relações processuais.

4.5 Efeitos da constituição do Tribunal Arbitral

No que toca aos efeitos do pedido de constituição do Tribunal Arbitral, o dirigente competente da administração tributária pode, em 30 dias a contar do pedido, proceder à revogação, ratificação, reforma ou à conversão do ato tributário, praticando o ato necessário substitutivo ou reconsiderando a decisão, o que entender conveniente.[287-288]

Ao mesmo tempo, geralmente, o pedido de submissão à arbitragem acarreta a preclusão do direito de reclamar pelos mesmos fundamentos, impugnar ou revisar a matéria, coletável, exceto quando o processo arbitral finaliza sem pronúncia sobre o mérito da causa, o que permite a rediscussão pelas vias tradicionais.

Quanto ao aspecto procedimental inicial para constituição do tribunal arbitral português, ao receber o pedido de constituição do tribunal arbitral, o presidente do Conselho Deontológico do CAAD notifica a autoridade administrativa competente para apresentar resposta e especificar as provas que entender pertinentes.

A vinculação da autoridade tributária e aduaneira à jurisdição é regida pela Portaria nº 112-4/2011, sendo os serviços do Ministério das Finanças e da Administração Pública, especificamente, a Direção-Geral dos Impostos (DGCI) e a Direção-Geral das Alfândegas e dos Impostos Especiais sobre o Consumo (DGAIEC) vinculados ao CAAD em suas decisões, desde que observadas as condições do art. 2º da referida portaria.

---

286 *Ibidem*, p. 20.

287 *Ibidem*, p. 27.

288 SOUTELINHO, Susana. Arbitragem tributária: uma realidade? *In: A Arbitragem Administrativa e tributária*: problemas e desafios. Coimbra: Almedina, 2012, p. 216.

4.6 Custas do procedimento arbitral

Quando o árbitro é designado pelo CAAD, a taxa de arbitragem é calculada pelo valor da causa e o modo de designação do árbitro, sendo € 306,00 o valor mínimo, havendo dispensa de pagamento, caso o sujeito passivo se enquadre nos termos da Lei nº 34, de 8 de 2004, e da Lei nº 47, de 2007.

Quando designado pelo sujeito passivo, a taxa de arbitragem tem o valor mínimo de € 6.000,00 e máximo de € 120.000,00.

Há ainda hipóteses em que a utilidade econômica não é de aferição imediata, mas pode ser matéria arbitrável, como ocorre nos casos de valor patrimonial de imóveis que afetam o imposto municipal sobre imóveis, o imposto sobre as transmissões onerosas de imóveis, o imposto de selo e as taxas autárquicas relacionadas com infraestrutura urbanística.

A depender do caso concreto, demais encargos poderão surgir, como na hipótese de produção de prova pericial, contratação de especialistas ou outro custo adicional que se faça necessário.

Caso ultrapasse o valor de € 275.000, acresce-se à taxa de arbitragem € 306,00, para cada € 25.000,00 ou fração.

Entre € 275.000,01 e € 975.000,00, acresce-se para cada € 25.000,00 ou fração, o valor dos honorários do presidente e dos árbitros adjuntos € 90,86, € 73,87 e € 79,01 (com IVA).

Ultrapassado o valor de € 975.000,00, da mesma forma acresce-se, respectivamente, € 83,79; € 68,12; € 72,86 (com IVA).

4.7 Princípios processuais

Não é demais ressaltar que inúmeros princípios processuais estão estabelecidos no art. 16 do Decreto-Lei nº 10/2011. *Ipsis litteris*:

Constituem princípios do processo arbitral:

> a) O contraditório, assegurado, designadamente, através da faculdade conferida às partes de se pronunciarem sobre quaisquer questões de facto ou de direito suscitadas no processo;
> b) A igualdade das partes, concretizada pelo reconhecimento do mesmo estatuto substancial às partes, designadamente para efeitos do exercício de faculdades é do uso de meios de defesa;

c) A autonomia do tribunal arbitral na condução do processo e na determinação das regras a observar com vista à obtenção, em prazo razoável, de uma pronúncia de mérito sobre as pretensões formuladas;
d) A oralidade e a imediação, como princípios operativos da discussão das matérias de facto e de direito;
e) A livre apreciação dos factos e a livre determinação das diligências de produção de prova necessárias, de acordo com as regras da experiência e a livre convicção dos árbitros;
f) A cooperação e boa-fé processual, aplicável aos árbitros, às partes e aos mandatários;
g) A publicidade, assegurando-se a divulgação das decisões arbitrais devidamente expurgadas de quaisquer elementos susceptíveis de identificar a pessoa ou pessoas a que dizem respeito.

Note-se que o direito a uma decisão devidamente fundamentada é patente, tanto é que, sem fundamentação adequada, a decisão pode ser anulada pelo Tribunal Central Administrativo, na modalidade recursal.

4.8 O processo arbitral

Para a instauração do processo propriamente dito, haverá de ser observada uma formalidade simples. Ao receber o pedido de constituição do tribunal arbitral, incumbirá ao Diretor-Geral dos Impostos, no prazo de 15 dias, apresentar resposta com a possibilidade de solicitar produção de prova adicional.

Com a resposta, marca-se uma primeira reunião com as partes para: definir o trâmite processual de acordo com as circunstâncias e a complexidade da causa, ouvir as exceções e decidi-las como matéria preliminar ao conhecimento do pedido, corrigir as peças, marcar a data de apresentação das alegações finais e a data da decisão arbitral.[289]

Assim, fica notório que todos os atos atinentes ao processo arbitral são concentrados e servem ao propósito da celeridade, justificando a razão existencial do instituto da Arbitragem tributária na cultura lusitana.

[289] PEREIRA, Rui Ribeiro. Breves Notas sobre o regime da arbitragem tributária. *In: A Arbitragem Administrativa e tributária*: problemas e desafios. Coimbra: Almedina, 2012, p. 201.

4.8.1 Tempo de duração e recursos

A celeridade do processo, em sua expressão material, é garantida de forma enérgica. O prazo máximo de duração do processo é de seis meses, com prorrogação a cada dois meses até alcançar igual período de seis meses. *A priori*, as decisões são irrecorríveis dentro do âmbito do CAAD.[290]

No entanto, há possibilidade de recurso para o Tribunal Constitucional – na hipótese de o Tribunal Arbitral recusar a aplicação da norma por entendê-la inconstitucional ou por já ter sido objeto de discussão –, ou para o Supremo Tribunal Administrativo – quando a decisão se confrontar com acórdão proferido pelo Tribunal Central Administrativo ou pelo Supremo Tribunal Administrativo.[291]

Ademais, havendo impugnação da decisão arbitral no prazo de 15 dias contados de sua notificação, arquivamento ou dissolução do tribunal arbitral, o recurso terá o Tribunal Central Administrativo como competente para julgamento. A matéria recursal tratará da falta de motivação da decisão, da violação ao contraditório e à igualdade das partes, oposição dos fundamentos com a decisão, da omissão na pronúncia ou pronúncia indevida.[292]

Percebe-se que há uma preocupação em manter a coerência sistêmica e a segurança jurídica para evitar decisões que possam se perpetuar por serem contrárias aos direitos e garantias fundamentais em que se pauta a manutenção saudável do sistema jurídico.

Atento à transparência e à ciência de todo o procedimento, em consonância com o que preceitua o art. 25 do Decreto-Lei nº 10, de 2011, e o art. 228 da Lei nº 66-B, de 2012, os recursos para os Tribunais Constitucionais (TC) e para o Supremo Tribunal Administrativo (STA) devem ser apresentados no tribunal *ad quem*, no prazo, respectivamente,

---

[290] PEREIRA, Rui Ribeiro. Breves Notas sobre o regime da arbitragem tributária. *In: A Arbitragem Administrativa e tributária*: problemas e desafios. Coimbra: Almedina, 2012, p. 201.

[291] ROCHA, Joaquim Freitas da. A desestadualização do direito tributário. Em particular, a privatização do procedimento e a arbitragem. *In: A Arbitragem Administrativa e tributária*: problemas e desafios. Coimbra: Almedina, 2012, p. 113.

[292] SOUTELINHO, Susana. Arbitragem tributária: uma realidade. *In: A Arbitragem Administrativa e tributária*: problemas e desafios. Coimbra: Almedina, 2012, p. 217; VILLA-LOBOS, Nuno de; PEREIRA, Tânia Carvalhais. *Guia da arbitragem tributária*. 3. ed. Coimbra: Almedina, 2017, p. 18.

de 10 dias e 30 dias, e, a seguir, comunicados obrigatoriamente ao CAAD e à outra parte.[293-294]

Curiosamente, há um abismo no percentual entre os processos em que o próprio contribuinte e a Administração Tributária designaram os árbitros que atuaram no procedimento de arbitragem, representando 4,3% de todos os processos submetidos em comparação com aqueles que tiveram seus árbitros designados pelo presidente do Conselho Deontológico do CAAD.

A duração média dos processos é de 4,5 meses, e o árbitro dá um parecer final que resolve o litígio. Pelo critério da celeridade, portanto, a eficiência do instituto fica evidenciada, e a sua existência, justificada.

Este tempo é uma média geral em que se deve levar em consideração a complexidade de cada controvérsia tributária sobre os inúmeros tributos existentes em Portugal, com ênfase, como será visto, no Imposto sobre o Rendimento de Pessoas Coletivas (IRC), Imposto sobre o Rendimento de Pessoas Singulares (IRS) e Imposto do Selo.[295]

A distribuição dos pedidos submetidos à arbitragem tributária no CAAD revela predominância de controvérsias relacionadas ao IRC, ao IRS e ao Imposto do Selo. A maioria dos pedidos, cerca de 66% do acervo, apontam para arbitragens que ocorrem até a monta de € 60.000,00, e apenas 5% extrapolam um milhão de euros. Restando as faixas intermediárias (28,8 % da procura dos contribuintes), próximo a 1/2 de todos os pedidos realizados no CAAD.

Por último, destaca-se que, entre os processos apresentados, a maioria, 95,5%, apresenta decisão arbitral e apenas 4,5% são revogados ou arquivados, o que revela a eficiência e a importância do instituto em Portugal.[296]

Esses dados evidenciam a seriedade com que a arbitragem tributária é tratada em Portugal no âmbito do CAAD. Nota-se, pelos percentuais expostos, a crescente procura dos contribuintes, ganhando importância as situações em que dirimir rapidamente o conflito tributário

---

[293] Conforme artigos 75º, n. 1, da Lei Orgânica do Tribunal Constitucional e 152º do CPTA. Ver: VILLA-LOBOS, Nuno de; PEREIRA, Tânia Carvalhais. *Guia da arbitragem tributária.* 3. ed. Coimbra: Almedina, 2017, p. 18; 33.

[294] SOUTELINHO, Susana. Arbitragem tributária: uma realidade? *In: A arbitragem administrativa e tributária*: problemas e desafios. Coimbra: Almedina, 2012, p. 217.

[295] TRC – Disponível em: https://www.pwc.pt/pt'pwcinforfisco/guia-fiscal/2018/irc.html. Acesso em: 08 nov. 2018; IRS. Disponível em: https://www.pwc.pt/'pt'/pwcinforfisco/guia-fiscal/2018/irs.html. Acesso em: 08 nov. 2018; Imposto do Selo – Disponível em: https://www.pwce.pt'pt'pwcinforfisco/guia-fiscal/2018/imposto-do-selo html. Acesso em: 08 nov. 2018.

[296] VILLA-LOBOS, Nuno de; PEREIRA, Tânia Carvalhais. *Guia da arbitragem tributária.* 3. ed. Coimbra: Almedina, Coimbra, 2017, p. 283.

é tarefa mandatória para evitar prejuízos maiores diante da abstração inconteste para se apurar a matéria tributável.

4.9 Análise crítica da doutrina sobre a arbitragem tributária portuguesa

Embora a arbitragem tributária tenha surtido efeitos positivos iniciais, não se deve esquecer que se encontra subordinada a Lisboa, o que torna o acesso restrito a apenas alguns contribuintes. Há um esforço institucional para que ela seja levada para o norte de Portugal, o que até agora não ocorreu por razões de indisponibilidade da administração tributária.

Não foi percebido nas pesquisas que a adoção da arbitragem tributária acarreta uma diminuição significativa no número de processos de execução fiscal e de reclamações graciosas em Portugal. Conforme a lição de Pereira, considerando o âmbito de aplicação da arbitragem tributária, sua mera existência não lograria êxito em mitigar grande quantidade de processos. Todavia, pode-se notar que a contribuição é tênue, mas eficaz, quando se trata de atos de liquidação de difícil quantificação e de complexidade fiscal, como, por exemplo, quando a norma é construída com conceitos jurídicos indeterminados.[297]

Ademais, não há uma justificativa razoável para que se exija o adiantamento da taxa de arbitragem em sua totalidade nos casos em que o contribuinte escolhe o árbitro, o que consiste em encargo adicional, já que são previstos os mesmos honorários, pressupostos de competência e isenção do árbitro.[298]

Outro ponto que deve ser flexibilizado para reforçar a celeridade é o curto prazo, de 15 dias, dado ao Diretor-Geral dos Impostos para apresentar resposta à questão posta, desproporcional ao prazo de 90 dias para a Fazenda Pública contestar no processo de impugnação judicial, dado pelo art. 110, nº 1, do CPPT.[299]

---

[297] SOUTELINHO, Susana. Arbitragem tributária: uma realidade. *In: A arbitragem administrativa e tributária*: problemas e desafios. Coimbra: Almedina, 2012, p. 210 e 211; PEREIRA, Rui Ribeiro. Breves notas sobre o regime da arbitragem tributária. *In: A Arbitragem Administrativa e tributária*: problemas e desafios. Coimbra: Almedina, 2012, p. 194.

[298] PEREIRA, Rui Ribeiro. Breves notas sobre o regime da arbitragem tributária. *In: A arbitragem administrativa e tributária*: problemas e desafios. Coimbra: Almedina, 2012, p. 197.

[299] *Ibidem*, p. 201.

Assevera-se, ainda, a crítica feita pela doutrina, de viés prático, às dificuldades encontradas pelos contribuintes para a execução espontânea das decisões judiciais, administrativas e arbitrais, cuja justificativa, muitas vezes, é a de que o processo não foi baixado. Para correção, o legislador possibilitou ao contribuinte requerer a solicitação da baixa do processo ao serviço de finanças no intuito de solver a demora, não prejudicando o contribuinte, por aplicação subsidiária das normas processuais tributárias ao procedimento arbitral.[300]

4.10 Análise crítica comparativa com o Brasil

Em comparação com o Brasil, os inúmeros princípios processuais estabelecidos no art. 16 do Decreto-Lei nº 10/2011 apresentam substancial semelhança com a Lei de Arbitragem brasileira e com a cláusulas gerais estabelecidas pelo Código Civil brasileiro (operabilidade, eticidade e boa-fé objetiva).[301]

Essa identidade de princípios significa um ponto de aproximação formal e material, podendo-se discernir uma possível compatibilidade da arbitragem portuguesa com a cultura brasileira, que, diante de cláusulas gerais e conceitos jurídicos indeterminados dados pela legislação, poderia trazer resultados céleres para solução do litígio fiscal.[302]

A arbitragem administrativa brasileira é consonante com a legislação portuguesa em permitir apenas o julgamento pelo direito posto, e não admitir o julgamento por equidade, sendo, *de lege lata*. Também nesse aspecto, a arbitragem tributária portuguesa é um modelo compatível com a arbitragem no Brasil. Observe-se que não há qualquer garantia de sucesso na adoção da arbitragem tributária no Brasil, nem mesmo se poderia chegar a resultados próximos ao de Portugal. Porém, se não for experimentada pelo medo da corrupção, ou por qualquer outra razão sem bases sólidas, a cultura brasileira não saberá dos reais resultados que seriam obtidos.

Heleno Taveira Torres, em contrapartida, destaca que o receio da corrupção deve ser motivo para que se aumentem os rigores e controles dos atos das autoridades administrativas e, consequentemente,

---

300 *Ibidem*, p. 203.

301 OLIVEIRA, Phelippe Toledo de. *A transação em matéria tributária*. São Paulo: Quartier Latin, 2015, p. 153.

302 *Ibidem*.

não se deve abandonar o exame dos meios alternativos de solução de conflitos por obstáculos culturais e teóricos.[303]

Nesse sentido, deve-se destacar que a Operação Zelotes revelou um forte esquema de corrupção e desencadeou uma crise institucional no âmbito do CARF, devendo o modelo do processo administrativo fiscal ser analisado e redesenhado paralelamente à discussão de meios alternativos de solução de controvérsias. Não se deve perder de vista que a arbitragem é feita no âmbito administrativo fiscal diariamente, sendo uma função da administração tributária.[304]

Em tempo, sabe-se das disparidades geográficas, sociais, econômicas e populacionais entre os dois países, mas não oportunizar a arbitragem tributária por causa de situações de complexidade fática e de leis de conteúdo ambíguo inegável em matéria tributária não seria, igualmente, razoável. Contudo, não se percebe interesse fazendário na adoção de técnicas arbitrais. Frise-se que a importação de técnicas de outras realidades jurídicas, econômicas, políticas e sociais, sem um intenso debate, não é recomendável, sob pena de se agravar, ainda mais, o problema da ineficiência já tão experimentado pelo Brasil.

A arbitragem tributária em Portugal possui um Conselho Deontológico, que seleciona os árbitros, e avalia as respectivas condutas desses profissionais, inclusive auxilia na investigação do impedimento e suspeição deles. Para tanto, o sistema português estimula a criação de um código de ética pelas instituições arbitrais, destacando competência técnica, idoneidade moral, com propósito de atuar pelo interesse público, independência, imparcialidade, isenção e objetividade.

Veda-se a equidade, pondo limite às normas corporativas internacionais e aplicando-se o direito português vigente, privilegiando a imparcialidade e a neutralidade, que são garantias básicas para jurisdição. A bem-sucedida experiência portuguesa pode auxiliar o direito brasileiro, principalmente no aspecto da lisura do procedimento, despertando a credibilidade do contribuinte diante de uma perspectiva mais negocial e cooperativa da Administração.

---

303 TORRES, Heleno Taveira. *Novas medidas de recuperação de dívidas tributárias.* Disponível em: https://www.conjur.com.br/2013-jul-17/consultor-tributario-novas-medidas-recuperacao-dividastributarias?imprimir-1. Acesso em: 13 mar. 2022.

304 ROCHA, Sérgio André. *Processo administrativo fiscal:* controle administrativo do lançamento tributário. São Paulo: Almedina, 2018, p. 493.

CAPÍTULO 5

PERCURSOS DA ARBITRAGEM TRIBUTÁRIA NO DIREITO BRASILEIRO

Compreende-se a trajetória de desenvolvimento da arbitragem tributária no Brasil ao se analisar todo o histórico apresentado no presente trabalho. É fundamental tratar, por exemplo, das referências arbitrais marcantes que nos acompanham desde o período imperial, como nos casos de arbitragem em querelas internacionais que pacificaram nossas relações com outras nações, evitando conflitos de maior magnitude.

Além de ser importante também refletir sobre eventos de grande relevância, como o *Caso Lage*, no qual foram discutidos grandes valores de indenização que seriam devidos pelo governo brasileiro. Ao mesmo tempo em que se deve compreender todo o desenvolvimento normativo, que vai desde as legislações federais, defronta-se com as normas estaduais e depara-se, por fim, ante os contratos administrativos firmados.

Assim, depois de todo esse estudo jurisdicional, tratando de legalidade, jurisprudência e reflexões acadêmicas, conclui-se o presente trabalho com uma análise mais direta e prática sobre os obstáculos enfrentados no direito tributário pátrio, as complicações internas e externas de tal empreitada. Ao mesmo tempo que se procura estabelecer soluções plausíveis de serem implementadas no âmbito jurisdicional brasileiro.

5.1 Disponibilidade do interesse público quanto ao crédito tributário: "mito" ou factibilidade?

Conforme já destacado anteriormente, no tópico 2.5, o primeiro aspecto que deve ser analisado é uma barreira principiológica do direito administrativo referente à disponibilidade do interesse público quando debatemos créditos tributários; trata-se de um debate mais teórico, mas que delimita muito bem as referências basilares administrativas. Monteiro e Castro afirmam:

> Vale frisar, no entanto, que referido conceito peca por equiparar todo e qualquer interesse da Administração Pública, direta ou indireta, como interesses públicos *stricto sensu*. Nesse esteio, sabe-se que o interesse público é composto por interesses públicos qualificados como primários, isto é, aqueles que promovem e concretizam os valores eleitos pela sociedade como um todo; e interesses ditos secundários, estes relacionados aos interesses patrimoniais do Estado ou suas entidades.[305]

Nesse ponto, é salutar estabelecer uma diferenciação entre o direito tributário que dá origem ao crédito tributário e o crédito em si. Exemplificando: o IPTU é irrenunciável pelo poder executivo municipal, o prefeito não tem o direito de abrir mão dessa contribuição tributária por mera liberalidade, porém o crédito oriundo é um direito diferente, dependendo do contexto. Uma condição de hipossuficiência por parte do contribuinte, por exemplo, pode tornar impossível a execução de tais créditos. Ao final devemos lembrar que princípios não se anulam, mas se compensam. Tal qual o princípio da indisponibilidade dos recursos públicos pode ter seu campo de aplicação reduzido perante o princípio da dignidade da pessoa humana, ao resguardar o direito de moradia de uma família hipossuficiente.

É importante frisar que não se trata de renunciar direitos patrimoniais públicos, pelo contrário, pode ser uma forma de economizar verba pública. Analisar a eficiência e a eficácia de tais métodos alternativos pode representar significativo ganho patrimonial para o tesouro público. É necessária uma visão mais ampla da questão para que o Estado obtenha melhores resultados pecuniários. A indisponibilidade do patrimônio público é inquestionável. O que se busca frisar com o proposto neste trabalho é uma forma mais dinâmica de solucionar querelas administrativas, alternativa que poupa tempo e dinheiro para a administração pública e para os contribuintes.

---

[305] MONTEIRO, Alexandre Luiz Moraes do Rêgo; CASTRO, Leonardo Freitas de Moraes e. Direito Tributário e arbitragem: uma análise da possibilidade e dos óbices ao juízo arbitral em matéria tributária no Brasil. *Revista tributária e de finanças públicas*, ano 17, n. 88, 2009.

Uma interpretação mais apropriada depreende-se da discussão sobre a perspectiva patrimonial ante a teórica indisponibilidade de créditos tributários. Esta é a perspectiva padrão que se apresenta quando analisamos a questão sobre uma ótica direta da indisponibilidade do interesse público perante o particular. A falha de tal argumento reside no fato de que a indisponibilidade efetiva recai sobre a competência tributária, que perpassa a própria constituição do crédito tributário. Contudo, na prática, o crédito tributário é apenas um produto pecuniário desse direito. O que se busca negociar, por meio da arbitragem, é apenas o produto de um direito. Conclui-se, portanto, que os créditos tributários têm caráter disponível, logo, podem ser negociados.

Assim, depreende-se tanto a possibilidade de negociação dos créditos tributários, pela via arbitral ou qualquer outro meio legal de resolução mais dinâmico de conflitos, quanto a sua relevância financeira para o poder público, pois negociar um crédito de forma eficiente tende a ser mais lucrativo do que protelar de maneira irresignada sobre uma querela dispendiosa. O Estado deve buscar as soluções mais rentáveis e eficientes para querelas administrativas, disputas intensas e incessantes são prejudiciais para todas as partes, até mesmo para o Judiciário, que tem o dever primordial de apresentar as respostas para tais demandas, mas acaba ficando soterrado em demandas administrativas que poderiam ser solucionadas por outras vias.

5.2 Necessidade de regulamentação da arbitragem

Constatada a plausibilidade de tais respostas alternativas para os conflitos em questão, cabe tratar de sua operacionalidade. Para colocar essas medidas dentro do campo fático, é preciso criar uma legislação própria. Como já tratado anteriormente, a estrutura normativa federal já dispõe de regulamentação para tratar do juízo arbitral dentro de um campo mais geral, conforme se depreende da Lei nº 9.307/1996.

Faz-se mister o desenvolvimento de regulamentação própria para o meio jurisdicional em questão, um campo novo para o desenvolvimento de toda uma estrutura normativa. Falando sobre norma, tratamos da legalidade, a qual deve se guiar pela segurança jurídica.

A legalidade e a segurança jurídica andam lado a lado, conferindo substância ao Estado de Direito, pois são balizas assecuratórias da estabilidade jurisdicional, que tem como objetivo desenvolver e manter um meio social pacífico. Assim, para que se tenha a efetiva segurança jurídica, deve-se criar norma apropriada para regulamentá-la. Logo, a segurança jurídica de uma administração pública tributária saudável demanda a concretização de norma apropriada que regulamente o juízo arbitral em seu meio. Isso deve ser feito em respeito ao próprio princípio da legalidade, em reta manutenção da malha jurisdicional vigente.

Nessa toada, observa-se a atual movimentação legislativa brasileira. Uma proposta efetiva que pode ser apontada como alternativa para lidar com o problema em questão é o PLP nº 17/2022. Como estudado, é uma proposta legislativa federal que objetiva a implantação de soluções alternativas perante as querelas tributárias. Tendo em vista o gigantesco problema que é o acúmulo de demandas tributárias no Judiciário brasileiro, o projeto tem como objetivo dar maior dinamismo na resolução de tais conflitos. Permitiria inclusive maior diálogo entre os entes públicos e o contribuinte de maneira que se poderia antever problemas antes de qualquer judicialização.

O PL nº 17/2022 é encabeçado pelo deputado Felipe Rigoni. Trata-se de uma proposta legislativa fortemente inspirada no modelo da administração pública estadunidense, voltado para movimentações administrativas mais dinâmicas, defendendo as formas alternativas de se solucionar tais conflitos. Nesse contexto, as alternativas autocompositivas são bem incentivadas. A maior possibilidade de diálogo deve representar elevada economia para a administração pública na esfera executiva – em suas atuações tributárias diretas – e na esfera judiciária – bem como economia processual devido à redução de demandas judiciais.

5.2.1 Princípio da legalidade: ponderações necessárias à "estrita" legalidade tributária

A Constituição Federal, em seu art. 5º, inciso II, prevê que "ninguém será obrigado a fazer ou deixar de fazer alguma coisa senão em virtude de lei". Nesse bojo, enquadra-se o princípio da legalidade. No tocante à administração pública, a CF/88 preleciona em seu art. 37 que "a Administração Pública direta e indireta de qualquer dos Poderes da União, dos Estados, do Distrito Federal e dos Municípios obedecerá aos princípios de legalidade, impessoalidade, moralidade, publicidade e eficiência".

Perante tudo o que foi tratado até aqui, é nítida a preocupação de reta adequação ao princípio da legalidade dentro dessas perspectivas alternativas de solucionar querelas. Isso apresenta grande relevância dentro da cultura latina, que marca fortemente o direito brasileiro, quando nos referimos aos sistemas normativos volumosos e muito detalhados. Nesse cenário é fundamental que se desenvolva regulamentação apropriada para regular a arbitragem tributária.

Entretanto, em uma reflexão sobre o princípio da legalidade, Monteiro e Castro,[306] embasado em Gustavo Binenbojm,[307] ressaltam que é preciso que este seja visto sob a ótica da Carta Magna, pois a lei em si não é o alicerce maior do direito. Isto é,

> [...] a análise da validade dos atos e contratos administrativos celebrados pela Administração Pública não mais se limitaria à verificação da existência de norma permissiva, devendo-se, antes de mais nada, levar em consideração o fato da conduta do administrador público estar ou não em consonância com o sistema normativo criado pela Constituição Federal.[308]

Os autores supracitados chamam atenção para que o princípio da legalidade não seja visto como absoluto, mas para que seja feita uma ponderação, inclusive em respeito aos outros princípios constitucionais aos quais a Administração Pública também está sujeita. Quanto à arbitragem, há aqueles tributaristas que defendem que o próprio art. 1º da Lei nº 9.307/96 já supriria a obediência ao princípio da legalidade.[309]

Destarte, caso olhássemos para o princípio da legalidade de forma positivista e absoluta, consideraríamos que sem norma apropriada que lhe dê embasamento, seria impraticável a execução da arbitragem em matéria tributária. Sem o respaldo normativo, esses métodos resolutivos seriam manobras incompatíveis com o princípio da legalidade. No entanto, essa ótica exibe uma postura estritamente legalista aplicada dentro das resoluções de conflitos tributários, o que pode representar um grave entrave dentro da administração pública. Em larga escala,

---

306 MONTEIRO, Alexandre Luiz Moraes do Rêgo; CASTRO, Leonardo Freitas de Moraes e. Direito Tributário e arbitragem: uma análise da possibilidade e dos óbices ao juízo arbitral em matéria tributária no Brasil. *Revista tributária e de Finanças Públicas*, ano 17, n. 88, 2009.

307 BINENBOJM, Gustavo. *Uma teoria do direito administrativo*: direitos fundamentais, democracia, constitucionalização. 2. ed. rev. e atual. Rio de Janeiro: Renovar, 2008.

308 MONTEIRO, Alexandre Luiz Moraes do Rêgo; CASTRO, Leonardo Freitas de Moraes e. Direito Tributário e arbitragem: uma análise da possibilidade e dos óbices ao juízo arbitral em matéria tributária no Brasil. *Revista tributária e de Finanças Públicas*, ano 17, n. 88, 2009.

309 MONTEIRO, Alexandre Luiz Moraes do Rêgo; CASTRO, Leonardo Freitas de Moraes e. Direito Tributário e arbitragem: uma análise da possibilidade e dos óbices ao juízo arbitral em matéria tributária no Brasil. *Revista tributária e de Finanças Públicas*, ano 17, n. 88, 2009.

adotada como política pública administrativa generalizada, tal conduta pode se converter, e na prática se converte, como grave prejuízo para os cofres públicos.

Como debatido, o fato de apresentarem alternativas resolutivas arbitrais não deve ofender a legalidade. Muito pelo contrário, quando essas medidas heterocompositivas são trazidas como alternativa em reta observância normativa, especialmente em atenção à Lei nº 9.307/1996, encontram-se devidamente incorporadas à codificação pátria.

Logo, uma "estrita legalidade tributária" que se negue a reconhecer essa modalidade heterocompositiva de sanar querelas na realidade não respeitaria o princípio da legalidade. Afinal de contas os princípios, diferentemente de normas brutas, são interpretados dentro de um todo não hermético, moldam-se em conformidade com um contexto muitas vezes inusitado e se mantêm fortes justamente devido a sua flexibilidade.

5.2.2 (Des)necessidade de alteração do CTN

Como debatido acima, uma das temáticas mais discutidas no que diz respeito à arbitragem tributária no Brasil é qual seria o instrumento normativo adequado para sua implementação e regulamentação. Relembra-se que a maior relevância desse aspecto é evitar qualquer insegurança jurídica.

Consoante Fernandes e Frota,[310] não há mais dúvida de que a Administração Pública pode figurar como parte de julgamento arbitral, após a alteração da Lei nº 9.307/96/2015; a qual passou a prever de forma explícita a possibilidade do uso da arbitragem como forma de dirimir conflitos que envolvessem a Administração Pública, como exposto no capítulo anterior.

Retomemos o dispositivo legal:

> Art. 1º As pessoas capazes de contratar poderão valer-se da arbitragem para dirimir litígios relativos a direitos patrimoniais disponíveis.

---

[310] FERNANDES, André Luiz Fonseca; FROTA, Phelipe Moreira Souza. Qual seria o ato normativo adequado à introdução da arbitragem tributária no Brasil? Criação da arbitragem tributária. *In*: PISCITELLI, Tathiane; MASCITTO, Andréa; FERNANDES, André Luiz Fonseca (org.). *Arbitragem tributária no Brasil e em Portugal*: visões do grupo de pesquisa "Métodos Alternativos de Resolução de Disputa em Matéria tributária" do Núcleo de Direito Tributário da FGV Direito SP. São Paulo: Blucher, 2022.

§1º A administração pública direta e indireta poderá utilizar-se da arbitragem para dirimir conflitos relativos a direitos patrimoniais disponíveis

A previsão expressa da Lei de Arbitragem de que a administração pública pode se valer da arbitragem, para uma parte da doutrina, ainda não é suficiente para autorizar que esse instituto seja utilizado na seara tributária, ainda sob o argumento da indisponibilidade do crédito tributário – questão esta já debatida antecedentemente e já superada.

Parte dos juristas defende que sequer seria necessária a previsão legal específica da arbitragem referente a demandas fiscais, pela aplicação da Lei nº 9.307/96; fazendo também uma interpretação extensiva do inciso X do art. 156 do Código Tributário Nacional: se o art. prevê a extinção do crédito a partir de decisão judicial transitada em julgado e a decisão arbitral é a esta equiparada, a sentença arbitral também teria o condão de extinguir o crédito tributário.[311]

Porém, há uma corrente doutrinária que aponta ser indispensável legislação específica para instituir a arbitragem tributária, pois esta teria requisitos próprios que precisam ser tratados com rigor. Assim, deveria ser instituída através de lei ordinária. Essa compreensão, como leciona Fernandes e Frota,[312] foi motivação para a proposta do PL nº 44.257/2019, já analisado no Capítulo 4. Existe ainda outro pensamento que defende que a arbitragem tributária requer tanto a edição de lei complementar para modificar o Código Tributário, quanto lei ordinária posterior para disciplinar o processo arbitral.[313]

Como afirmam os autores supracitados,[314] agora o que se pode ter certeza é de que "toda a exposição até aqui feita mostra que a controvertida questão formal relativa ao instrumento normativo adequado à introdução da arbitragem tributária no Brasil ainda não tem uma resposta definitiva". Todavia, seguimos na defesa de que, apesar disso, a arbitragem tributária é perfeitamente aplicável, inclusive pela própria

[311] FERNANDES, André Luiz Fonseca; FROTA, Phelipe Moreira Souza. Qual seria o ato normativo adequado à introdução da arbitragem tributária no Brasil? Criação da arbitragem tributária. *In*: PISCITELLI, Tathiane; MASCITTO, Andréa; FERNANDES, André Luiz Fonseca (org.). *Arbitragem tributária no Brasil e em Portugal*: visões do grupo de pesquisa "Métodos Alternativos de Resolução de Disputa em Matéria tributária" do Núcleo de Direito Tributário da FGV Direito SP. São Paulo: Blucher, 2022.

[312] *Ibidem*.

[313] *Ibidem*.

[314] *Ibidem*, p. 32.

previsão de que a Administração Pública pode se utilizar desse instituto, como delineamos anteriormente.

5.3 Arbitragem em Direito Tributário e o Princípio da Isonomia

Princípios constitucionais são os valores éticos, religiosos e culturais que nortearam a ação do poder constituinte originário e continuam parametrizando a aplicação das normas jurídicas em nosso ordenamento jurídico. Ataliba assim expôs sobre a submissão aos princípios constitucionais:

> (...) princípios são as linhas mestras, os grandes nortes, as diretrizes magnas do sistema jurídico. Apontam os rumos a serem seguidos por toda a sociedade e obrigatoriamente perseguidos pelos órgãos do governo (poderes constituídos). Eles expressam a substância última do querer popular, seus objetivos e desígnios, as linhas mestras da legislação, da administração e da jurisdição. Por estas não podem ser contrariados; têm que ser prestigiados até as últimas conseqüências.[315]

Dentre os princípios consagrados em nossa Constituição Federal de 1988 (CF/88) está o Princípio da Isonomia, mandamento nuclear de todo o nosso sistema.[316]

Em plena harmonia com o objetivo fundamental da República Federativa do Brasil de reduzir as desigualdades sociais e regionais, o princípio da isonomia está previsto no *caput* do art. 5º da CF/88, abrindo o capítulo dos direitos individuais, *in verbis*:

> Art. 5º Todos são iguais perante a lei, sem distinção de qualquer natureza, garantindo-se aos brasileiros e aos estrangeiros residentes no País a inviolabilidade do direito à vida, à liberdade, à igualdade, à segurança e à propriedade, nos termos seguintes (...).

Também explícito está no objetivo fundamental de promover o bem de todos sem discriminação, previsto no inciso IV do art. 3º da

---

315 CARRAZA, Roque Antônio. *Curso de Direito Constitucional Tributário*. São Paulo: Juspodivm. 2021, p. 47.

316 LACOMBI apud BALEEIRO, Aliomar. *Direito Tributário brasileiro*. 13. ed. Rio de Janeiro: Forense, 2015, p. 193.

CF/88, e implícito no objetivo fundamental de construir uma sociedade livre, justa e solidária já que, "Sem igualdade não há república, não há Federação, não há democracia, não há justiça", como nos ensina Lacombe.[317]

Esse princípio, conforme nos ensina Mello: "Tem duplo objetivo, o de propiciar garantia individual contra perseguições e o de tolher favoritismos".[318] A lei, como sabemos, é instrumento regulador da vida social e não deve ser usada como fonte de privilégios ou perseguições, daí o legislador e o aplicador estar sob sua limitação.

E como mandamento nuclear do nosso sistema constitucional, não poderia deixar ser aplicado na seara tributária, até porque, se somos uma República, todos devem ser alcançados pela tributação, dado que essa forma de governo não se coaduna com a existência de privilégios tributários.

O princípio constitucional da isonomia tributária está previsto no art. 150 da CF/88, *in verbis:*

> Sem prejuízo de outras garantias asseguradas ao contribuinte, é vedado à União, aos Estados, ao Distrito Federal e aos Municípios:
> (...)
> II – instituir tratamento desigual entre contribuintes que se encontrem em situação equivalente, proibida qualquer distinção em razão de ocupação profissional ou função por eles exercida, independentemente da denominação jurídica dos rendimentos, títulos ou direitos;

Trata-se de limitação constitucional ao poder de tributar, a qual veda a discriminação arbitrária entre contribuintes que estejam em situação equivalente.

Esse princípio deriva do princípio constitucional da igualdade e nada mais é do que tratar igualmente os iguais e desigualmente os desiguais, conforme afirmam Mendes, Coelho e Gonet.[319]

A igualdade aqui não é o mesmo que identidade, isto é a paridade absoluta entre os comparados, pois não somos idênticos. A igualdade tributária é determinada em função de elementos, características ou circunstâncias que tornam o indivíduo (pessoas físicas ou jurídicas)

---

317 *Ibidem*, p. 194.

318 MELLO, Celso Antônio Bandeira de. *Curso de Direito Administrativo*. 26. ed. São Paulo: Malheiros, 2009, p. 23.

319 MENDES, Gilmar Ferreira; COELHO, Inocêncio Mártires; GONET, Paulo Gustavo. *Curso de Direito Constitucional*. 3. ed. rev. e atual. São Paulo: Saraiva, 2008.

equivalente juridicamente a outro. Apropriadamente, o texto constitucional utiliza a expressão "situação equivalente".

Sobre o destinatário da norma de igualdade assim se manifestou Mello: "(...) não só perante a norma posta se nivelam os indivíduos, mas a própria edição sujeita-se ao dever de dispensar tratamento equânime às pessoas".[320]

Sabemos que entre os contribuintes, pessoa física ou pessoa jurídica, há diferenças que requerem tratamento diferenciado, portanto, "o problema não está em saber se há ou não tratamento diferenciado, mas sim em analisar a razão e os critérios que orientam a sua instituição".[321] Da mesma forma, Derzi esclarece que "o problema da igualdade deriva sempre para o problema dos valores jurídicos, a saber: Qual o critério a ser levado em conta, que diferenças devem ser desprezadas? Que características são relevantes para agrupar os objetos em consideração?".[322]

Doravante, não haveria como pensar na arbitragem tributária se somente fossem beneficiários de tal meio de resolução célere de conflito os contribuintes mais abastados. No cerne dessa discussão repousa o Decreto nº 46.265/2019, que implementou a arbitragem em Direito Público no Estado do Rio de Janeiro, porém limitando o procedimento a causas superiores a vinte milhões de reais, conforme disciplina o art. 3º, inciso IV, §§2º e 3º.

Não diferente é a Lei Estadual de Arbitragem em Direito Público Paulista, que disciplina que a arbitragem só poderá usar o procedimento em causas superiores a cinquenta milhões de reais, conforme disciplina a art. 2º, inciso IV, §5º, da Resolução nº 49/2019.

Como se vê, se a Administração Pública criar limite de valor para arbitragem tributária, teremos uma reserva do procedimento somente aos contribuintes mais abastados, desprezando o exemplo português que traz os meios alternativos de solução de conflitos para ampliar o acesso à Justiça para todos os contribuintes e ainda, não se resolverá o problema da celeridade processual no Brasil, já que a fazenda pública é o maior demandante do Judiciário.

---

[320] MELLO, Celso Antônio Bandeira de. *Curso de Direito Administrativo*. 26. ed. São Paulo: Malheiros, 2009, p. 9.

[321] PAUSEN, Leandro. *Direito Processual Tributário*. 4. ed. Porto Alegre: Livraria do Advogado. 2007, p. 194.

[322] BALEEIRO, Aliomar. *Direito Tributário brasileiro*. 13. ed. Rio de Janeiro: Forense, 2015, p. 526.

5.4 Óbices da arbitragem na Administração Pública

Alguns obstáculos apresentados para a reta implementação do juízo arbitral dentro do campo das querelas tributárias consistem tanto no debate sobre a legalidade de tal flexibilização do direito em questão, quanto uma (in)disponibilidade dos créditos tributários. São questionamentos apresentados principalmente pela doutrina vinculada ao direito administrativo.

Quando se trata da legalidade, por exemplo, alguns falam de uma estrita legalidade que seria afastada ao se aplicar tal modalidade resolutiva flexível. Mas essa é uma perspectiva limitante perante o princípio da legalidade, mesmo a legalidade estoica não é inflexível, caso contrário não perdurará ao passar do tempo.

Quanto à disponibilidade ou não dos créditos tributários, deve-se analisar seu embasamento legal dentro de uma perspectiva profunda e completa. Observando-se o que essa indisponibilidade preserva, qual seria o efetivo valor, principiológico e não monetário, que a administração pública objetiva preservar ao defender a baliza em questão?

Na realidade, pelos modelos já trabalhados, o caminho que se sedimenta de forma apropriada para a reta implementação do juízo arbitral dentro das querelas tributárias brasileiras se fundamenta dentro da legalidade habitual do direito pátrio, mediante o desenvolvimento do PLP nº 17/2022. Uma norma dentro dos padrões já desenvolvidos no meio jurisdicional brasileiro, o ponto de inovação se volta para o seu conteúdo, quando se trata da arbitragem dentro da administração pública.

Mas essas modalidades diferenciadas de se solucionar as demandas administrativas não são contrárias à estrita legalidade, são apenas modalidades resolutivas alternativas e que expandem as liberdades individuais do contribuinte perante a administração pública, ao se apresentarem como alternativa plausível. Não são alternativas contrárias à estrita legalidade, são apenas perspectivas diferenciadas de solucionar querelas, em reta conformidade com o paradigma jurisdicional brasileiro.

Como bem debatido, a doutrina mais clássica trata os créditos tributários como indisponíveis. Os créditos em questão seriam pecúnia pública, porém deveriam ser tratados como valores indisponíveis. Quando colocamos isso em palavras é que se observa a falha de tal raciocínio. Um valor pecuniário completamente engessado é intrinsecamente obtuso e inservível. Valores pecuniários são por essência transacionáveis.

O que efetivamente se caracteriza como direito público indisponível é o fato gerador do tributo. Por balizas que derivam da própria referência constitucional, esses fatos geradores dos créditos tributários não podem ser negligenciados. Porém, quando se trata dos montantes que são mero fruto desse direito a conversa é outra.

O valor pecuniário advindo desse direito tributário pode sim ser negociado, são valores disponíveis. O fim maior do próprio direito tributário não pode ser uma máxima positivista inflexível que não se adapta às circunstâncias fáticas. Logo, é cabível a negociação da administração pública com o contribuinte para tratar dos valores tributáveis, pois os créditos tributários não são indisponíveis.

5.5 O impacto da ausência de um marco regulatório específico em âmbito nacional

A falta de um marco regulatório específico para essas matérias dentro do campo tributário é um relevante problema. O ordenamento brasileiro dispõe da Lei nº 9.307/1996 para tratar da arbitragem *lato sensu*, porém a normativa em questão não é suficiente, pois não alcança objetivamente o cenário da administração pública. Logo, a referida lei é insuficiente para atender as demandas aqui apresentadas.

Sobre outra perspectiva, a lei do estado de Minas Gerais nº 19.477/2011 trata especificamente sobre as modalidades alternativas de se solucionar conflitos administrativos pela via arbitral. Lei relativamente recente e inovadora. Porém, tem-se um marco estadual, é uma perspectiva restrita a uma unidade específica da federação brasileira. Sem sombra de dúvidas é um relevante marco normativo e servirá como objeto de estudo para a federação como um todo, mas não atende as necessidades tributárias nacionais.

Em outro sentido, deve-se tratar de um outro marco relevante, que é o PLP nº 17/2022, largamente trabalhado no presente trabalho. Projeto esse que tem como objetivo dinamizar e flexibilizar as comunicações no meio administrativo tributário com os próprios contribuintes. Um projeto que fomenta as resoluções alternativas para os conflitos administrativos. No entanto, ainda é um projeto legislativo, pode vir a se tornar o marco que se almeja, mas ainda não o é.

5.5.1 Da ausência de políticas públicas

Outro fato marcante é o grande silêncio executivo quanto à matéria em análise. Reclamações sobre a carga tributária brasileira são comuns, inclusive nos noticiários televisivos, tanto que já se imbricam no senso comum. Alguns ainda falam que é necessária uma revisão do ordenamento tributário brasileiro, que estaria defasado. Entretanto, concretamente, não temos qualquer movimentação executiva dentro dessa temática.

Recentemente, discutiu-se os impostos estaduais sobre os combustíveis: no atual contexto inflacionário, o valor dos combustíveis representa um relevante peso no orçamento do cidadão médio. Contudo, não se visualizou uma política pública efetiva e abrangente dentro do contexto tributário nacional como um todo. O que de fato reverbera é um silêncio executivo sepulcral sobre a matéria. Sem sombra de dúvidas é uma temática extremamente complexa, tanto na perspectiva teórica jurídica quanto na sua relevância orçamentária para a administração pública. Desse modo, como tema sensível, demanda extenso trabalho jurisdicional para que amadureça na busca efetiva pelas respostas salutares.

5.5.2 Entraves culturais: "cultura de sentença"

Na contramão daquilo que foi apresentado até aqui, o presente estudo deve esclarecer que os tribunais brasileiros apresentam tendência a uma interpretação restritiva ante às convenções arbitrais, isso implica limitar a força arbitral das matérias definidas no instrumento contratual. *A priori*, isso seria algo compreensível e até esperado, uma interpretação *stricto sensu* sobre aquilo que se arbitrará, tal qual uma interpretação legalista restritiva. Porém, mesmo que tal fato possa aparentar ser uma resposta mais segura, por ater-se de forma hermética à resposta arbitral, essa postura acaba por engessar e limitar o juízo arbitral. Uma interpretação mais extensiva possibilita um melhor ajuste, para que se responda de forma satisfatória aos problemas apresentados na concretude fática, ao dar maior liberdade de negociação para as partes envolvidas.

A fim de melhor compreender a relevância da devida amplitude na qual se deve incorporar o juízo arbitral, é preciso levar em consideração um dos principais pontos de referência para a confiabilidade e a validade do juízo arbitral: sua perspectiva de cooperação entre as partes. Essa relação entre as partes propicia uma coordenação mutuamente vantajosa para os indivíduos em conflito, por levar a uma ótica harmônica e ordeira de solucionar as discordâncias contratuais.

5.6 Da regulamentação

A falha regulamentar apresenta-se como um dos maiores entraves para a estruturação e aplicação do juízo arbitral no meio tributário pátrio. A jurisprudência tem se consolidado favoravelmente à aplicação administrativa da arbitragem desde o "caso Lages", mostrando um reto caminho dos tribunais, norteado por corte superior. A própria Carta Magna de 1988 é favorável, ao destacar o acesso à justiça como uma de suas balizas principiológicas. Nessa mesma toada, posiciona-se o atual Código de Processo Civil, ao ressaltar a preocupação com o acesso à justiça e incentivar as modalidades autocompositivas e heterocompositivas como alternativas viáveis e valorosas para se solucionar querelas judiciais.

Cabe aos tribunais compreender toda a amplitude ante a efetiva resolução de conflitos que a arbitragem traz à tona e, mais importante ainda, cabe compreender que a jurisdição em questão não se apresenta como afronta ao Judiciário, muito pelo contrário, vem à tona como elemento que deve trazer dinamismo, ampliando o acesso à justiça, um braço privado em harmonia com a iniciativa pública. Na prática, a estrutura em questão já se encontra incorporada à jurisdição pátria, pois a Lei nº 9.307/1996 adere a arbitragem ao ordenamento nacional. Dentro da perspectiva legalista bruta da questão, caberia, portanto, aos tribunais apenas reconhecer de forma mais harmônica tal aderência.

A perspectiva de analisar o juízo arbitral como mácula à jurisdição estatal é perigosa armadilha discursiva hermenêutica. Uma jurisdição interna dentro do país e que não reconhecesse as balizas do Poder Judiciário efetivamente seria um ultraje à soberania nacional brasileira. Entretanto, pelo que se apresentou até agora no presente trabalho, essa não é a verdadeira forma do juízo arbitral. As partes que escolhem tratar suas discordâncias perante tal juízo não estão contrariando a soberania nacional, mas sim se utilizando de suas liberdades individuais para solucionar tais problemas por meio de um método alternativo que se coaduna com a infraestrutura jurisdicional nacional.

Sobre essa perspectiva, o juízo arbitral deve ser compreendido como parte da jurisdição pátria, até pelo fato de a jurisdição nacional compreendê-lo como método alternativo de solução de conflitos. Isso é nítido quando se observa a Lei nº 9.307/1996, por ser instrumento legal que trata especificamente sobre arbitragem dentro da malha legal brasileira. Desse modo, o juízo arbitral se constitui como uma alternativa que dá maior dinamismo jurisdicional, ampliando os campos de resoluções de conflitos e elevando as liberdades dos indivíduos.

O que lhe falta, portanto, é a apropriada estruturação regulamentar. Com a reta confecção legiferante, nosso sistema jurisdicional se tornaria ainda mais inclusivo e robusto, ampliando as liberdades do cidadão. Nesse ponto, torna-se ainda mais clara a falha normativa pujante perante a administração pública brasileira que deve ser sanada o quanto antes.

5.7 Matérias passíveis de serem julgadas por arbitragem tributária

Ao pensarmos quais questões podem ser julgadas por arbitragem tributária, retornamos a um ponto debatido anteriormente: a indisponibilidade do direito público frente ao direito público no que tange o crédito tributário. No entanto, já foi extensamente discutido que a indisponibilidade absoluta foi superada.

Como já vimos, para o Projeto de Lei nº 4.257/19 – caso apresentada garantia em juízo, seja através de depósito em dinheiro, seguro garantia ou fiança bancária –, a solução heterocompositiva pode ser o meio para solucionar conflito, seja qual for a natureza da matéria tributária, quando se trata de execução fiscal, ação de consignação em pagamento ou anulatório do ato declarativo da dívida. Já nos termos do PL nº 4.468/20, a arbitragem só é possível quando se tem matérias de fato, não havendo possibilidade de questionar lei em tese e constitucionalidade de normas; não sendo possível contrariar entendimento jurisprudencial consolidado, consoante art. 927 do CPC ou que tenha sido matéria de julgamento, em sede de repercussão geral, no Supremo Tribunal Federal.[323]

[323] PISCITELLI, Tathiane; MASCITTO, Andrea; FERNANDES, André Luiz Fonseca Fernandes. Um olhar para a arbitragem tributária: comparativo das propostas no Senado Federal,

Porém, como apontam os autores supracitados, não há como restringir uma demanda à matéria de fato, visto que também serão envolvidas as normas jurídicas na análise. Veja-se o exemplo:

> Tome-se como exemplo o caso da classificação fiscal de mercadorias, normalmente referida como a típica disputa a ser objeto de arbitragem nos termos do citado PL. Entre as questões rotineiramente apreciadas no âmbito do Conselho Administrativo de Recursos Fiscais (Carf), a Câmara Superior de Recursos Fiscais já teve oportunidade de decidir sobre a correta classificação fiscal das barras de cereal (sem chocolate): entre produtos de confeitaria sem cacau (NCM 1704.90.90) ou preparações alimentícias obtidas a partir de flocos de cereais não torrados ou de misturas de flocos de cereais não torrados com flocos de cereais torrados ou expandidos (NCM 1904.20.00), àquele órgão julgador entendeu ser correta a primeira classificação, com incidência mais gravosa (5%) de Imposto sobre Produtos Industrializados (IPI).33 A conclusão não decorreu, contudo, de mera análise de fatos, mas de sua qualificação jurídica à luz da Nomenclatura Comum do Mercosul (NCM), que tem por base o Sistema Harmonizado de Designação e de Codificação de Mercadorias (SH), oriundo do Decreto n. 97.409/88. Não parece correto dizer, portanto, que esse modelo de arbitragem tributária estaria limitado a discussões fáticas, já que estas são indissociáveis, como mostra o exemplo anterior, de questões de direito.[324]

Nesse diapasão, segue-se o pensamento dos autores de que a arbitragem tributária não pretende e não irá exercer controle de constitucionalidade concentrado ou abstrato, não ferindo o art. 97 da CF/88, que prevê que esses são privativos do Judiciário. Podendo exercer somente controle de constitucionalidade difuso ou concreto, já que um árbitro não poderá ignorar normas e atos inconstitucionais.[325]

Considerando o número gigantesco de demandas tributárias que abarrotam o Judiciário brasileiro, entende-se que para além das questões que envolvem a prevenção de litígios, também é importante que a regulamentação da arbitragem na seara tributária abarque as demandas técnicas, respeitando os limites constitucionais.

---

provocações e sugestões. *Revista Direito Tributário Atual*, São Paulo, IBDT, n. 48, p. 750, 2º semestre 2021.

324 *Ibidem*, p. 158.

325 *Ibidem*.

Com relação às matérias subordináveis à Arbitragem Tributária, Mendes sugere a arbitragem para conflitos entre os entes federativos e questões de fato:

> Em primeiro lugar, vi com simpatia a arbitragem para evitar bitributação. No nosso país, poderia ser adaptada para resolver os conflitos de competência horizontais entre estados e entre municípios, pois são similares à bitributação internacional da renda. [...] Agora, para aquelas situações em que há efetivamente um conflito entre o fisco e o contribuinte, se fossemos seguir o exemplo de Portugal, entendo que deveríamos ir devagar. Nesse caso, criaríamos a arbitragem apenas para solucionar questões de fato, não as de direito, e restritas às de pequena monta. Se funcionar, poderíamos então prosseguir. Estenderíamos a arbitragem para as questões de direito, ainda para valores pequenos; e, depois, poderíamos ir aumentando gradativamente o valor da causa passível de ser resolvida pela arbitragem.[326]

Faricelli também sugere uma delimitação material, sobretudo, de forma a priorizar a arbitragem para questões de fato de complexidade elevada:

> Campo fértil à arbitragem tributária, diante da qualidade e tecnicidade das decisões que poderão advir, são as complexas questões de fato que surgem no desenrolar das relações jurídicas de tal espécie. Cálculos complexos, aspectos contábeis que geram consequências diretas e objetivas nos aspectos da regra de matriz tributária, composição de produtos e materiais, forma e quantidade de consumo de materiais nas indústrias, adequada classificação fiscal de determinado produto são exemplos de questões de alta complexidade e sobre as quais uma análise técnica é essencial ao adequado julgamento da controvérsia e, por conseguinte, tratamento do conflito.[...] Assim, a partir do cabimento da arbitragem tributária, não parece haver dúvidas quanto à possibilidade, adequação e viabilidade de que questões fáticas controversas possam ser submetidas a decisão arbitral.[327]

---

326 MENDES, Guilherme Adolfo. Arbitragem: Lítigios Tributários mais adequados a soluções alternativas de conflito. *In*: NASCIMENTO, Sallete *et al.* (org.). *Seminário Soluções Alternativas de Resoluções de Conflito: Arbitragem em Geral e em Direito Tributário*. Belo Horizonte: Del Rey, 2013, p. 86.

327 MENDONÇA, Priscila Faricelli. *Arbitragem e transação tributárias*. 1. ed. São Paulo: Gazeta Jurídica, 2014.

Por certo, o modelo português não deve ser transposto acriticamente ao Brasil, mas é possível estabelecer matérias e aspectos por onde podemos começar, sem prejuízo da ampliação posterior do cabimento.

Nas matérias em que os tribunais, usualmente, não conseguem decidir sem prova técnica, há um indicativo de que a arbitragem possa trazer uma decisão melhor, mais célere e dotada de tecnicidade, considerando a possibilidade de eleição de árbitro especialista no assunto.

É importante destacar que defender a arbitragem para questões de fato não exime o julgador de aplicar o direito positivo. Questões de fato a que nos referimos são aquelas que para aplicar o direito é necessária a produção de prova técnica anterior, como perícias de materiais, laudos contábeis, análises de engenharia, entre outros procedimentos. Nesses casos, a escolha do julgador pode favorecer a qualidade da decisão, caso ele tenha mais experiência para entender o assunto controverso.

Para as questões puramente de direito, a forma de controle da arbitragem deverá ser mais rigorosa, sob pena de violação aos princípios da isonomia fiscal e da legalidade. Não é possível reconhecer que para um contribuinte esteja vigente uma obrigação tributária que não deva ser cumprida pelos demais em igual situação. Nessa perspectiva, para matérias repetitivas, a arbitragem tende a não ser uma boa opção, pelo menos, enquanto não julgado o caso definitivamente pelo tribunal superior.

A preocupação com os precedentes é qualificada no caso das controvérsias tributárias repetitivas. A coerência do sistema jurídico, com a obediência à isonomia, é essencial para manter protegido o ambiente da livre concorrência entre as empresas.

Os novos mecanismos processuais de controle dos precedentes são recentes no Processo Civil e precisam ter seus efeitos analisados. Mesmo no âmbito do Poder Judiciário, o sistema jurídico já permitiu graves falhas.[328]

---

328 Um exemplo ocorreu no notório "Caso Coca-Cola". O STF julgou o RE nº 212.848 e decidiu sobre a desoneração das matérias-primas na entrada do estabelecimento, em relação às hipóteses de insumos isentos para fins de creditamento do valor do tributo incidente. Prevaleceu o entendimento pelo qual há ofensa à Constituição Federal quando o contribuinte do IPI se credita do valor do tributo incidente sobre insumos adquiridos sob o regime de isenção. Contudo, esse posicionamento se alterou no julgamento dos REs nºs 353.657 e 370.682, ocasião em que o STF, por maioria, que não afrontaria o princípio da não cumulatividade a vedação de creditamento presumido do IPI na hipótese de insumo que ingressa na empresa exonerado do tributo, modulando os efeitos da decisão para lhe dar efeitos prospectivos. O desequilíbrio foi corrigido recentemente, na apreciação do Tema 322 sob repercussão geral. O STF fixou a tese segundo a qual haveria direito ao creditamento de IPI na entrada

5.7.1 Arrolar os projetos que vedam decisões contrárias aos precedentes reiterados pelo Poder Judiciário

A sincronia com as sentenças arbitrais com o sistema jurisdicional estatal é um ponto sensível do debate em questão. Mesmo que os tribunais arbitrais sejam estruturas a partir do sistema jurisdicional, por não serem componentes diretos do Judiciário brasileiro, conforme se observa pela própria Lei nº 9.307/1996, eles não podem efetivamente se opor ao Judiciário. Tal conduta poderia mesmo ser interpretada como afronta à soberania nacional, ao apresentar-se como um juízo paralelo.

Olhando para o exemplo do outro lado do Atlântico, no modelo lusitano estudado desenvolveu-se um trabalho de uniformização arbitral que apresenta boas balizas. Como se explana, é fundamental a conformidade dos julgados arbitrais, tanto entre si quanto com os tribunais convencionais, afinal, a malha jurisdicional dentro de um país deve ser una, coesa e coerente. Trata-se de uma questão básica de respeito à própria segurança jurídica e à legalidade.

Deve-se buscar uniformidade dentro das decisões arbitrais, espelhando-se no modelo do contencioso jurisdicional comum. Ao mesmo tempo que se deve buscar sincronia com os tribunais em geral. Mesmo

---

de insumos, matéria-prima e material de embalagem adquiridos junto à Zona Franca de Manaus sob o regime da isenção, considerada a previsão de incentivos regionais, conforme aos artigos 43, §2º, inciso III, da Constituição Federal, e 40 do ADCT. No entanto, entre 1998 até 2019, houve distorção na tributação no que se refere à possibilidade de creditamento de créditos de IPI de extrato de refrigerante oriundos da Zona de Franca de Manaus, pois empresas que não eram a Coca-Cola não podiam se creditar desse crédito, sobretudo depois do julgamento dos REs nº 353.657 e 370.682, que determinaram a impossibilidade desse creditamento. Vejamos a nova decisão: "TRIBUTÁRIO. REPERCUSSÃO GERAL. IMPOSTO SOBRE PRODUTOS INDUSTRIALIZADOS – IPI. CREDITAMENTO NA AQUISIÇÃO DIRETA DE INSUMOS PROVENIENTES DA ZONA FRANCA DE MANAUS. ARTIGOS 40, 92 E 92-A DO ADCT. CONSTITUCIONALIDADE. ARTIGOS 3º, 43, §2º, III, 151, I E 170, I E VII DA CONSTITUIÇÃO FEDERAL. INAPLICABILIDADE DA REGRA CONTIDA NO ARTIGO 153, §3º, II DA CONSTITUIÇÃO FEDERAL À ESPÉCIE. O fato de os produtos serem oriundos da Zona Franca de Manaus reveste-se de particularidade suficiente a distinguir o presente feito dos anteriores julgados do Supremo Tribunal Federal sobre o creditamento do IPI quando em jogo medidas desonerativas. O tratamento constitucional conferido aos incentivos fiscais direcionados para sub-região de Manaus é especialíssimo. A isenção do IPI em prol do desenvolvimento da região é de interesse da federação como um todo, pois esse desenvolvimento é, na verdade, da nação brasileira. A peculiaridade dessa sistemática reclama exegese teleológica, de modo a assegurar a concretização da finalidade pretendida. À luz do postulado da razoabilidade, a regra da não cumulatividade esculpida no artigo 153, §3º, II, da Constituição, se compreendida como uma exigência de crédito presumido para creditamento diante de toda e qualquer isenção, cede espaço para a realização da igualdade, do pacto federativo, dos objetivos fundamentais da República Federativa do Brasil e da soberania nacional. Recurso Extraordinário desprovido." RE nº 592.891, relatora min. ROSA WEBER, julgado em 25/4/2019.

que a arbitragem ocorra como alternativa à jurisdição convencional, ela não contraria a tais órgãos julgadores, muito pelo contrário, deve atuar em sincronia com eles. É de fundamental importância o desenvolvimento dessa conformidade jurisdicional, até pela própria segurança daqueles que se utilizam da arbitragem para solucionar suas querelas.

5.8 Tempos de disrupção (arbitragem tributária *on-line*)

O mundo vive a IV Revolução Industrial ou, por assim dizer, a revolução tecnológica. Todos os setores da sociedade passam pela transição digital, bem como o próprio governo, que baixou a Portaria do Ministério da Ciência, Tecnologia e Inovações (MCTI) nº 1022/2020, definindo as prioridades até 2023, com base na Estratégia Brasileira de Inteligência Artificial (EBIA), instituída pela Portaria MCTI nº 4.617/2021, que teve os seus anexos alterados pela Portaria MCTI nº 4.979/2021.[329]

O próprio projeto de Código Tributário já diz que a administração deve prevê meios digitais de solução de conflitos.

O Tribunal de Justiça de São Paulo, ao julgar o Agravo de Instrumento nº 2237253-77.2018.8.26.0000, ainda em dezembro de 2018, entendeu ser desnecessária a concessão de tutela para abstenção de comunicação de terceiros a respeito do pedido formulado na ação (fornecimento de dados de usuários responsáveis por publicações ofensivas no Facebook e Twitter), uma vez que o conteúdo tido como violador dos direitos do autor da ação já havia sido preservado via *blockchain*. A 5ª Câmara do TJ-SP entendeu, então, que tal preservação seria hábil a comprovar a veracidade e existência do conteúdo, chancelando a validade da prova registrada em *blockchain*.[330]

A decisão indica que se o processo arbitral on-line inteiro for custodiado através da tecnologia *blockchain*, ele pode ser executado em juízo. Para reduzir os custos da arbitragem tributária, a tecnologia *machine learning* já consegue substituir atos burocráticos praticados pelo secretário de uma Câmara, funcionando como uma programação de *smart constract*, podendo notificar automaticamente as partes

---

[329] BRASIL. Ministério da Ciência, Tecnologia e Inovação. *Portaria MCTI nº 4.979/2021*, p. 2, 2021. Disponível em: https://www.gov.br/mcti/pt-br/acompanhe-o-mcti/transformacaodigital/arquivosinteligenciaartificial/ebia-portaria_mcti_4-979_2021_anexo1.pdf. Acesso em: 02 jun. 2022.

[330] Disponível em: https://www.conjur.com.br/2021-mar-11/braguim-vazquez-validade-prova-registrada-blockchain. Acesso em: 23 out. 2022.

sobre cumprimento de prazos, inícios de etapas processuais e ainda oferecendo modelos de documentos para orientar as partes. O árbitro humano, entretanto, é indispensável, pois este vai precisar analisar profundamente as razões das partes.

Atualmente é possível verificar recentes movimentos legislativos que visam à criação de meios alternativos de solução de litígios fiscais. Essa iniciativa tem fundamento em alguns fatores: o estrangulamento do sistema judicial frente à crescente sofisticação de mecanismos de fiscalização, a complexidade crescente do próprio direito tributário e a ausência de varas temáticas e verticalizadas no âmbito judicial.

A edição da Medida Provisória nº 899/19 é um exemplo recente que visa regulamentar a transação tributária no âmbito federal.

Além dela, há também o Projeto de Lei nº 4.257/19, que prevê a instituição da arbitragem em matéria tributária. Em que pese a louvável iniciativa legislativa, as restrições estabelecidas na proposta inviabilizam a utilização do instituto pela maioria dos contribuintes, que não possuem recursos financeiros para garantir o débito. Dessa forma, consequentemente, a medida não será suficiente para a promoção de expressiva redução das execuções fiscais que sobrecarregam o Poder Judiciário, sendo necessários alguns ajustes, para garantir o equilíbrio entre as partes litigantes e maior efetividade do espírito do legislador.

Os números de processos apresentados anualmente pelo Conselho Nacional de Justiça demonstram a necessidade de desburocratizar a solução de conflitos, conferindo segurança jurídica às partes. Do ponto de vista tributário, o contribuinte se beneficiará com soluções técnicas e céleres. Por outro lado, a Fazenda poderá promover a imediata arrecadação fiscal ao evitar a morosidade do Judiciário.[331]

Portugal é pioneiro na adoção da arbitragem em matéria tributária, sendo que entusiastas do sistema português defendem a internalização do instituto como meio de garantia dos direitos dos contribuintes à tutela eficaz na solução técnica de litígios, assegurando celeridade ao trâmite das controvérsias fiscais, a fim de aproximar o Brasil à dinâmica de crescimento e competitividade internacional, a exemplo de Alemanha, Itália, Peru e Portugal, como países signatários da arbitragem fiscal.

Em defesa à utilização da arbitragem, os óbices nesta tese podem ser transponíveis através da incorporação de tecnologia de informação

---

[331] Disponível em: https://www.migalhas.com.br/depeso/320995/arbitragem-tributaria-on-line. Acesso em: 23 out. 2022.

e comunicação na resolução de conflitos, ou simplesmente ODR (*online dispute resolution*).[332]

O ambiente on-line permite a alta velocidade na comunicação, a escalabilidade e segurança nas tratativas entre contribuintes e fisco, além da publicidade para franquear acesso a todos os contribuintes à forma de negociação. Ademais, pode também apresentar opções de simulação para pagamento, com base em cálculos complexos e dinâmicos, logicamente seguindo as restrições pré-estabelecidas em lei, citando-se como exemplo os limites previstos na legislação portuguesa no uso da arbitragem tributária, que traz limites máximos do débito negociado.

Dessa forma, as tecnologias empregadas no ambiente virtual poderiam elevar as chances de consenso entre as partes, principalmente em relação à transparência dos impactos das decisões, permitindo uma mudança de paradigma entre o fisco (algoz) e o contribuinte (vítima) e ampliando a isonomia no tratamento ao contribuinte.

Os recursos tecnológicos aplicados à forma de arbitragem na ODR asseguram a tutela efetiva dos direitos constitucionalmente protegidos dos contribuintes, conferindo nova legitimação à relação com a Administração Fiscal.

A necessidade de mudança na solução de conflitos fiscais reside na adequação ao cenário internacional, que entre as ações propostas no projeto BEPS (*Base Erosion and Profit Shifting* – Erosão de Base Tributária e Desvio de Lucros), apresentado pela Organização e Cooperação para o Desenvolvimento Econômico (OCDE), em conjunto com o G-20, prevê a adoção da arbitragem em matéria tributária (Ação 14 BEPS), na resolução de disputas geradas nos acordos internacionais realizados para evitar a dupla tributação.

A disrupção de paradigmas, principalmente culturais, assume especial importância para o sucesso da implementação do instituto da arbitragem tributária, que tem grande potencial de atrair investidores estrangeiros, em um ambiente que possui formas mais vantajosas para soluções de conflitos e pendências fiscais.

Portanto, a arbitragem tributária on-line, em vez de se revelar como algo que colocaria em risco a integridade do crédito tributário, configura vetor de ampliação da segurança jurídica e realização da justiça fiscal, na medida em que asseguraria a resolução potencialmente

---

332 Disponível em: https://www.migalhas.com.br/depeso/320995/arbitragem-tributaria-on-line. Acesso em: 23 out. 2022.

mais eficaz do litígio, sem prejuízo da observância de todas as garantias do Estado Democrático de Direito, previstos na Constituição Federal, desmistificando o direito tributário e o próprio Poder Judiciário.

É importante dizer que muitas Câmaras no mundo, inclusive São Paulo e Rio de Janeiro, já operam a arbitragem on-line, em razão do evento da pandemia. É o caso do Centro de Mediação e Arbitragem de São Paulo (TASP), que possui regulamento com procedimento próprio para arbitragem on-line.

Assim sendo, a tecnologia pode estender maior isonomia ao contribuinte desde que a Administração Pública não limite de forma desarrazoada o valor para submissão dos litígios à arbitragem.

Apesar de reconhecer ser fundamental para a segurança jurídica de nosso ordenamento a instituição de normativa própria, é cediço que nenhuma lei abarca todos os casos práticos. Além de decisões jurisprudenciais que vão sanando essas lacunas, também se apresenta como uma alternativa a aplicação subsidiária da Lei de Arbitragem.

De acordo com Carmona, "processo arbitral insere-se em um sistema autônomo, inconfundível com o do CPC/2015, e suas linhas mestras estão definidas na Lei nº 9.307/96 (LA)".[333] Já foi exaustivamente discutido que o §1º do art. 1º da referida lei, ao prever a possibilidade de que a administração pública figure como parte na arbitragem, autoriza a Fazenda se utilizar de soluções heterocompositivas em demandas tributárias.

Diante disso, entendemos que a normativa específica dará conta das peculiaridades das querelas tributárias, porém, no mesmo sentido, também visualizamos a possibilidade de que a LA seja utilizada de modo subsidiário em casos silentes que a lei tributária específica não der conta.

[333] CARMONA, Carlos Alberto. *Arbitragem e processo*: um comentário a Lei 9.307/96. 4. ed. São Paulo: Atlas, 2009, p. 111.

DESAFIOS E PROPOSTAS PARA A ARBITRAGEM TRIBUTÁRIA

6.1 Da não vedação da utilização da solução arbitral pela CF/88

Buscando uma postura conciliadora, condizente com o próprio juízo arbitral, deve-se colocar a arbitragem como parte do juízo pátrio, subordinado à mesma jurisdição, respeitando, porém, suas particularidades. Como já apresentado, a própria Lei nº 9.307/1996 acaba por solapar qualquer dúvida quanto ao alinhamento da arbitragem dentro do ordenamento brasileiro, normativamente tal fato é inquestionável. Mas qual o reflexo disso dentro da malha constitucional brasileira? Como esses choques entre legalidade e a interpretação jurisdicional representam mácula à estrutura constitucional, principalmente quando a lei em questão apresenta norma em reta consonância com a Carta Magna?

Em artigo de 2012, Barroso tratou sobre as vitórias e desafios de nossa jovem constituição. Nesse contexto da estruturação de um novo paradigma constitucional, referente à Constituição de 1988, um de seus principais objetivos, e que no artigo em questão é frisado pelo autor, tratou da apresentação da Carta Magna como instrumento concretizador de direitos. Nessa nova perspectiva constitucional, os princípios firmados não são meros objetivos distantes, mas sim promessas que devem ser perseguidas ativamente. Desse modo, juízes e tribunais devem tomar a postura de garantidores de tais balizas, adotando posturas mais ativas.

> Para realizar seus propósitos, o movimento pela efetividade promoveu, com sucesso, três mudanças de paradigma na teoria e na prática do direito constitucional no país. No plano jurídico, atribuiu normatividade plena à Constituição, que se tornou fonte de direitos e de obrigações, independentemente da intermediação do legislador. Do ponto de vista científico ou dogmático, reconheceu ao direito constitucional um objeto próprio e autônomo, extremando-o do discurso puramente político ou sociológico. E, por fim, sob o aspecto institucional, contribuiu para a ascensão do Poder Judiciário no Brasil, dando-lhe um papel mais destacado na concretização dos valores e dos direitos constitucionais. O discurso normativo, científico e judicialista foi fruto de uma necessidade histórica. O positivismo constitucional, que deu impulso ao movimento, não importava em reduzir o direito à norma, mas sim em elevá-lo a esta condição, pois até então ele havia sido menos do que norma. A efetividade foi o rito de passagem do velho para o novo direito constitucional, fazendo com que a Constituição deixasse de ser uma miragem, com as honras de uma falsa supremacia, que não se traduzia em proveito para a cidadania.
> Na prática, em todas as hipóteses em que a Constituição tenha criado direitos subjetivos – políticos, individuais, sociais ou difusos – são eles, como regra, direta e imediatamente exigíveis, do Poder Público ou do particular, por via das ações constitucionais e infraconstitucionais contempladas no ordenamento jurídico. O Poder Judiciário, como consequência, passa a ter atuação decisiva na realização da Constituição. A doutrina da efetividade serviu-se, como se registrou acima, de uma metodologia positivista: direito constitucional é norma; e de um critério formal para estabelecer a exigibilidade de determinados direitos: se está na Constituição é para ser cumprido. Nos dias que correm, tornou-se necessária a sua convivência com novas formulações doutrinárias, de base pós-positivista, como a teoria dos princípios, as colisões de direitos fundamentais, a ponderação e o mínimo existencial.[334]

Sobre essa perspectiva, o Judiciário, segundo o paradigma instaurado pela nova Constituição, deve assumir uma postura ativa na defesa dos direitos constitucionalmente estabelecidos, logo, deveriam incentivar as ampliações dos direitos dos cidadãos e o seu acesso à justiça. Essa é a perspectiva constitucionalista que se almeja. Como o Excelentíssimo Ministro muito bem nos apresenta, as garantias constitucionais não podem ser negligenciadas. Isso implica um reconhecimento dos tribunais

---

[334] Disponível em: https://www.migalhas.com.br/depeso/168919/o-constitucionalismo-democratico-no-brasil--cronica-de-um-sucesso-imprevisto.

da reta concretização dos princípios paradigmáticos firmados em nossa Constituição dentro da estrutura jurisdicional brasileira.

Sobre essa perspectiva, o juízo arbitral coaduna-se com algumas referências constitucionais diretas, como se observa ao se analisar objetivamente o art. 5º da Carta Magna:

> Art. 5º Todos são iguais perante a lei, sem distinção de qualquer natureza, garantindo-se aos brasileiros e aos estrangeiros residentes no País a inviolabilidade do direito à vida, à liberdade, à igualdade, à segurança e à propriedade, nos termos seguintes: (...)
> LIV – ninguém será privado da liberdade ou de seus bens sem o devido processo legal;
> LV – aos litigantes, em processo judicial ou administrativo, e aos acusados em geral são assegurados o contraditório e ampla defesa, com os meios e recursos a ela inerentes; (...)
> LXXVIII – a todos, no âmbito judicial e administrativo, são assegurados a razoável duração do processo e os meios que garantam a celeridade de sua tramitação.

Os incisos supracitados tratam claramente do acesso à justiça e da liberdade individual que deve ser respeitada, como também dos caminhos que o cidadão pode escolher para solucionar suas querelas jurisdicionais. Logo, deve-se compreender a arbitragem como estrutura resolutiva intrinsecamente constitucional. Pois se trata de estrutura alternativa que amplia as oportunidades resolutivas do cidadão, de uma ampliação, uma opção a mais que é apresentada ao cidadão, e não de uma perspectiva taxativa. Seu objetivo fulcral é assegurar direitos judiciários básicos, uma garantia constitucional de acesso à justiça. Esse é ponto concreto em que o juízo arbitral se apresenta como plenamente compatível com o ordenamento constitucional brasileiro.

Assim, segundo Barroso,[335] cabe ao Judiciário, de forma ativa, reconhecer e validar essas iniciativas legiferantes que buscam ampliar direitos, como se verifica na Lei nº 9.307/96. A compatibilidade entre o juízo comum e o juízo arbitral é, portanto, garantia legal, reforçada por princípios constitucionais garantidores do acesso à justiça e doutrinariamente reconhecido como elemento constitutivo de liberdade individual do contribuinte, alternativa plausível para a solução de

[335] BARROSO, Luís Roberto. *O novo Direito Constitucional brasileiro*: contribuições para a construção teórica e prática da jurisdição constitucional no Brasil. Belo Horizonte: Fórum, 2012.

querelas tributárias e, mais relevante ainda, compatível com o ordenamento jurídico brasileiro.

6.2 Iniciativa portuguesa como cenário de solução

Todos esses pontos nos ajudam a entender os caminhos que o juízo arbitral percorreu e percorre dentro do ordenamento brasileiro. Desse modo, é possível compreender os empecilhos à arbitragem tributária no Brasil e analisar quais seriam as respostas estatais adequadas perante tais questionamentos. Refletindo sobre esses aspectos, cabe trazer para a discussão um compilado de artigos fruto de muitos estudos sobre essa mesma temática, documento esse intitulado: "Arbitragem Tributária no Brasil e em Portugal: Visões do Grupo de Pesquisa "Métodos Alternativos de Resolução de Disputa em Matéria Tributária" do Núcleo de Direito Tributário da FGV Direito SP".[336]

Esse trabalho apresenta discussões bastante recentes e necessárias reflexões sobre a temática arbitral tributária, pois disseca o contexto do arbitramento brasileiro e, posteriormente, o defronta ante as atuais experiências portuguesas. Assim, apresenta-se como excelente ponto referencial ante os questionamentos aqui levantados e merece, portanto, destaque.

Adentramos nas ponderações, frisando a perspectiva heterocompositiva da qual são dotadas as soluções de diligências tributárias:

> [...] o que se tem dialogado nesses fóruns de discussão é que, havendo legislação que autorize e regulamente a adoção de métodos alternativos de resolução de conflitos em matéria tributária, definindo seu objeto, seus efeitos jurídico-tributários e a forma com que a resolução do litígio deve ser endereçada, a atuação estatal permanece vinculada a um mecanismo legitimamente posto no ordenamento jurídico justamente para satisfazer os interesses do Fisco [tanto sob a ótica arrecadatória como sob a ótica de abreviar e/ou até evitar longas disputas que possam trazer prejuízos às partes]. Esses aspectos dariam o conforto necessário que os agentes da Administração Pública almejam.[337]

---

336 PISCITELLI, Tathiane; MASCITTO, Andréa; FERNANDES, André Luiz Fonseca (org.). *Arbitragem tributária no Brasil e em Portugal*: visões do grupo de pesquisa "Métodos Alternativos de Resolução de Disputa em Matéria tributária" do Núcleo de Direito Tributário da FGV Direito SP. São Paulo: Blucher, 2022.

337 CHISVASSA, Tércio; MASCITTO, Andréa; FUNAGOSHI, Cristina Mari. Fazenda dá "pontapé inicial" para adoção de meios alternativos de resolução de conflito: mudança de

Nesse sentido, este estudo se debruça não em uma pretensão de apresentar soluções definitivas, mas de ponderar – principalmente a partir das propostas legislativas e da prática jurídica já existente em nosso cenário pátrio – respostas alternativas para os questionamentos postos até aqui. Cabe destacar que as respostas encontradas sobre o arbitramento em matéria tributária são extremamente promissoras e interessantes, pela efetiva ampliação de alternativas resolutivas de conflitos, sem implicar qualquer diminuição relevante das proteções estatais basilares. Isso se apresenta de forma tão marcante que a própria administração pública tem demonstrado certa inclinação por esses métodos alternativos, buscando a satisfação dos próprios interesses estatais em harmonia com os objetivos particulares dos contribuintes querelantes.

Referente à solução autocompositiva, cabe destacar as ponderações de Chiavassa sobre o potencial da arbitragem para dissolução de conflitos tributários, destacando a celeridade e tecnicidade que esse instituto traz. Vejamos:

> Em termos concretos, acreditamos mais eficiente, tanto do ponto de vista técnico como de tempo, [*i*] uma solução autocompositiva sobre a garantia de uma execução fiscal – circunstância em que muitos contribuintes ainda encontram diversas barreiras na hora de ter uma dívida federal suspensa – ou [*ii*] uma solução heterocompositiva via arbitragem sobre uma questão de fato que demandaria muitas vezes uma longa fase pericial em um processo, tal como a alíquota aplicável do Imposto de Importação [*II*] ou do Imposto sobre Produtos Industrializados [IPI] a depender da classificação fiscal de determinado produto. Exemplos como esses indicam que há espaço para inserção e ampliação do uso de métodos alternativos de solução de disputas tributárias no Brasil.[338]

Sobre a perspectiva supramencionada focamos mais sobre as duas primeiras modalidades resolutivas mencionadas: as soluções autocompositivas e as soluções heterocompositivas.

---

paradigma do confronto para o diálogo. *In*: PISCITELLI, Tathiane; MASCITTO, Andréa; FERNANDES, André Luiz Fonseca (org.). *Arbitragem tributária no Brasil e em Portugal*: visões do grupo de pesquisa "Métodos Alternativos de Resolução de Disputa em Matéria tributária" do Núcleo de Direito Tributário da FGV Direito SP. Blucher: 2022, p. 9-12.

338 CHISVASSA, Tércio; MASCITTO, Andréa; FUNAGOSHI, Cristina Mari. Fazenda dá "pontapé inicial" para adoção de meios alternativos de resolução de conflito: mudança de paradigma do confronto para o diálogo. *In*: PISCITELLI, Tathiane; MASCITTO, Andréa; FERNANDES, André Luiz Fonseca (org.). *Arbitragem tributária no Brasil e em Portugal*: visões do grupo de pesquisa "Métodos Alternativos de Resolução de Disputa em Matéria tributária" do Núcleo de Direito Tributário da FGV Direito SP. Blucher: 2022, p. 10.

6.3 Desburocratização do sistema

As respostas autocompositivas são as mais fáceis de se implantar e, provavelmente, as mais necessárias e democráticas. Tais soluções baseiam-se aqui no Brasil principalmente na mediação e conciliação ante as situações de conflito, como se verifica no próprio Código de Processo Civil em seu art. 3º, §3º: "a conciliação, a mediação e outros métodos de solução consensual de conflitos deverão ser estimulados por juízes, advogados, defensores públicos e membros do Ministério Público, inclusive no curso do processo judicial", porém, na prática, estamos alguns passos atrás disso.

Na realidade, as medidas autocompositivas para solucionar os conflitos giram em torno simplesmente de dialogar com o contribuinte e com seus advogados. Anteriormente, a administração apresentava uma postura encastelada e refratária ao diálogo com o cidadão. A mudança que se observa foca em, primordialmente, criar canais de contato para que se estabeleça um efetivo diálogo.

Quanto às soluções heterocompositivas, trata-se efetivamente de implantar a via resolutiva arbitral dentro das querelas tributárias. É uma resposta mais complexa, exigindo que se desenvolva legislação própria para sua regulamentação e implantação dentro da estrutura administrativa pública pátria. Todavia, apesar da complexidade e dificuldade de implantação, apresenta-se como resposta salutar, ao analisá-la pelo prisma da flexibilização das alternativas resolutivas tributárias. Seria uma medida aplicável em casos mais complexos, como aqueles que demandam provas periciais, estudos mais detalhados de tabelas contábeis pela ótica tributária.

Tais demandas que exigem análises mais aprofundadas não podem ser solucionadas perante o campo autocompositivo. Suas elucidações acabam pendendo para o âmbito das cortes especializadas. Entretanto, a morosidade do Judiciário é refratária ao dinamismo que o campo econômico demanda. Sobre essa perspectiva, os juízos arbitrais são a resposta lógica mais evidente, ampliando os campos de resolução de conflitos tributários.

Esse é o ponto de partida referente aos óbices que se expõem ante a arbitragem tributária brasileira, concomitantemente, foram trazidas também respostas possíveis e plausíveis para tais problemas. Contudo, essa é apenas a ponta inicial de tais questionamentos. Para melhor aprofundar a reflexão em questão, buscaremos agora beber nos princípios basilares de nosso ordenamento jurídico e em referências externas ao arcabouço jurisdicional pátrio, referências internacionais que são excelentes campos para estudo.

6.4 O controle de constitucionalidade difuso na arbitragem tributária

A rigidez constitucional decorre da maior dificuldade para modificação do texto da carta magna; dela emana o princípio da supremacia da constituição, colocando-a no vértice do sistema jurídico.

A Constituição Federal brasileira, por ser rígida é o fundamento para todos os poderes e competências governamentais. Com base na Carta Magna devem ser interpretadas todas as normas que integram a ordenação jurídica nacional.[339]

A inconstitucionalidade pode ocorrer por ação ou omissão. Por ação, com a produção de atos legislativos ou administrativos que contrariem normas ou princípios da constituição. O fundamento é a compatibilidade vertical das normas. As inferiores só valem se compatíveis com as superiores. A incompatibilidade é que se chama de inconstitucionalidades da lei ou dos atos do Poder Público. Por omissão, verifica-se nos casos em que não sejam praticados atos requeridos para tornar plenamente aplicáveis normas constitucionais; não realizado um direito por omissão do legislador, caracteriza-se como inconstitucional; pressuposto para a propositura de uma ação de inconstitucionalidade por omissão.[340]

Em tese, todos os Poderes podem realizar o controle de constitucionalidade, em função da supremacia da Constituição, fundamento para todos os poderes. Mas no Brasil a Constituição outorga ao Judiciário a tarefa de declarar a inconstitucionalidade de lei ou atos de outros Poderes. O Poder Judiciário exerce duas espécies de controle: 1) o controle difuso concreto: verifica-se quando se reconhece o seu exercício a todos os componentes do Judiciário, pois qualquer juiz pode exercê-lo na análise do caso concreto e decisão com efeito somente entre as partes; e 2) o controle concentrado abstrato: só o tribunal de cúpula do

---

[339] SILVA, José Afonso da. *Curso de Direito Constitucional positivo*. São Paulo: Malheiro. 2009, p. 46

[340] *Ibidem*, p. 47.

Judiciário pode exercê-lo (Supremo Tribunal Federal – STF), na análise de lei em tese e decisão com efeito *erga omnes*.[341]

No entanto, o objeto da presente discussão recai na análise da possibilidade de realizar o controle difuso dentro do procedimento arbitral, principalmente nas arbitragens tributárias que envolvem entes públicos.

A Constituição é o fundamento de validade de todas as demais normas e atos do poder público. A atuação jurisdicional, seja ela feita por árbitro ou juiz estatal ou mesmo ministro do STF, desenvolve-se dentro do âmbito jurídico criado pela Constituição Federal, e o ato jurisdicional, a sentença arbitral ou estatal deve ser proferida em total atendimento às garantias fundamentais previstas na Constituição. Convém dizer, a Constituição Federal é fundamento de validade de todas as atividades jurisdicionais, inclusive o arbitral.[342]

O juiz e o árbitro estão impedidos de proferir sentença sem prévio regular processo no qual são garantidos todos os direitos aos litigantes. Na realidade, não existe regular atividade jurisdicional sem respectivo processo válido e linear, bem como não se pode proferir sentença sem aplicação de lei prévia ao fato em litígio. A exclusão desses condicionamentos formais acarreta grave inconstitucionalidade ao ato, a sentença estatal ou arbitral, devendo ser prontamente corrigida em sede recursal ou, quando for o caso, rescindida, conforme versa o art. 485, V, do CPC.[343]

O art. 18 da Lei nº 9.307/96 determina que o árbitro é o juiz de fato de direito, por consequência, o fundamento de validade da jurisdição tal como a estatal é a Constituição Federal. Assim, a arbitragem se desenvolve na égide de um sistema constitucional que admite controle difuso de constitucionalidade. Seria contraditório afirmar que a arbitragem deve desenvolver-se em atendimento ao devido processo legal e ao mesmo tempo impedir que o árbitro aplique diretamente a Constituição Federal, fundamento total do ordenamento nacional. Portanto seria insensato impossibilitar a realização do controle difuso de constitucionalidade no processo arbitral. Tal obstrução impede que o processo arbitral se desenvolva em conformidade com o devido processo

---

341 *Ibidem*, p. 48-49.

342 ABBOUD, Georges. *Jurisdição constitucional e direitos fundamentais*. São Paulo: Revistas dos Tribunais, 2011, p. 394.

343 ABBOUD, Georges. *Jurisdição constitucional e direitos fundamentais*. São Paulo: Revistas dos Tribunais, 2011, p. 394-395.

legal, uma vez que o árbitro ficaria obrigado a aplicar a legislação ordinária em detrimento do texto constitucional, conclusão inadmissível em nossa ordenança.[344]

Palácio também se posiciona favorável à realização do controle difuso de constitucionalidade no processo arbitral, seu posicionamento se respalda em duas assertivas: 1. o fato de a sentença arbitral possuir aptidão para formar a coisa julgada material, conforme previsto no art. 32 da Lei 9.307/1996, nos impede de negar a possibilidade de controle difuso na via arbitral, pois, com a coisa julgada, essa matéria não poderia ser objeto de pronunciamento posterior pelo juízo estatal; 2. diz respeito à natureza jurídica da ordem pública dos dispositivos constitucionais. O juízo estatal é vinculado ao texto constitucional. A mesma vinculação sofre o juízo arbitral. Nery Junior é enfático em assegurar ao árbitro o controle difuso de constitucionalidade, em razão da natureza jurisdicional da atividade desenvolvida pelo árbitro. Nesse caso, perante qualquer situação de inconstitucionalidade, o árbitro deveria se pronunciar de ofício sobre questões tendo em vista a decisão de inconstitucionalidade em sede arbitral.

Se o árbitro exerce função jurisdicional, a Constituição Federal é seu último fundamento de validade. Portanto, se o árbitro se deparar com situação de inconstitucionalidade, deverá realizar o controle difuso de constitucionalidade. Do contrário, chegaríamos à conclusão teratológica de que a constituição poderia ser suspensa, ou até mesmo contrariada e sobre essa decisão forma-se a coisa julgada material, que seria executada perante o juízo estatal. Dessa forma, o árbitro pode aplicar a arguição de nulidade sem redução de texto ou até mesmo proferir decisão total de inconstitucionalidade afastando a aplicação de dispositivos infraconstitucionais por visualizar inconstitucionalidade dessas leis ao solucionar o caso concreto. Em suma, o árbitro pode julgar a inconstitucionalidade tal como o juiz estatal, por meio do controle difuso de inconstitucionalidade.[345]

---

344 *Ibidem.*

345 "Se o árbitro pode decidir por equidade, até *contra legem*, quando investido do poder compositor amigável, por que não poderia deixar de aplicar a lei constitucional, declarando-a apenas ineficaz na hipótese submetida ao seu julgamento? Ressalta-se que o controle da constitucionalidade das leis pode ser feito pelo juiz estatal e pelo árbitro, *incidenter tantum*, valendo apenas para o caso concreto. O que árbitro não possui em abstrato sobre a constitucionalidade de lei, porque neste caso a decisão teria eficácia *erga omnes*, transcendendo os limites do compromisso, restrito às partes." NERY JUNIOR, Nelson. *Princípios do processo*

A inconstitucionalidade é o vício de maior gravidade que existe em nosso ordenamento. O árbitro que constatar a inconstitucionalidade deverá pronunciar-se *ex officio* sobre questão em qualquer momento do processo arbitral. Para Nery Junior, a proibição de haver decisão surpresa no processo constitui manifestação do princípio constitucional do contraditório. Essa proibição confere ao juiz o poder-dever de ouvir as partes em todos os pontos do processo, incluindo os que possivelmente poderão ser decididos por ele, seja a requerimento da parte ou interessado, seja *ex officio*, bem como a impossibilidade de surpreender a parte com modificação de entendimento com a eficácia retroativa. Trata-se de proibição de sentença de terceira via. O árbitro, ao visualizar a possibilidade de aplicar a decisão de inconstitucionalidade, deverá intimar autor e réu no processo, a fim de que se manifestem da referida inconstitucionalidade.[346]

A questão de peso que envolve o controle de constitucionalidade difuso na arbitragem tributária são os limites da coisa julgada nesse tipo de filtro constitucional. Os questionamentos repousam sobre os controles de constitucionalidade difusos realizados em instâncias inferiores e revistos via recurso extraordinário pelo STF. Enquanto o tribunal constitucional modula os efeitos temporais da coisa julgada das questões incidentais em matéria tributária, surge a discussão do controle de constitucionalidade difuso na arbitragem tributária, cuja decisão faz coisa julgada material, não podendo ser revista a sentença por nenhuma instância superior.

Tal questão exigirá que os árbitros modulem os efeitos temporais das suas decisões quando necessários, utilizando parâmetros construídos pelos tribunais superiores.

6.5 Contribuição para maior efetividade no recebimento do gigantesco passivo tributário

Partindo para outro lado, cabe tratar também sobre o fato de que elevados valores em contenda representam montantes financeiros imobilizados pela incerteza jurisdicional, independentemente se se trata

---

na Constituição Federal. 10. Ed. São Paulo: RT, 2010, n. 17, p. 161; ABBOUD, Georges. *Jurisdição constitucional e direitos fundamentais*. São Paulo: Revistas dos Tribunais, 2011, p. 396.

346 ABBOUD, Georges. *Jurisdição constitucional e direitos fundamentais*. São Paulo: Revistas dos Tribunais, 2011, p. 395.

de valores públicos ou privados. A elevação gradual e constante desse acúmulo de capital, no longo prazo, pode representar um grave estrangulamento de valores, provocando ou agravando crises financeiras.

Desse modo, apresenta-se como clara e urgente a demanda para que se solucione esse acúmulo constante de ações tributárias. O abismo apresenta-se como iminente. Se continuarmos trilhando nessa direção sem um plano para solucionar esse acúmulo constante de demandas, amarras tributárias estrangularão o país. Logo, a administração pública deve se valer de todas as alternativas legais possíveis para combater esse problema, seja por meio de métodos autocompositivos, mais simplificados e diretos, ou por meio de métodos heterocompositivos, mais robustos e contundentes, porém também focando maior celeridade.

Desse modo, perante tudo que foi discutido neste capítulo, e, ao final deste trabalho, pudemos ver que os obstáculos frente à regulamentação da arbitragem tributária são superáveis e bem menores do que a urgência em realizá-la.

A arbitragem tributária como um dos métodos possíveis de resolução de controvérsias fiscais encontra alguns desafios para viabilizar sua implementação no Brasil. Essas supostas dificuldades têm natureza formal e material como já explicado nesta tese. Com relação ao primeiro aspecto, entende-se que é imprescindível a previsão legal sobre a matéria sujeita à arbitragem tanto por um critério jurídico de prever a disponibilidade do direito, quanto prático, de evitar repulsa do Tribunal de Contas da União. O próximo passo é perquirir qual modalidade legislativa é a mais adequada. Sobre o critério material, por essa razão aprofundamos em capítulos anteriores a investigação sobre em que medida o princípio da indisponibilidade do interesse público impediria a arbitragem tributária.

Analisamos a questão legal da arbitragem, no âmbito do Poder Público, e vimos que esta já era utilizada no Brasil mesmo antes de previsão geral na Lei nº 9.307/1996. No entanto, aos nossos olhos, não há dúvidas acerca da necessidade da lei para a previsão da arbitragem tributária. Todavia, ainda, cabe investigar acerca da prescindibilidade de alteração do Código Tributário Nacional para admitir sua implementação, pois o primeiro suposto obstáculo é a necessidade de alteração da lei complementar. Embora o código traga fantásticos avanços, teoricamente, nós filiamos a posição de que, independentemente da edição desse diploma normativo, o processo fiscal não necessita de *quórum* qualificado para ser inovado, pois a Constituição da República não exige lei complementar para direito processual. Não por outro motivo, tanto a Lei de Execuções Fiscais (Lei nº 6.830/1980), quanto o decreto-lei do processo administrativo fiscal (Decreto-lei nº 70.235/1972) foram recepcionados como lei ordinária pela Constituição de 1988.

De outro lado, para aqueles que alegam a imprescindibilidade de alteração qualificada, o art. 146 da Carta Constitucional previu a necessidade de lei complementar para regulamentação de assuntos referentes à "b) obrigação, lançamento, crédito, prescrição e decadência tributários". Por esse motivo, entende-se que os artigos referentes a esses temas do Código Tributário Nacional foram recepcionados com status de lei complementar, logo, para alterá-los é exigível diploma legislativo de mesma espécie.[347]

Nesse rumo, caso se pretenda que a decisão arbitral possa extinguir ou suspender a exigibilidade do crédito tributário, produzir efeito de interromper a prescrição ou retificar um lançamento fiscal, é condição primordial sua previsão em lei complementar.

Assim, voltando ao atual Projeto de Lei nº 4.267/2019, que visa à alteração da lei processual da execução fiscal, sua efetividade será deveras limitada. Se a decisão arbitral não for capaz de sequer extinguir ou alterar o crédito, de alguma forma será necessária a manifestação do Poder Judiciário ou da Administração Pública, após finalizada a arbitragem, de maneira que o efeito prático de redução de litigiosidade será limitado.

Dessa maneira, com o mesmo entendimento, Faricelli conclui:

> Desse modo, a instituição da arbitragem para solucionar apenas litígios preventivos à existência do crédito tributário não surtiria os esperados efeitos de proporcionar método de solução mais ágil, especializado e flexível em se tratando de assuntos tributários. E para que a arbitragem possa ser eficazmente instaurada após já constituído o crédito tributário, necessária se faz a edição de lei complementar para reforma dos artigos 151, 156 e 174 do CTN. Assim, conclui-se pela necessidade de edição de lei complementar dispondo sobre a possibilidade de (*i*) a sentença arbitral extinguir o crédito tributário, (*ii*) o processo arbitral suspender a exigibilidade do crédito tributário ou mesmo (*iii*) haver interrupção do prazo prescricional com a instauração do processo arbitral, sob pena

[347] BRASIL. *Constituição da República de 1988*. Diário Oficial da União – Seção I de 5/10/1988.

de não ser adequada adoção do método de tal natureza para solução de controvérsias.[348]

Portanto, nota-se que é fundamental não só a inovação legislativa, como que ela seja qualificada por maioria absoluta, sendo inserida no ordenamento, ao menos, como lei complementar. De nada adiantaria uma Arbitragem Tributária cujo poder do árbitro fosse limitado em relação à extinção ou revisão do crédito tributário.[349]

Até existe no projeto de lei uma tentativa de incluir a suspensão da exigibilidade – "Art. 16-A. Se o executado garantir a execução por depósito em dinheiro, fiança bancária ou seguro garantia, pode optar pela adoção de juízo arbitral" –, todavia, a solução para previsão de modificação definitiva da exigibilidade do crédito por esse meio não possui qualquer viabilidade jurídica.[350]

Ademais, prever disposições em lei ordinária relacionadas ao crédito tributário, lançamento e prescrição seria gerar um ato normativo eivado de inconstitucionalidade formal, tornando ineficiente toda discussão prévia.

Consumada a exigência do requisito formal, deve ser analisada a discussão em torno da indisponibilidade do crédito público, questão enfrentada já nesta tese. O argumento contrário reside na possível dificuldade encontrada na lei regente da arbitragem, a qual limita sua aplicação aos direitos patrimoniais disponíveis.

Esse tema está inserido no estudo da arbitrabilidade objetiva, que diz respeito ao objeto que pode ser submetido à arbitragem. É

---

[348] MENDONÇA, Priscila Faricelli de. *Arbitragem e transação tributárias*. 1. ed. Brasília, DF: Gazeta Jurídica, 2014, p. 100

[349] Andréa Mascito menciona que a alteração do Código Tributário Nacional a rigor não seria necessária. Explica que como o artigo 156 do CTN já prevê a decisão transitada em julgado como hipótese de extinção do crédito tributário e o CPC equipara a decisão arbitral à decisão judicial transitada em julgado, consequentemente, o artigo 156 se estenderia ao julgado decorrente da arbitragem. Apesar dessa análise, a autora conclui que para dirimir "dúvidas, desconfianças e incertezas" a modificação legislativa trará mais conforto. MASCITO, Andréa. Requisitos institucionais para a arbitragem entre Fisco e contribuintes no Brasil: necessidade de norma geral. *In:* PISCITELLI, Tathiane dos Santos; MASCITTO, Andréa; MENDONÇA, Priscila Faricelli de (coord.). *Arbitragem tributária:* desafios institucionais brasileiros e a experiência portuguesa. São Paulo: Thomson Reuters, 2018, p. 82-85.

[350] SENADO FEDERAL. *Projeto de Lei nº 4.257*, de 2019. Modifica a Lei nº 6.830, de 22 de setembro de 1980, para instituir a execução fiscal administrativa e a arbitragem tributária, nas hipóteses que especifica. Permite ao executado optar pela adoção de juízo arbitral, caso a execução esteja garantida por depósito em dinheiro, fiança bancária ou seguro garantia, bem como permite à Fazenda Pública optar pela execução extrajudicial da dívida ativa de tributos e taxas que especifica, mediante notificação administrativa do devedor.

interessante ressaltar que existem critérios diferentes em cada país para definir que tipo de questão pode, ou não, ser resolvida pela arbitragem.[351]

No Brasil, é adotado o critério da disponibilidade associado à patrimonialidade, uma vez que somada à previsão do art. 1º da Lei nº 9.307/1996 (acerca da disponibilidade), o art. 852 do Código Civil 33 dispõe: "É vedado compromisso para solução de questões de estado, de direito pessoal de família e de outras que não tenham caráter estritamente patrimonial".

Vale destacar que, apesar de os critérios da transigibilidade, patrimonialidade e disponibilidade serem frequentes, opções legislativas não revelam características intrínsecas à arbitragem. Do contrário, representam opções legislativas. Megna traz o exemplo do Estado de Indiana nos Estados Unidos da América, onde se admite a arbitragem para questões não patrimoniais, como matrimônio e guarda.[352]

Quanto à suposta barreira à arbitragem tributária, cabe perquirir se o crédito tributário é patrimonial e disponível, pois, caso qualifique-se por essas características, não haverá dúvidas sobre o cumprimento dos requisitos usuais para o cabimento da arbitragem.

Vale repetir a redação do art. 3º do Código Tributário Nacional, que dispõe: "Art. 3º. Tributo é toda prestação pecuniária compulsória, em moeda ou cujo valor nela se possa exprimir, que não constitua sanção de ato ilícito, instituída em lei e cobrada mediante atividade administrativa plenamente vinculada".

Da leitura do dispositivo, extrai-se a conclusão de que a definição de tributo, por caracterizá-lo como prestação pecuniária expressa em moeda, não deixa dúvidas acerca de sua patrimonialidade. O caráter pecuniário significa que a obrigação de pagar tributo é de dar (moeda, como regra), o que gera para a Fazenda o direito de receber.[353]

A redação final do artigo supracitado, "cobrada mediante atividade administrativa plenamente vinculada", gera a discussão pela qual não haveria espaço ao administrador público diferente de, observados

---

[351] Bruno Lopes Megna exemplifica falando da França, em questões de ordem pública excluídas da arbitragem; trata de países como Alemanha e Portugal, em que o critério da transigibilidade define a arbitrabilidade objetiva; e escreve, ainda, sobre Itália e Espanha, que se utilizam do critério da disponibilidade (MEGNA, Bruno Lopes. *Arbitragem e Administração Pública:* fundamentos teóricos e soluções práticas. Belo Horizonte: Fórum, 2019, p. 142).

[352] MEGNA, Bruno Lopes. *Arbitragem e Administração Pública*: fundamentos teóricos e soluções práticas. Belo Horizonte: Fórum, 2019, p. 143.

[353] BRASIL. *Lei nº 5.172*, de 25 de outubro de 1966. Dispõe sobre o sistema tributário nacional e institui normas gerais de direito tributário aplicáveis à união, estados e municípios.

os critérios legais, seguir na cobrança do crédito conforme constituído, tendo em vista o caráter de ato administrativo vinculado dessa cobrança.

Resumindo o entendimento sobre o ato administrativo de característica vinculada, Carvalho Filho explica que ato vinculado é aquele cujos parâmetros não podem fugir dos critérios traçados em lei, motivo pelo qual não haverá qualquer valoração do agente da sua elaboração.[354]

A questão de a cobrança ser vinculada à lei pode ser superada com previsão legislativa, a qual entendemos como premissa formal para a instituição da arbitragem tributária. Logo, a arbitragem seria um dos métodos previstos à disposição do administrador para discutir a controvérsia fiscal, sem infração ao Código Tributário Nacional.

Decerto, existiria alguma margem de discricionariedade, que seria referente à escolha do administrador público pela forma mais adequada à cobrança para cada crédito tributário. A existência dessa margem de opção se adapta à doutrina que indica como superada a classificação dos atos administrativos em vinculados ou discricionários. Dentro dessa divisão, não faz sentido a ideia de que o administrador não teria qualquer espaço ou liberdade de decisão na edição dos atos cuja lei determinasse todos os requisitos e condições, pois sempre haveria algum grau de discricionariedade.

Havia uma interpretação remota do conceito de discricionariedade, pela qual o agente público não teria sua decisão controlada quando a lei permitisse que o ato fosse discricionário. Não se pode concordar com essa premissa, na medida em que, no Estado de Democrático de Direito, qualquer ato administrativo deve ser controlado, existindo somente variações de graus e critérios adequados para cada espécie de controle.

Nas palavras de Binenbojm:

> As transformações recentes sofridas pelo direito administrativo tornam imperiosa uma revisão da noção de discricionariedade administrativa. Com efeito, pretende-se caracterizar a discricionariedade, essencialmente, como um espaço carecedor de legitimação. Isto é, um campo não de escolhas puramente subjetivas, mas de fundamentação dos atos e políticas adotados, dentro dos parâmetros jurídicos estabelecidos pela Constituição e pela lei. A emergência da noção de juridicidade administrativa, com a vinculação direta da Administração à Constituição, não mais permite falar, tecnicamente, numa autêntica dicotomia entre atos vinculados e

354 CARVALHO FILHO, José dos Santos. *Manual de Direito Administrativo*. 30. ed. Atlas, 2016.

> atos discricionários, mas, isto sim, em diferentes graus de vinculação dos atos administrativos à juridicidade. A discricionariedade não é destarte, nem uma liberdade decisória externa ao direito, nem um campo imune ao controle jurisdicional. Ao maior ou menor grau de vinculação do administrador à juridicidade corresponderá, via de regra maior ou menor grau de controlabilidade dos seus atos.[355]

Para continuar em uma reflexão mais detalhada, tratar-se-á de alguns institutos previstos no Código Tributário Nacional. Como são dispositivos da mesma lei, é relevante uma análise sistemática para concluir-se acerca da vontade do legislador, visto que cumpre investigar o grau de discricionariedade do administrador público que atua na cobrança de tributos.

Nesse rumo, questiona-se: se não fosse admitida a disposição do crédito tributário, poderiam existir parcelamentos especiais, isenções, anistias, remissão e a transação tributária? O que revelam esses institutos?

Por meio de parcelamentos especiais, o Poder Público abdica boa parte do crédito constituído, beneficiando o contribuinte que não cumpriu tempestivamente seu dever fundamental de pagar tributos. Repare que parcelamentos especiais nunca foram declarados inconstitucionais em seu mérito pelo Supremo Tribunal Federal, em que pese exista um aparente atrito com o princípio da isonomia tributária. Lembre-se:

> Art. 150. Sem prejuízo de outras garantias asseguradas ao contribuinte, é vedado à União, aos Estados, ao Distrito Federal e aos Municípios:[...] II – instituir tratamento desigual entre contribuintes que se encontrem em situação equivalente, proibida qualquer distinção em razão de ocupação profissional ou função por eles exercida, independentemente da denominação jurídica dos rendimentos, títulos ou direitos.

Se pensarmos em dois contribuintes em situações similares, um que pague à vista suas obrigações e o outro que parcele por anos seus pagamentos, com pouquíssimos encargos e penalidades, fica evidente o quanto é possível dispor dessa espécie de crédito, ainda que essa diferenciação entre em conflito com princípios de justiça fiscal.

Nesse sentido, com relação ao último parcelamento especial, a Lei nº 13.496/2017, entre outras previsões, chegou a eximir o contribuinte

---

355 BINENBOJM, Gustavo. *Uma teoria do Direito Administrativo:* direitos fundamentais, democracia, constitucionalização. 2. ed. rev. e atual. Rio de Janeiro: Renovar, 2008, p. 39.

de 90% dos juros de mora. Assim, claro está que parcelamentos como o Programa de Regularização Tributária comprovam como a comunidade jurídica entende ser aceitável a disposição do crédito tributário.[356]

Além desse benefício fiscal, as causas de exclusão do crédito, igualmente, indicam a possibilidade de dispor do crédito tributário.

---

[356] Sobre todos os benefícios fiscais concedidos, segue o dispositivo da lei: "Art. 2º. No âmbito da Secretaria da Receita Federal do Brasil, o sujeito passivo que aderir ao Pert poderá liquidar os débitos de que trata o art. 1o desta Lei mediante a opção por uma das seguintes modalidades: I – pagamento em espécie de, no mínimo, 20% (vinte por cento) do valor da dívida consolidada, sem reduções, em até cinco parcelas mensais e sucessivas, vencíveis de agosto a dezembro de 2017, e a liquidação do restante com a utilização de créditos de prejuízo fiscal e de base de cálculo negativa da Contribuição Social sobre o Lucro Líquido (CSLL) ou de outros créditos próprios relativos aos tributos administrados pela Secretaria da Receita Federal do Brasil, com a possibilidade de pagamento em espécie de eventual saldo remanescente em até sessenta prestações adicionais, vencíveis a partir do mês seguinte ao do pagamento à vista; II – pagamento da dívida consolidada em até cento e vinte prestações mensais e sucessivas, calculadas de modo a observar os seguintes percentuais mínimos, aplicados sobre o valor da dívida consolidada: a) da primeira à décima segunda prestação – 0,4% (quatro décimos por cento); b) da décima terceira à vigésima quarta prestação – 0,5% (cinco décimos por cento); c) da vigésima quinta à trigésima sexta prestação – 0,6% (seis décimos por cento); e d) da trigésima sétima prestação em diante – percentual correspondente ao saldo remanescente, em até oitenta e quatro prestações mensais e sucessivas; III – pagamento em espécie de, no mínimo, 20% (vinte por cento) do valor da dívida consolidada, sem reduções, em até cinco parcelas mensais e sucessivas, vencíveis de agosto a dezembro de 2017, e o restante: a) liquidado integralmente em janeiro de 2018, em parcela única, com redução de 90% (noventa por cento) dos juros de mora e 70% (setenta por cento) das multas de mora, de ofício ou isoladas; b) parcelado em até cento e quarenta e cinco parcelas mensais e sucessivas, vencíveis a partir de janeiro de 2018, com redução de 80% (oitenta por cento) dos juros de mora e 50% (cinquenta por cento) das multas de mora, de ofício ou isoladas; ou c) parcelado em até cento e setenta e cinco parcelas mensais e sucessivas, vencíveis a partir de janeiro de 2018, com redução de 50% (cinquenta por cento) dos juros de mora e 25% (vinte e cinco por cento) das multas de mora, de ofício ou isoladas, e cada parcela será calculada com base no valor correspondente a 1% (um por cento) da receita bruta da pessoa jurídica, referente ao mês imediatamente anterior ao do pagamento, e não poderá ser inferior a um cento e setenta e cinco avos do total da dívida consolidada; ou IV – pagamento em espécie de, no mínimo, 24% (vinte e quatro por cento) da dívida consolidada em vinte e quatro prestações mensais e sucessivas e liquidação do restante com a utilização de créditos de prejuízo fiscal e de base de cálculo negativa da CSLL ou de outros créditos próprios relativos aos tributos administrados pela Secretaria da Receita Federal do Brasil. §1º – Na hipótese de adesão a uma das modalidades previstas no inciso III do caput deste artigo, ficam assegurados aos devedores com dívida total, sem reduções, igual ou inferior a R$15.000.000,00 (quinze milhões de reais): I – a redução do pagamento à vista e em espécie para, no mínimo, 5% (cinco por cento) do valor da dívida consolidada, sem reduções, em até cinco parcelas mensais e sucessivas, vencíveis de agosto a dezembro de 2017; e II – após a aplicação das reduções de multas e juros, a possibilidade de utilização de créditos de prejuízo fiscal e de base de cálculo negativa da CSLL e de outros créditos próprios relativos aos tributos administrados pela Secretaria da Receita Federal do Brasil, com a liquidação do saldo remanescente, em espécie, pelo número de parcelas previstas para a modalidade" (BRASIL. *Lei nº 13.496*, de 24 de outubro de 2017. Institui o Programa Especial de Regularização tributária (Pert) na Secretaria da Receita Federal do Brasil e na Procuradoria-Geral da Fazenda Nacional; e altera a Lei no 12.249, de 11 de junho de 2010, e o Decreto no 70.235, de 6 de março de 1972).

Por meio de isenções, anistias e remissões, é possível criar critérios para desigualar contribuintes, seja por perdão de dívidas ou penalidades tributárias, ou pela dispensa do pagamento após a ocorrência do fato gerador.

Segundo o Código Tributário Nacional:

> Art. 172. A lei pode autorizar a autoridade administrativa a conceder, por despacho fundamentado, remissão total ou parcial do crédito tributário, atendendo [...] Art. 176. A isenção, ainda quando prevista em contrato, é sempre decorrente de lei que especifique as condições e requisitos exigidos para a sua concessão, os tributos a que se aplica e, sendo caso, o prazo de sua duração. [...] Art. 180. A anistia abrange exclusivamente as infrações cometidas anteriormente à vigência da lei que a concede, não se aplicando: [...]

Somado a isso, o instituto da transação tributária está previsto no Código Tributário Nacional desde 1966, na sua primeira publicação, e foi regulamentado pela Medida Provisória nº 899/2019 e por legislação infraconstitucional recentemente. Segundo a Portaria da PGFN nº 11.956/2019, que regulamenta de forma geral a transação no âmbito federal, os objetivos da transação na cobrança da dívida ativa devem viabilizar a superação de situação transitória de crise econômico-financeira do sujeito passivo; equilibrar os interesses do contribuinte e da Fazenda Nacional; assegurar que a cobrança fiscal ocorra de forma menos gravosa para União e para os contribuintes; auxiliar a retomada do cumprimento voluntário das obrigações tributárias do contribuinte com dificuldades financeiras, entre outros aspectos.[357]

Assim, a legislação tributária, em nítida influência das transformações contemporâneas do Direito Público, demonstra um interesse da Administração Fazendária em se aproximar do diálogo com o

[357] "Art. 3º. São objetivos da transação na cobrança da dívida ativa da União: I – viabilizar a superação da situação transitória de crise econômico-financeira do sujeito passivo, a fim de permitir a manutenção da fonte produtora e do emprego dos trabalhadores, promovendo, assim, a preservação da empresa, sua função social e o estímulo à atividade econômica; II – assegurar fonte sustentável de recursos para execução de políticas públicas; III – assegurar que a cobrança dos créditos inscritos em dívida ativa seja realizada de forma a equilibrar os interesses da União e dos contribuintes; IV – assegurar que a cobrança de créditos inscritos em dívida ativa seja realizada de forma menos gravosa para União e para os contribuintes; V – assegurar aos contribuintes em dificuldades financeiras nova chance para retomada do cumprimento voluntário das obrigações tributárias correntes" (BRASIL. Procuradoria-Geral da Fazenda Nacional *Portaria nº 11.956*, de 27 de novembro de 2019. Regulamenta a transação na cobrança da dívida ativa da União, 2019).

contribuinte, em dificuldades de adimplemento, de forma a celebrar acordo para pagamento da dívida tributária, de forma a viabilizar sua retomada econômica.

Nessa linha, a consensualidade é aplicada em detrimento da imperatividade, com vistas ao atendimento do interesse público. Assim, depreende-se que a transação, ao mesmo tempo que representa um ato dispositivo, o que decorre da sua essência, espelha o interesse na cobrança do crédito público com poucas chances de pagamento.

A conclusão parece paradoxal, mas cumpre notar que o crédito que se priorizará transacionar é aquele em que o contribuinte estava com dificuldades de adimplemento. Dessa forma, o acordo passa a ser uma alternativa para tentar recuperar um crédito quase perdido. Não por acaso a portaria trata da aproximação do Fisco com o contribuinte em situação de dificuldade econômico-financeira.

Essa nova forma de pensar o exercício da Administração Pública prova como a consensualidade pode caminhar no sentido de concretizar o interesse público. Caso fosse mantida a interpretação, da leitura literal do art. 3º do Código Tributário Nacional, pela qual o Fisco deveria cobrar o crédito a qualquer custo da forma constituída, provavelmente, nenhuma chance haveria de o crédito ser adimplido.

Quando se interpreta que é possível negociar e desistir de algum aspecto do crédito, seja por aumento de prazo ou desconto da dívida, para permitir o pagamento, o atendimento do interesse público fica evidente, mesmo que não pelos meios tradicionais. Assim, é manifesto que não conceder espaço de discricionariedade, em que cada contribuinte possa ser analisado individualmente pela Administração Fiscal, não estava conduzindo a Fazenda Nacional a boas soluções jurídicas.

Pelo exposto, não tem força o argumento da indisponibilidade do crédito tributário como um impedimento à arbitragem, conforme já defendido nesta tese. Porém, não é só isso, é imperiosa a reflexão se o caso realmente seria de disposição de direito. Não é demais lembrar que a arbitragem representa um método heterocompositivo de resolução de conflitos, que ocorre por meio de um órgão formado por julgadores não estatais, mas isso não lhe retira o dever de decidir justamente o conflito.

A transação, ontologicamente, depende da realização de concessões mútuas e é um ato de disposição mais amplo que a arbitragem. No caso da decisão arbitral, a concessão está relacionada à forma como será julgada a controvérsia tributária, e não sobre o crédito tributário em si. De outro lado, na transação, as concessões alcançam aspectos do próprio crédito e, ainda assim, já existe previsão de transação de crédito tributário desde a primeira edição do Código Tributário Nacional.

Portanto, se na arbitragem o acordo entre as partes se limita a buscar uma alternativa à Justiça estatal, existe motivo para entender que haveria disposição do crédito público?

A resposta é não. É forçoso notar que a arbitragem não predestina o Estado a um resultado desfavorável ao seu interesse, visto que o árbitro deve ser imparcial e independente.

Frise-se que existe diferença da arbitragem para conciliação e mediação, que também são meios alternativos para solução de controvérsias, mas que representam métodos autocompositivos de finalizar litígios (relacionados à transação). Isso porque, não possuem a interferência de um terceiro imparcial que imponha definitivamente uma decisão. Diferentemente da arbitragem, em que a figura do árbitro ou tribunal arbitral é imprescindível e o resultado não resulta de acordo entre as partes.

Vale explicar que a característica da definitividade da decisão faz com que a arbitragem seja também uma forma de exercício da jurisdição.[358] Nesse ponto, destaque-se o Código de Processo Civil que, ao tratar de sentença arbitral, a define como título executivo judicial, confirmando seu caráter definitivo para decidir conflitos, *in verbis*: "Art. 515. São títulos executivos judiciais, cujo cumprimento dar-se-á de acordo com os artigos previstos neste Título: [...] VII – a sentença arbitral".[359]

Então, em verdade, o Fisco, caso opte pela arbitragem, somente desistirá de ter sua lide resolvida pelo Poder Judiciário, mas não de ter um julgamento justo e promovido com respeito à legalidade tributária.

Da mesma forma que o modelo português, a lei brasileira deve impor a aplicação da lei tributária, bem como os precedentes

---

[358] No Agravo Regimental na Sentença Estrangeira no 5.206, ocasião em que o STF apreciou, incidentalmente, a constitucionalidade da Lei no 9.307/1996, foi decidido em *obter dictum* que seria válida a renúncia à jurisdição estatal em abstrato. É importante consignar que a discussão em torno do cabimento da arbitragem para o Poder Público, no aspecto material, gravita não só sobre o argumento de que o direito em si seria indisponível, pela questão do interesse público que envolve, mas também pelo princípio da inasfastabilidade da jurisdição, que atrairia a competência do Poder Judiciário para resolução de conflitos. Caminhamos no mesmo sentido da jurisprudência, na medida em que não entendemos que a garantia constitucional do acesso à justiça do art. 5º, inciso XXXV, da Constituição da República crie uma espécie de monopólio da justiça estatal para dirimir conflitos. Essa garantia veicula, em dos seus aspectos, norma direcionada ao legislador, pois impede a edição de leis que excluam a apreciação do Judiciário em caso de conflito, o que não implica dizer que somente os magistrados estejam aptos a resolver toda e qualquer lide.

[359] BRASIL. *Lei nº 13.105*, de 16 de março de 2015. Código de Processo Civil.

jurisprudenciais consolidados, como forma de evitar violação à isonomia tributária. Além disso, não é aceitável que a arbitragem que envolva ente da Administração Pública permita julgamento por equidade.

O §3º do art. 2º da Lei nº 9.307/1996 traz princípios que devem ser preservados. Lembre-se: "a arbitragem que envolva a administração pública será sempre de direito e respeitará o princípio da publicidade". A obrigação de tornar a publicidade a regra para a administração pública anda ao lado do dever de motivação, posto que ambos decorrem do controle a que os atos administrativos estão submetidos. Não se admite que a decisão arbitral seja sigilosa. Tal fato poderia gerar dificuldade de controle e eventual violação aos princípios de justiça fiscal.[360]

Ressalte-se que o marco legislativo da Arbitragem Tributária deverá deixar claro que cumpre ao árbitro obedecer aos critérios do direito material regulatório, sob pena de nulidade de sua decisão. Assim, somando-se a obrigatoriedade de obedecer ao direito posto e o dever de publicidade à imprescindibilidade de imparcialidade e independência do julgador, espera-se da arbitragem um julgamento a que se possa dar credibilidade.

Cabe lembrar que os arts. 13 e 14 da Lei nº 9.307/9647 disciplinam a escolha do árbitro e o exercício de sua atividade no sentido de enfatizar-se a obrigatoriedade de que o julgador siga critérios de imparcialidade e independência. Como visto, um dos pilares da arbitragem é o princípio da confiança, que se apresenta como critério definidor para que alguém possa ser árbitro. Essa confiança é despertada quando são observados os critérios para garantir o afastamento de qualquer interesse no resultado na demanda.

Por oportuno, frise-se que entendemos que as regras dos artigos supracitados devem servir como normas gerais. Contudo, no caso da arbitragem tributária, é esperado que o marco legal traga disposições específicas sobre os requisitos para as qualificações do árbitro.

Pelo exposto, é possível notar que a arbitragem não acarreta renunciar ao devido processo legal, mesmo que se possa optar por um procedimento distinto do previsto no Código de Processo Civil ou na Lei de Execuções Fiscais. Trata-se da opção por uma forma de resolução extrajudicial de conflitos, que possuirá seu regulamento próprio a ser respeitado.

---

[360] BRASIL. *Lei nº 9.307*, de 23 de setembro de 1996. Dispõe sobre a arbitragem.

É inegável que não existe para os árbitros as garantias da vitaliciedade, inamovibilidade e irredutibilidade salarial como é previsto para magistratura, sob o fundamento de resguardar a imparcialidade dos juízes estatais. No entanto, além do controle do mercado, é possível instituir um modelo próprio, como já explicado, inspirado no português.

Com a exposição do direito comparado, buscamos ao longo dos capítulos desta tese demonstrar que deixar de optar pelo julgamento do Estado-Juiz não resulta em aderir à ausência de um julgamento dentro dos padrões de ética e justiça. Não é possível concordar com um julgamento realizado totalmente sem critérios técnico-jurídicos. Por esse motivo que deve a arbitragem tributária ser precedida de lei e regulamentos que disciplinem suas minúcias.

Portanto, a arbitragem, assim como a jurisdição exercida pelo Poder Judiciário, deve ser justa e adequada, não representando, por esse lado, propriamente uma disposição de direito de crédito. Em verdade, sua correta utilização pode gerar a maior concretização do princípio do acesso à justiça, por completar um sistema multiportas para soluções de controvérsias tributárias.

Pelo exposto, é possível notar que a arbitragem não acarreta renunciar ao devido processo legal, mesmo que se possa optar por um procedimento distinto do previsto no Código de Processo Civil ou na Lei de Execuções Fiscais. Trata-se da opção por uma forma de resolução extrajudicial de conflitos, que possuirá seu regulamento próprio a ser respeitado.

Acrescente-se a crítica de Megna:

> O argumento de que o administrador público não pode optar pela arbitragem porque não pode renunciar à legalidade, a pretexto de que só Poder Judiciário acostumado com a coisa pública poderia controlar essa legalidade, só faria sentido se a prévia autorização judiciária fosse pressuposto para o exercício da função administrativa – o que é inadmissível no direito brasileiro (cf. tópico 3.1). O que o argumento esconde é a desconfiança nos políticos que administram e legislam – e uma tentativa de transferir a administração e legislação aos magistrados. A Administração Pública pode e deve ser um local de profissionais tão qualificados e honestos quanto os do Poder Judiciário; tal qual neste, naquela também existem carreiras que podem e devem ter condições de garantir o exercício idôneo da função administrativa, na participação

em arbitragem inclusive – caso em que se destaca Advocacia Pública (cf. tópico 7.2.1.).[361]

À guisa de conclusão, adotar esse método de solução de conflitos não importaria, em rigor, relativização do interesse público ou disponibilidade dele, desde que o marco legal estabelecesse pressupostos claros para sua aplicação.

De forma diametralmente oposta, o que se deve pretender com a arbitragem tributária é completar um quadro de possibilidades para discussão da controvérsia tributária, que, em casos específicos, será capaz de atender com mais efetividade aos interesses da coletividade tanto de satisfação do crédito público como de acesso à justiça.

Impende salientar que, neste estudo, buscou-se analisar, para fins de proposição, os Projetos de Lei nº 4.257/19 e 4.488/20, de autoria do senador Antonio Anastasia e da Senadora Daniella Ribeiro (PP/PB), respectivamente; do Projeto de Lei Complementar nº 17/2022, apresentado pelo deputado Felipe Rigoni, em conjunto com outros 31 parlamentares, o qual tramita em regime de urgência; e da Recomendação nº 120/2021, do CNJ.

Em sua justificação, o PL nº 4.257/19[362] argumenta acerca do desafio para a recuperação do crédito público, o qual passou a ser um grande desafio para os níveis da federação. O autor da proposta utiliza-se dos dados apresentados pelo CNJ em 2018, que tem como referência o ano de 2017, ao passo em que o Poder Judiciário contava com 80,1 milhões de processos pendentes de baixa, sendo que mais da metade desses processos (53%) estava em fase de execução. Ademais, a referida proposição enfatiza não que a matéria não se trata de uma novidade legislativa, na medida em que "autorizar a Fazenda Pública a optar pelo procedimento regulado nos arts. 31 a 38 do Decreto-Lei nº 70, de 21 de novembro de 1966, do qual há tempos já se valem as instituições financeiras para cobrar dívidas hipotecárias", sob a ênfase de que o procedimento arbitral tem o interesse das empresas, na medida em que os embargos serão apreciados de forma mais célere, pois, conforme Nota Técnica do IPEA, "o ajuizamento de embargos de devedor

---

[361] MEGNA, Bruno Lopes. *Arbitragem e Administração Pública*: fundamentos teóricos e soluções práticas. Belo Horizonte: Fórum, 2019, p. 146.

[362] BRASIL. Senado Federal. *Projeto de Lei nº 4.257/19*, de autoria do Senador Antonio Anastasia. Disponível: https://legis.senado.leg.br/sdleg-getter/documento?dm=7984360&ts=1675351674911&disposition=inline. Acesso em: 10 fev. 2023.

demanda 1.791 dias, em média, para o seu processamento na Justiça Federal, ou seja, quase 5 (cinco) anos".

Em sentido semelhante, o PL nº 4.468/2022 apresenta como ponto de partida que "O momento da reforma tributária não pode deixar de contemplar os meios alternativos de prevenção e de solução de litígios em matéria tributária. Recentemente, a inaugurar um novo modelo de sistema multiportas" (RIBEIRO, 2020, p. 10), e visa orientar-se pela praticabilidade e pela segurança jurídica, a fim de que o contribuinte possa tenha a opção de levar a disputa para solução arbitral. O referido projeto apresenta duas questões centrais, em que há "aspectos fáticos ou técnicos, nas quais a arbitragem especial poderia ser satisfatoriamente implementada, a saber, para consulta fiscal ou quantificação de crédito reconhecido judicialmente e passível de compensação pelos contribuintes" (idem). O projeto, portanto, inova com a proposição de uma consulta fiscal e quantificação de crédito reconhecido judicialmente, para que seja passível de compensação.

De forma mais abrangente, o PLP, aprovado em 25 de junho de 2022 pelo Plenário da Câmara dos Deputados, encontra-se, atualmente, no Senado Federal. A proposta apresenta regras "em que o contribuinte é parte subsidiária ou solidária à cobrança de um tributo. A proposta estabelece que o mero pertencimento a um mesmo grupo econômico não enseja a solidariedade tributária do contribuinte",[363] bem como proíbe a caracterização de confusão patrimonial, isto é, entre sócio e empresa, por presunção, de modo que a responsabilidade de terceiro, a exemplo de um gerente de empresa, no que tange à obrigação de um contribuinte. No que se refere às obrigações do Fisco, a proposta busca elencar uma série de vedações, tais como "usar força policial nas diligências no estabelecimento do contribuinte, salvo se com autorização judicial. Também condiciona ação penal ou quebra de sigilo ao fim do processo administrativo que comprove a irregularidade fiscal do contribuinte".[364] O referido projeto, cujo estágio de tramitação está avançado, certamente engloba as principais demandas no que se refere à regulação da arbitragem no Brasil. Além de aglutinar uma série de

---

[363] BRASIL. Câmara dos Deputados. Agência Câmara de Notícias. *Projeto institui código para garantir direitos de contribuintes*. Disponível em: https://www.camara.leg.br/noticias/862901-projeto-institui-codigo-para-garantir-direitos-de-contribuintes/. Acesso em: 10 fev. 2023.

[364] BRASIL. Câmara dos Deputados. Agência Câmara de Notícias. *Projeto institui código para garantir direitos de contribuintes*. Disponível em: https://www.camara.leg.br/noticias/862901-projeto-institui-codigo-para-garantir-direitos-de-contribuintes/. Acesso em: 10 fev. 2023.

parlamentares, de diferentes siglas, o que confere maior legitimidade e unidade em torno do tema, sua abrangência delimita melhor o funcionamento do uso da arbitragem para litígios tributários, sendo que a sentença arbitral terá efeito vinculante, produzindo os efeitos de uma decisão judicial, por exemplo.

Nesse mesmo tom cabe tratar da Recomendação nº 120/2021 do CNJ. Nesse documento, orientou-se aos magistrados que priorizem a solução consensual das querelas dentro do meio tributário, estimulando-se, desse modo, o exercício da negociação, conciliação, mediação e da arbitragem. Todas as formas alternativas de se solucionar os conflitos, elevando a autonomia das partes, propiciando maior celeridade processual (ou procedimental) e reduzindo-se os custos do Judiciário.

Esclarecida a viabilidade da adoção da arbitragem para a Fazenda Pública na solução de conflitos tributários, é relevante pensar quais seriam as motivações administrativas para a adoção desse instrumento.

A princípio, pode parecer que para o Estado não existiria interesse em optar pela arbitragem, mas a baixa recuperabilidade do crédito tributário e o risco de condenações sucumbenciais expressivas com o novo Código de Processo Civil são fatores que podem impulsionar esse interesse.

Além disso, há uma tendência da organização estatal se aproximar de métodos mais empresariais, tidos como mais eficientes, tendo em vista a inclusão do princípio da eficiência no rol dos princípios constitucionais do artigo 37 da Constituição da República.

Também é notória a existência de uma pressão externa para redução do "Custo Brasil", o que traz a demanda por uma Administração menos burocrática. Sobre esse tema, a jurista Selma Lemes escreveu sobre as arbitragens em geral para Administração Pública, de forma a relacionar a economia com custos de transação ao instituto:

> Os incentivos para a previsão da arbitragem nesses contratos são predominantemente financeiros, de economia nos custos de transação, com resultados positivos para a sociedade. A AP deixa de usar o Judiciário (mantido pelo Estado), reduzindo custos e tentando gerar mais eficiência aos serviços prestados aos jurisdicionados.
> A inserção da arbitragem opera a favor dos princípios da economicidade e da eficiência tão almejados e necessários. Os parceiros contratados, cientes da previsão em solucionar conflitos extrajudicialmente oferecerão preços menores.

> Estudos internacionais demonstram que a previsão de meios adequados de solução de conflitos em contratos de concessão pode gerar redução de até 20% no custo da tarifa cobrada dos usuários finais. Além disso, há redução dos custos no processo arbitral comparado ao processo judicial. A economia pode chegar a quase 60%.[365]

A mesma lógica deve ser aplicada ao Direito Tributário, que não deve ser um entrave para atração de investimentos ao País. Quando tratamos do modelo português, mencionamos o relato de Villa-Lobos, pelo qual descreve como efeitos positivos: diminuição dos custos da litigância, redução de processos em tribunais tributários, previsibilidade do tempo das decisões, atração de investimento econômico por conta dos fatores anteriores, entre outros. Além disso, acrescenta que esses fatores não geram, em contrapartida, a redução da qualidade das decisões.[366]

Assim, visto que o direito comparado apresentou um resultado positivo quanto ao atendimento de metas que correspondem às nossas expectativas, infere-se ser a arbitragem tributária uma alternativa interessante ao Brasil.

Importante destacar que, mesmo que seja prevista a possibilidade de transposição dos sistemas de obrigatoriedade de observação dos precedentes consolidados, tais discussões não poderão ser excluídas da análise dos tribunais superiores, para viabilizar a uniformização dos julgamentos. Dessa forma, como a previsão de recursos aos tribunais poderia gerar um efeito contrário ao que se espera, consideramos inviável, no primeiro momento, que matérias afetadas à sistemática dos recursos repetitivos sejam julgadas na arbitragem.

Ainda quanto esses casos, de outro lado, entendemos que após a fixação da tese aplicável, por exemplo, para discussão sobre o *quantum* a ser repetido ou compensado, poderia ser viável a arbitragem quando verificada a existência de divergência e os valores forem expressivos para justificar o prolongamento do debate.

Quanto ao direito aplicável, na arbitragem privada, é possível convencionar para cada caso o direito material e processual a ser aplicado, tal modelo não é adequado para a arbitragem tributária. Ao menos quanto ao direito material, deverá ser observada a legislação

---

[365] LEMES, Selma Ferreira. *Incentivos a arbitragem na Administração Pública*. Gen Jurídico. 2018. Disponível em: http://genjuridico.com.br/2018/01/02/incentivos-arbitragem-administracao-publica/. Acesso em: 23 out. 2022.

[366] VILLA-LOBOS, Nuno. *Avaliação sucessiva perfunctória da implementação da arbitragem tributária em Portugal*, p. 213-214

tributária e a Constituição da República. O marco legal deve ser expresso ao tratar desses parâmetros e das hipóteses de nulidade em caso de descumprimento.

Em Portugal, conforme já citado nesta tese, existe um mecanismo de controle bem estruturado, que prevê recursos para o Tribunal Constitucional, por exemplo, em caso de recusa à aplicação de norma com fundamento na inconstitucionalidade ou ao Supremo Tribunal Administrativo, quando a decisão seja contrária à matéria de direito decidida pelo Tribunal Central Administrativo ou pelo Supremo Tribunal Administrativo.

Essas previsões de controle judicial em situações específicas são desejáveis e não desnaturam a arbitragem.

Para que mantenha vigente, uma vez instaurado, o julgamento arbitral dependerá do atendimento a bons critérios de justiça, de forma que alcance as finalidades públicas de incrementar o acesso à justiça e aumentar os mecanismos de discussão da dívida ativa.

Portanto, como tentamos demonstrar, existem motivos substanciais para motivar a inovação legislativa, com a criação de um sistema de solução de controvérsias tributárias diverso, com vistas à adoção de um sistema multiportas de solução de conflitos, o que, além de concretizar o princípio do acesso à justiça, atende a interesses do mercado.

6.6 Câmara de Mediação Tributária

A administração pública federal foi pioneira na arbitragem e mediação através da Câmara de Conciliação e Arbitragem da Administração Federal (CCAF), órgão da Consultoria-Geral da União, criado pelo Ato Regimental nº 05, de 27 de setembro de 2007, e tem sua forma de atuação regulamentada pela Portaria AGU nº 1.281, de 27 de setembro de 2007, cujo objetivo principal é evitar litígios entre órgãos e entidades da Administração Federal.

Com a edição da Portaria AGU nº 1.099, de 28 de julho de 2008, as controvérsias de natureza jurídica entre a administração pública federal e a administração pública dos estados ou do Distrito Federal também são matérias de competência da CCAF.[367]

A CCAF foi concebida para dar continuidade às atividades conciliatórias já desenvolvidas com sucesso pelas câmaras de conciliação

[367] BRASIL. Advocacia-Geral da União. Consultoria-Geral da União. *Câmara de Conciliação e Arbitragem da Administração Federal – CCAF*: Cartilha. 2. ed. Brasília: AGU, 2008, p. 5.

ad hoc, instaladas pelo Advogado-Geral da União, conforme Medida Provisória nº 2.180-35, de 24 de agosto de 2001.

A CAFF tem o objetivo de solucionar, em âmbito nacional, por conciliação ou arbitragem, mediante cooperação e diálogo, controvérsias entre órgãos e entidades públicas federais, bem como solucionar, por conciliação, controvérsias de natureza jurídica entre a Administração pública federal e a administração pública dos Estados ou do Distrito Federal, visando ao atendimento do interesse público, com observância dos princípios da administração pública.[368]

As reuniões de conciliação são restritas aos órgãos da administração pública federal, estadual e distrital, bem como entidades federais, e visam à solução de conflitos das diversas controvérsias.

Na CCAF, não há partes, todos são interessados, pois todos os entes ou órgãos envolvidos atuam no mesmo sentido, ou seja, visam ao interesse público.

Os conciliadores são integrantes das carreiras jurídicas da Advocacia-Geral da União. Havendo acordo, será lavrado o respectivo termo, que será submetido à homologação do Advogado Geral da União.

Não demorou muito para que a técnica da mediação tributária fosse utilizada, iniciada através da solicitação ao órgão federal ou entidade federal interessados em solucionar um conflito estabelecido com outro ente da administração, direta ou indireta, por intermédio dos Ministros de Estado, dos dirigentes de entidades da administração federal indireta, do Procurador-Geral da União, do Procurador-Geral da Fazenda Nacional, do Procurador-Geral Federal e dos Secretários-Gerais de Contencioso e de Consultoria.[369]

Com o advento da Portaria nº 1.099/2008, nos casos de controvérsias de natureza jurídica entre a administração pública federal e a administração pública dos Estados ou do Distrito Federal, a iniciativa se dará, além das autoridades já listadas acima, por solicitação dos Governadores ou dos Procuradores-Gerais dos Estados e do Distrito Federal.

Posteriormente, a Recomendação nº 120/2021 do CNJ já havia autorizado a mediação tributária no Direito Tributário, o que resultaria numa verdadeira revolução jurídica em todo país.

---

368 BRASIL. Advocacia-Geral da União. Consultoria-Geral da União. *Câmara de Conciliação e Arbitragem da Administração Federal – CCAF*: Cartilha. 2. ed. Brasília: AGU, 2008, p. 7.

369 *Ibidem*, p. 11.

Daí os entes federativos passaram a criar câmaras de média tributária, já em vista do PLP nº 17/2022, que autoriza a mediação e arbitragem tributária pelas Fazendas Públicas dos entes federativos. Foi o caso do município de Porto Alegre, com a promulgação da Lei nº 13.028/2022, que criou a Câmara de Mediação Tributária de Porto Alegre.

Nesse sentido, aduza-se o exemplo da criação da Câmara de Mediação e Conciliação Tributária de Rio das Ostras, no Estado do Rio de Janeiro, pela Indicação Legislativa nº 493/2022.

As prefeituras de Niterói, Rio de Janeiro e São Paulo não criaram câmaras de mediação e conciliação tributária, mas já anunciam em seus sites o serviço de mediação on-line aos contribuintes. A crítica aqui é pela incompreensão do instituto da mediação, já que os mediadores não poderiam ser procuradores do município, mas deveriam ser escolhidos pelos contribuintes, pois, se aquele que compõe o conflito está na folha de pagamento da Administração que figura como parte, não existe imparcialidade, portanto aproximando o procedimento a conciliação.

Todavia nota-se uma evolução da discussão sobre a disponibilidade do crédito tributário. Com a criação das Câmaras de Mediação e Conciliação Tributária, o caminho parece já estar pavimentado para a arbitragem tributária prevista no PLP nº 17/2022.

CONCLUSÃO

Como debatido, especialmente a partir do Relatório *Justiça em Números*, as execuções fiscais são uma das maiores responsáveis pelo abarrotamento do Judiciário brasileiro. Ao pensar sobre o quão significativo é o dado em questão – tanto sob a ótica do acesso à justiça, como também da resolutividade das demandas – é indispensável que a doutrina tributária volte seu olhar para tal problemática, buscando soluções alternativas para solucioná-lo e compreendendo que alguns paradigmas públicos deverão ser enfrentados. Alguns apresentam o juízo arbitral como alternativa, entretanto, não é uma alternativa unânime no meio da administração pública.

A jurisprudência e parte da doutrina atrelada ao direito administrativo não veem tal alternativa como apropriada para lidar com a administração pública. Muito já se debateu sobre a aplicabilidade do princípio da indisponibilidade como argumento refratário a qualquer interferência do direito privado diante dessa matéria, mas, como apresentamos, os princípios não são absolutos, não representam um fim em si, devem se equilibrar entre si.

No caso em questão, os princípios do acesso à justiça, da duração razoável do processo e da eficiência na administração pública, todos constantes da Carta Magna brasileira, não podem ser simplesmente colocados de lado quando confrontados com a indisponibilidade dos recursos públicos. Os princípios não são superiores uns aos outros. Dentro dos casos concretos os operadores do direito devem buscar um ponto de equilíbrio.

Além disso, o histórico do juízo arbitral brasileiro, dentro das relações públicas, é muito forte e não deve ser ignorado. O caso que merece destaque é só um dos maiores marcos legais fundadores do

Brasil, como apresentado no estudo do Tratado de Tordesilhas, intermediado pelo Papa Alexandre VI, que nada mais foi que uma decisão arbitrada pela Igreja Católica, que, apesar de muito criticada, evitou prováveis conflitos de elevada magnitude na península ibérica. Outro caso famoso foi a querela diplomática entre o Império brasileiro e a Grã-Bretanha, conhecida como "questão Christie". O conflito só foi finalizado depois de uma arbitragem belga sobre as questões em disputa, que coube ao rei Leopoldo I, por meio de juízo arbitral. Isso exemplifica fortemente a aplicabilidade da arbitragem pública no Brasil, dentro desse contexto macro.

Além dos pontos referenciais do direito internacional, no âmbito do cenário diplomático, casos internos também serviram de referência para a arbitragem pública brasileira. O exemplo mais famoso, apresentado no presente trabalho, é o "caso Lage", uma indenização devida pelo governo brasileiro durante o período da Segunda Guerra Mundial. O caso tomou maior notoriedade, pois o governo levou a questão a um juízo arbitral, em reta concordância com a parte contrária, mas quando a indenização foi apresentada em valores elevados, o governo declinou e se negou a reconhecer o juízo em questão. Coube à Suprema Corte dar a palavra final, reconhecendo a validade da decisão arbitral e decidindo pelo dever do governo brasileiro de arcar com os valores apresentados arbitralmente. O exemplo em questão é de fundamental relevância ao reforçar, internamente, a aplicabilidade do juízo arbitral perante a administração pública brasileira; trata-se de uma resposta jurisprudencial, decidida em corte superior, que afirma a aplicabilidade de juízo diante da administração pública federal.

Nessa mesma toada, agora tratando do campo legislativo dos Estados membro da federação brasileira, foram trazidas legislações estaduais apresentando a arbitragem como alternativa resolutiva de conflitos administrativos. Estudamos os respectivos códigos estaduais, em ordem cronológica: Lei RJ nº 1.481/1989, Lei SP nº 7.835/1992 e Lei MG nº 19.477/2011, mas o que deve ser destacado é o significado de tais ordenamentos internamente, qual o reflexo disso para as soluções de conflitos administrativos públicos perante particulares por meio de arbitragem.

As duas primeiras normas, a carioca e a paulista, foram mais limitadas ao tratar apenas da aplicabilidade da arbitragem restrita e dos campos da concessão de serviços públicos e obras públicas. Foi, sem sombra de dúvidas, uma janela que se abriu, ampliando as oportunidades resolutivas de conflitos administrativos, mas ainda são normas bem tímidas. Em contrapartida, a norma mineira é mais ousada, pois institui e organiza a arbitragem em casos envolvendo a administração pública estadual em larga escala. Deve-se destacar também que se trata da norma mais jovem entre as três, logo, isso pode sinalizar uma mudança de paradigma.

Outro estudo de caso interno relevante, e que foi apresentado no presente trabalho, foram as diversas respostas locais ao evento da Copa do Mundo de 2014 que ocorreu no Brasil. Ao se analisar as respostas regionalizadas apresentadas nos projetos vinculados aos estádios, observaram-se as discrepâncias regulatórias brasileiras. A arbitragem foi apresentada em muitos modelos contratuais como alternativa, em alguns casos de forma mais elaborada que outros, mas o que definitivamente não foi observado foi uniformidade. Isso demonstra o quanto esse campo de estudo está aberto para estudo e debate.

Partindo para além das fronteiras brasileiras, tratou-se ainda no presente estudo das experiências desenvolvidas em Portugal. Focamos mais diretamente no Centro de Arbitragem Administrativa. O órgão em questão é entidade de direito privado, porém vinculado à administração pública, voltado a organizar e desenvolver atividade arbitral de parte da administração pública portuguesa. Os lusitanos adotaram tal medida como forma alternativa de solucionar conflitos administrativos públicos que estavam excedendo as capacidades do Judiciário local. Nessa ótica, buscaram-se métodos autocompositivos e heterocompositivos de solucionar as querelas em questão; dentro desse contexto, dentre as soluções heterocompositivas, os juízos arbitrais são uma das principais referências.

Mas o que mais importa para o presente estudo é a infraestrutura desenvolvida, legislações definido a constituição dos tribunais de acordo com o valor das causas, o cabimento de recursos em determinados casos e a busca por uma coordenação jurisprudencial interna (como forma de se estabelecer uma coerência sistêmica, o que leva a uma maior robustez da segurança jurídica emanada dessas decisões), um limite de tempo para a tramitação processual que garante uma excepcional celeridade dos juízos em questão, até a qualificação dos árbitros julgadores é muito bem detalhada por instrumento normativo. Enfim, o modelo desenvolvido em Portugal no CAAD é um primor organizacional, obviamente não é perfeito e ainda é recente, o que vai demandar maior período para que se tirem conclusões mais concretas, no entanto, indubitavelmente é um ponto referencial prático de grande valia que devemos considerar.

Logo, depois de tudo o que foi apresentado até aqui, a arbitragem tributária surge como uma das possibilidades mais exequíveis para a realidade do Brasil. Assim, algumas iniciativas legislativas se destacam, dentre elas o Projeto de Lei Complementar nº 469/2009, principalmente por acrescentar o art. 171-A ao Código Tributário, com a previsão expressa de arbitragem para dissolução de litígio, sendo vinculante o laudo arbitral. Contudo, a última movimentação referente a tal projeto se deu ainda em 2019, o que demonstra inércia e desinteresse por parte do legislador em regulamentar a arbitragem tributária.

Em movimento contrário, o Projeto de Lei Complementar nº 17/2022, apresentado pelo deputado Felipe Rigoni, vem como movimento legislativo favorável à aplicabilidade de juízo arbitral como forma de dirimir conflitos tributários. O projeto legislativo estudado apresenta forte inspiração na realidade estadunidense, que tem ampla estrutura normativa e administrativa operacional, além de experiência prática em tal atividade. Mas como muito bem apontado no presente trabalho, devemos apresentar cautela ao importarmos tais estruturas, pois elas devem ser cuidadosamente adaptadas para a realidade brasileira, para que se evitem problemas futuros. Como bem apresentado anteriormente, um projeto experimental inicial em local restrito poderia ser uma ótima forma de se caminhar na direção da implantação de um juízo arbitral tributário eficiente e eficaz no cenário brasileiro.

É importante frisar que, independentemente das reformas legislativas em curso no direito pátrio, a doutrina arbitral especializada é taxativa em afirmar que não existem óbices para implementação da arbitragem em direito tributário. As alterações legislativas parecem mais acalmar as divergências existentes, já que, ao longo desta tese, a temática foi enfrentada, não deixando dúvidas acerca da disponibilidade do crédito tributário, inúmeras vezes alvo dos institutos da anistia, perdão ou remissão.

Superada a questão da disponibilidade, restou o questionamento se o procedimento arbitral para solução dos litígios tributários realmente promoveria celeridade e ampliaria o acesso à justiça a todos os contribuintes. A questão levou ao exame dos desdobramentos do princípio da isonomia tributária. A exemplo da lei fluminense que implementou a arbitragem nos contratos administrativos, o Decreto nº 46.265/2019 disciplina que só se submeterá à arbitragem causas superiores a vinte milhões. Surge o fundado receio de o Fisco limitar à arbitragem causas a partir de um determinado valor, excluindo a celeridade do procedimento e possibilidade de ampliar o acesso à Justiça aos menos abastados. A calibragem para estipular o valor mínimo para se submeter à arbitragem tributária dependerá da iniciativa normativa de cada ente federativo. Perde a oportunidade o legislador de discutir ampla isonomia tributária aos contribuintes na reforma do Código Tributário, principalmente na utilização dos ODR enquanto procedimento.

Por último, a reforma do Código Tributário é aprovada em meio a uma revolução tecnológica, enquanto o Senado Federal discute o PL nº 21/2020, o marco legal da inteligência artificial aprovado pela Câmara dos Deputados. Nesse ínterim, vale destacar a explosão do uso de soluções digitais durante a pandemia, audiências, cursos e diversos procedimentos se tornaram digitais. Não foi diferente com a arbitragem. Os Estados da Califórnia e do Arizona criaram as suas Leis Estaduais de arbitragem on-line. No Brasil, as Câmaras Arbitrais adotaram procedimentos on-line durante a pandemia de covid-19, mas não houve nenhum marco legal para regular procedimentos arbitrais digitais, então, a V Câmara Cível do Tribunal de Justiça de São Paulo reconheceu a tecnologia *blockchain* como meio de prova, abrindo caminho para executar a sentença arbitral on-line.

Especialistas discutem que a tecnologia *blockchain* seria incapaz de preservar o sigilo do procedimento, mas já existem empresas que certificam a cadeia de custódia através de computadores públicos no estrangeiro especificamente para esta função, o que permite usar a tecnologia *blockchain* e garantir o sigilo do procedimento.

Registrem-se os créditos ao legislador infraconstitucional que privilegiou na reforma tributária a solução de conflitos por meios digitais. Embora não haja citação da arbitragem on-line enquanto procedimento no projeto de lei, o disposto pode abrir caminho para realização da arbitragem tributária pelas vias digitais permitindo que o contribuinte resolva os seus litígios fiscais em qualquer estação conectada à internet.

Assim, unir a ideia da arbitragem tributária e da arbitragem on-line é olhar para um futuro que se avizinha, permitindo a solução célere dos litígios fiscais e atraindo investidores estrangeiros, em razão da simplificação do procedimento fiscal e da segurança jurídica. A arbitragem tributária pode não ser uma solução para os problemas já existentes no Judiciário brasileiro, mas pode ser, certamente, uma excelente opção para as partes. Isso porque o melhor sistema de Justiça não é, necessariamente, aquele que mais litígio resolve, mas aquele em que um maior número de litígios se consegue, positivamente, desincentivar, pois "mais vale prevenir do que remediar".

REFERÊNCIAS

ALESSI, Renato. *Sistema Institucionale del Diritto Amministrativo italiano*. Milano: Dott. Antonio Giuffrè Editore, 1953.

ALEXY, Robert. *O conceito e a validade do direito*. São Paulo: Martins Fontes, 2009.

AMARAL, Paulo Osternack. *Arbitragem e administração pública*: aspectos processuais, medidas de urgência e instrumentos. Belo Horizonte: Fórum, 2012.

AMARO, Luciano. *Direito tributário brasileiro*. 14. ed. São Paulo: Saraiva, 2008.

ÁVILA, Humberto. Ciência do direito tributário e discussão crítica. *Revista Direito Tributário Atual*, São Paulo, n. 32, 2014.

BALEEIRO, Aliomar. *Direito tributário brasileiro*. 13. ed. Rio de Janeiro: Forense, 2015.

BALEEIRO, Aliomar. *Uma introdução à ciência das finanças*. 16. ed. Rio de Janeiro: Forense, 2003.

BARBOSA, Denis Borges. *Tributação da propriedade industrial e do comércio de tecnologia*. São Paulo: Revista dos Tribunais, 1984.

BARROSO, Luís Roberto. *A Dignidade da pessoa humana no direito constitucional contemporâneo*: a construção de um conceito jurídico à luz da jurisprudência mundial. Belo Horizonte: Fórum, 2009.

BARROSO, Luís Roberto. *Interpretação e aplicação da Constituição*: fundamentos de uma dogmática constitucional transformadora. 7. ed. rev. São Paulo: Saraiva, 2009.

BARROSO, Luís Roberto. *O novo direito constitucional brasileiro:* contribuições para a construção teórica e prática da jurisdição constitucional no Brasil. Belo Horizonte: Fórum, 2012.

BATISTA JÚNIOR, Onofre Alves. *Transações Administrativas*: um contributo ao estudo do contrato administrativo como mecanismo de prevenção e terminação de litígios e como alternativa à atuação administrativa autoritária, no contexto de uma administração pública mais democrática. São Paulo: Quartier Latin, 2007.

BRASIL. Advocacia-Geral da União. Consultoria-Geral da União. *Câmara de Conciliação e Arbitragem da Administração Federal - CCAF: Cartilha*. 2. ed. Brasília: AGU, 2008, p. 5.

BRASIL. *Constituição da República Federativa do Brasil*. 1988.

BRASIL. Câmara dos Deputados. Agência Câmara de Notícias. *Projeto institui código para garantir direitos de contribuintes*. Disponível em: https://www.camara.leg.br/noticias/862901-projeto-institui-codigo-para-garantir-direitos-de-contribuintes/. Acesso em: 10 fev. 2023.

BRASIL. *Decreto-Lei n. 1.312*, de 15 de fevereiro de 1974. Autoriza o Poder Executivo a dar garantia do Tesouro Nacional a operações de créditos obtidos no exterior, bem como, a contratar créditos em moeda estrangeira nos limites que especifica, consolida a legislação em vigor sobre a matéria e dá outras providências. Disponível em: http://www.planalto.gov.br/ccivil_03/decreto-lei/1965-1988/Del1312.htm. Acesso em: 24 ago. 2022.

BRASIL. *Lei n. 13.496*, de 24 de outubro de 2017. Institui o Programa Especial de Regularização Tributária (Pert) na Secretaria da Receita Federal do Brasil e na Procuradoria-Geral da Fazenda Nacional; e altera a Lei no 12.249, de 11 de junho de 2010, e o Decreto no 70.235, de 6 de março de 1972. 2017.

BRASIL. *Lei n. 13.105*, de 16 de março de 2015. Código de Processo Civil. 2015.

BRASIL. *Lei n. 13.129*, de 26 de maio de 2015. Altera a Lei n. 9.307, de 23 de setembro de 1996, e a Lei n. 6.404, de 15 de dezembro de 1976, para ampliar o âmbito de aplicação da arbitragem e dispor sobre a escolha dos árbitros quando as partes recorrem a órgão arbitral, a interrupção da prescrição pela instituição da arbitragem, a concessão de tutelas cautelares e de urgência nos casos de arbitragem, a carta arbitral e a sentença arbitral, e revoga dispositivos da Lei n. 9.307, de 23 de setembro de 1996. Disponível em: http://www.planalto.gov.br/ccivil_03/_ato2015-2018/2015/lei/l13129.htm. Acesso em: 24 ago. 2022.

BRASIL. *Lei n. 13.105*, de 16 de março de 2015. Institui o Código de Processo Civil. Disponível em: http://www.planalto.gov.br/ccivil_03/_ato2015-2018/2015/lei/l13105.htm. Acesso em: 21 ago. 2022.

BRASIL. *Lei n. 9.307*, de 23 de setembro de 1996. Dispõe sobre a arbitragem. Disponível em: http://www.planalto.gov.br/ccivil_03/leis/l9307.htm. Acesso em: 21 ago. 2022.

BRASIL. Procuradoria-Geral da Fazenda Nacional *Portaria n. 11.956*, de 27 de novembro de 2019. Regulamenta a transação na cobrança da dívida ativa da União. 2019.

BRASIL. SENADO FEDERAL. *Projeto de Lei n. 4.257, de 2019*. Disponível em: https://www25.senado.leg.br/web/atividade/materias/-/materia/137914. Acesso em: 24 ago. 2022.

BRASIL. SENADO FEDERAL. *Projeto de Lei n. 4.468, de 2020*. Disponível em: https://legis.senado.leg.br/sdleg-getter/documento?dm=8886181&ts=1647438809808&disposition=inline. Acesso em: 26 ago. 2022.

BRASIL. Superior Tribunal de Justiça. *Mandado de Segurança n. 11.308*. Julgado em 09/04/2008. Relator: Ministro Luiz Fux. Disponível em: https://stj.jusbrasil.com.br/jurisprudencia/7147580/agravo-regimental-no-mandado-de-seguranca-agrg-no-ms-11308-df-2005-0212763-0/inteiro-teor-12864814?ref=juris-tabs. Acesso em: 02 fev. 2018.

BRASIL. Supremo Tribunal Federal. *Agravo de Instrumento 52.181*. Relator: BILAC PINTO. Data de Julgamento: 14/11/1973, TRIBUNAL PLENO, Data de Publicação: DJ 15-02-1974.

BRASIL. Supremo Tribunal Federal. *Ação Direta de Inconstitucionalidade 2.922/RJ*. Relator: Min. Gilmar Mendes. Julgado em 03 de abril de 2014.

BECKER, Alfredo Augusto. *Teoria Geral do Direito Tributário*. 4. ed. São Paulo: Noeses, 2004.

BINENBOJM, Gustavo. *Uma teoria do Direito Administrativo: direitos fundamentais, democracia, constitucionalização*. 2. edição revista e atualizada. Rio de Janeiro: Renovar, 2008.

BOBBIO, Norberto. *O Positivismo Jurídico. Lições de Filosofia do Direito*. São Paulo: Icone, 2006.

BOSSA, Gisele Barra; VASCONCELLOS, Mônica Pereira Coelho de. Arbitragem Tributária e a Reconstrução do Interesse Público. *In: Arbitragem Tributária: Desafios Institucionais brasileiros e a experiência portuguesa*. Coordenação: Tathiane Piscitelli, Andréa Mascitto, Priscila Faricelli de Mendonça. São Paulo: Thomson Reuters Brasil, 2018.

BOSSA, Gisele Barra. Potenciais caminhos para a redução do contencioso tributário e as diretrizes do CPC/2015: entraves e oportunidades. *In: Medidas de redução do contencioso tributário e o CPC/2015: contributos práticos para ressignificar o processo administrativo e judicial e tributário*. São Paulo: Ed. Almedina, 2017.

CALIENDO, Paulo. *Três Modos de Pensar a Tributação - Elementos para uma teoria sistemática do Direito Tributário*. Porto Alegre: Livraria do Advogado, 2009.

CAMPOS, Carlos Alexandre de Azevedo. *Escritos de Direito Constitucional e de Direito Tributário*. Rio de janeiro: Gramma, 2016.

CAMPOS, Diogo Leite de. A arbitragem em direito tributário português e o estado-dos cidadãos. *Revista de Arbitragem e Mediação*. São Paulo: Revista dos Tribunais, v. 4, n· 12, 2007.

CAPPELLETTI, M; GARTH, B. *Acesso à Justiça*. Porto Alegre: Sérgio Antônio Fabris, 1988. Disponível em: http://irib.org.br/app/webroot/publicacoes/diversos003/pdf.PDF. Acesso em: 17 fev. 2019.

CARDIN, Carlos Henrique. A luta pelo Princípio da Igualdade entre as nações: Rio Branco e Rui Barbosa na Convenção de Paz da Haia de 1907. *In:* COUTINHO, Maria do Carmo Strozzi [Coord. Ed.]. *II Conferência da Paz Haia, 1907: a correspondência telegráfica entre o Barão de Rio Branco e Rui Barbosa*. Brasília: FUNAG, 2014.

CARVALHO FILHO, José dos Santos. *Manual de Direito Administrativo*. 30. ed. Atlas, 2016.

CARMONA, Carlos A. *Arbitragem e Processo*. 3. ed. São Paulo: Atlas, 2009.

CARVALHO, Cristiano. O conflito entre contribuintes e o Estado na busca do crédito tributário: uma visão pela análise econômica do direito. *In: Medidas de redução do contencioso tributário e o CPC/2015: contributos para ressignificar o processo administrativo e judicial tributário*. São Paulo: Almedina, 2017.

CARRAZA, Roque Antônio. *Curso de Direito Constitucional Tributário*. São Paulo: Jus Podivm. 2021

CASAMIGLIA, Albert. *Eficiencia y Derecho. Doxa*, n. 4, 1987.

CARVALHO, Paulo de Barros. *Curso de Direito Tributário*. São Paulo: Saraiva, 2011.

CAPPELLETTI, Mauro; GARTH, Bryant. *Acesso à Justiça*. Porto Alegre: SAFE, 1988.

CHISVASSA, Tércio; MASCITTO, Andréa; FUNAGOSHI, Cristina Mari. Fazenda dá "pontapé inicial" para adoção de meios alternativos de resolução de conflito: mudança de paradigma do confronto para o diálogo. *In:* PISCITELLI, Tathiane; MASCITTO, Andréa; FERNANDES, André Luiz Fonseca (org.). *Arbitragem Tributária no Brasil e em Portugal*: Visões do Grupo de Pesquisa "Métodos Alternativos de Resolução de Disputa em Matéria Tributária" do Núcleo de Direito Tributário da FGV Direito SP. Blucher: 2022, p. 9-12.

CONSELHO NACIONAL DE JUSTIÇA. *Justiça em Números 2020*. Disponível em: https://www.cnj.jus.br/wp-content/uploads/2020/08/WEB_V2_SUMARIO_EXECUTIVO_CNJ_JN2020.pdf. Acesso em: 12 abr. 2022.

CONSELHO NACIONAL DE JUSTIÇA. *Justiça em números 2021*. Brasília: CNJ, 2021. Disponível em: https://www.cnj.jus.br/wp-content/uploads/2021/09/relatorio-justica-em-numeros2021-12.pdf. Acesso em: 9 jun. 2022.

CONSELHO NACIONAL DE JUSTIÇA. *Sistematização do diagnóstico do contencioso judicial tributário*: aportes iniciais. Brasília: CNJ, 2022. Disponível em: https://www.cnj.jus.br/wp-content/uploads/2022/02/sistematizacao-do-diagnostico-do-contencioso-judicial-tributario-aportes-iniciais-v10-2.pdf. Acesso em: 02 out. 2022.

COLATÁCOVO, Juan Luis; COLAIÁCOVO, Cynthia Alexandra. *Negociação, mediação e arbitragem: teoria e prática!* Rio de Janeiro: Forense, 1999.

COMPARATO, Fábio Konder. Ética: *direito, moral e religião no mundo moderno*. São Paulo: Companhia das Letras, 2006.

COSTA, Adriano Soares. *Teoria da Incidência da Norma Jurídica. Crítica ao Realismo linguístico de Paulo de Barros Carvalho*. 2. ed. São Paulo: Malheiros, 2009.

COSTA, Regina Helena. *Praticabilidade e justiça tributária*: exequibilidade de lei tributária e direitos do contribuinte. São Paulo: Malheiros, 2007.

CRUZ, Paulo Ricardo de Souza. *A transação no Direito Tributário*. 2004. 235 f. Dissertação (Mestrado em Direito) – Faculdade de Direito, Universidade Federal de Minas Gerais, Belo Horizonte, 2004.

DIAS, L. S; FARIAS, K. C. A mediação e a conciliação no contexto do novo Código de Processo Civil. *Revista Digital Constituição e Garantia de Direitos*, [S. l.], v. 8, n. 2, p. 20-44, 2016. Disponível em: https://periodicos.ufrn.br/constituicaoegarantiadedireitos/article/view/9990. Acesso em: 12 abr. 2022.

DERZI, Misabel Abreu Machado. Legalidade material, modo de pensar tipificante e praticidade no Direito Tributário. *In: Justiça Tributária*. São Paulo: Max Limonad, 1998.

DERZI, Misabel Abreu Machado. O princípio da não afetação da receita de impostos e a justiça distributiva. *In:* HORVATH, Estevão *et al.* (coord.). *Direito financeiro, econômico e tributário*: homenagem a Regis Fernandes de Oliveira. São Paulo: Quartier Latin, 2014.

DIDIER JR, Fredie. Arbitragem no novo Código de Processo Civil. *Revista Eletrônica Ad Judicia*, a. 1, n. 1, p. 2-3. Porto Alegre: ESA-OAB/RS, 2013.

DI PIETRO. Maria Sylvia Zanella. *Direito administrativo*. 26. ed. São Paulo: Atlas, 2013.

DOMINGOS, Francisco Nicolau. Estrutura do Centro de Arbitragem Administrativa (CAAD): Funcionamento, escolha dos árbitros e limites institucionais. *In: Arbitragem tributária:* desafios institucionais brasileiros e a experiência portuguesa. Coordenação de Tathiane Piscitelli, Andréa Mascitto, Priscila Faricelli de Mendonça. São Paulo: Thomson Reuters Brasil, 2018.

DOMINGUES, José Marcos. Revisitando o conceito de tributo. *In: Tributação e Justiça Fiscal*. Organização de Luiz Fux, Luiz Queiroz, Marcus Abraham. 1. ed. Rio de Janeiro: LMJ Mundo Jurídico, 2014.

DWORKIN, Ronald. *Levando os Direitos a sério*. 3. ed. São Paulo: WMF Martins Fontes, 2010.

ESCOBAR, Marcelo Ricardo. Arbitragem tributária no existente arcabouço legislativo brasileiro. *In: Arbitragem tributária:* desafios institucionais brasileiros e a experiência portuguesa. Coordenação de Thatiane Piscitelli, Andréa Mascitto, Priscila Faricelli de Mendonça. São Paulo: Thomson Reuters Brasil, 2018.

ESCOBAR, Marcelo Ricardo. *Arbitragem tributária no Brasil*. São Paulo. Ed. Almedina, 2017.

ESQUÍVEL, José Luís. *Os contratos administrativos e a arbitragem*. Coimbra: Almedina, 2004.

FAUSTO, Boris. *História do Brasil*. 14. ed. São Paulo: EdUSP, 2015.

FERNANDES, André Luiz Fonseca; FROTA, Phelipe Moreira Souza. Qual seria o ato normativo adequado à introdução da arbitragem tributária no Brasil? Criação da arbitragem tributária. *In:* PISCITELLI, Tathiane; MASCITTO, Andréa; FERNANDES, André Luiz Fonseca. (org.). *Arbitragem tributária no Brasil e em Portugal*: visões do grupo de pesquisa "Métodos Alternativos de Resolução de Disputa em Matéria Tributária" do Núcleo de Direito Tributário da FGV Direito SP. Blucher: 2022, p.23-33.

FERREIRA, Rogério M. Fernandes. Prefácio. *In: Arbitragem tributária:* desafios institucionais brasileiros e a experiência portuguesa. São Paulo: Thomson Reuters, 2018.

GALLO, Franco. *Las Razones del Fisco*: ética y justicia en los tributos. Madrid: Marcial Pons, 2011.

GIANNETTI, Leonardo; GODOI, Marciano. *A superação do dogma da indisponibilidade do crédito tributário:* arbitragem tributária n. 3, CAAD, 2015.

GODOI, Marciano Seabra de; SALIBA, Luciana Goulart Ferreira. Interpretação e Aplicação da Lei Tributária. *In:* MACHADO, Hugo de Brito (coord.). *Interpretação e aplicação da lei tributária*. São Paulo: Dialética, 2010.

GODOY, Arnaldo Sampaio de Moraes. *Transação tributária*: introdução à justiça fiscal consensual. Belo Horizonte: Fórum, 2010.

GOMES, Marcus Lívio. A consulta tributária vinculante. *In: Tributação, direitos fundamentais e desenvolvimento*. Organização de Luís Cesar Souza de Queiroz, Marcus Lívio Gomes. 1. ed. Rio de Janeiro: LMJ Mundo Jurídico, 2014.

GONÇALVES, Antonieta Caetano. *Comportamento de risco moral e seleção adversa oriundos dos programas de refinanciamentos de débitos tributários federais reiterados*. Disponível em: http:/ www.congresso.amde.org.br/index.php/CONGRESSO/VHIAMDE/paper/vicw/128/92. Acesso em: 11 dez. 2018.

GRECO, Leonardo. *Instituições de processo civil*. v. 1. 5. ed. Rio de Janeiro: Forense, 2015.

GRECO, Marco Aurélio. *Planejamento tributário*. 3. ed. São Paulo: Dialética, 2011.

HAMMOUD, Leonardo Rocha. *Arbitragem tributária*. Rio de Janeiro: Lummen Juris, 2019.

HART, H. L. *O conceito de direito*. São Paulo: WMF Martins Fontes, 2009.

HAURIOU, Maurice. *Princípios de derecho publico y constitucional*. Madrid: Editorial Reus, 1927.

HEYDE, Erich. *Ein beitrag zur bedeutungsgeschichte des wortes typus. Froschungen und fortschritte*. Julho, 1941.

IGREJA, Rebecca L; RAMPIN, Talita. Acesso à Justiça e desigualdades: perspectivas latino-americanas. *In:* IGREJA, R. L; NEGRI, C. (org.). *Desigualdades globais e justiça social:* diálogos sul-norte. Vol. I, FLACSO, 2021. (no prelo)

JUNQUEIRA, Eliane Botelho. Acesso à Justiça: um olhar retrospectivo. *Revista Estudos Históricos*, v. 9, n. 18, p. 389-402, 1996.

JARDIM, Eduardo Marcial Ferreira. *Dicionário jurídico tributário*. 6. ed. São Paulo: Dialética, 2008.

IVANKIO, Isabella; BITTEBIR, Lucas Manoel Gouveia. A arbitragem tributária no Brasil: entraves e perspectivas. *Gralha Azul: Periódico Científico da 2 Vice-Presidência*, Edição 2, Out-Nov. 2020, p. 28-38.

JUSTEN FILHO, Marçal. *Curso de direito administrativo*. São Paulo: Saraiva, 2005.

KELSEN, Hans. *Teoria pura do direito*. São Paulo: Martins Fontes, 2009.

KUHN, Thomas. *Teoria das revoluções científicas*. São Paulo: Perspectiva, 2003.

KYMLICKA, Will. Multiculturalismo Liberal e Direitos Humanos. *In:* SARMENTO, Daniel; LANG, Joachim; TIPKE, Klaus. *Direito tributário*. 18. ed. Porto Alegre: Sergio Antonio Fabris, 2008.

LEMES, Selma Ferreira. *Arbitragem na administração pública, fundamentos jurídicos e eficiência econômica*. São Paulo: Quartier Latin, 2007.

LEMES, Selma Ferreira. A evolução da utilização da arbitragem nos contratos firmados pela Administração Pública. *Revista Comercialista*, v. 7, n. 17, 2017. Disponível em: http:// comercialista.ibdce.com/. Acesso em: 13 abr. 2022.

LEMES, Selma Ferreira. Incentivos a arbitragem na administração pública. *Gen Jurídico*. 2018. Disponível em: http://genjuridico.com.br/2018/01/02/incentivos-arbitragem-administracao-publica/. Acesso em: 23 out. 2022.

LEMES, Selma Ferreira. *Arbitragem na administração pública, fundamentos jurídicos e eficiência econômica.* São Paulo: Quartier Latin, 2007.

LENZA, Pedro. *Direito constitucional esquematizado.* 21. ed. São Paulo: Saraiva, 2017.

LEONARDOS, Gabriel Francisco. *Tributação da transferência de tecnologia.* 1. ed. Rio de Janeiro: Forense, 1997.

LOUREIRO, Maria Rita *et al.* Do controle interno ao controle social: A múltipla atuação da CGU na democracia brasileira. *Cadernos Gestão Pública e Cidadania,* [S.l.], v. 17, n. 60, jan. 2012. ISSN 2236-5710. Disponível em: http://bibliotecadigital.fgv.br/ojs/index.php/cgpc/article/view/3980. Acesso em: 01 abr. 2022.

LOPES, Mauro Luís Rocha Lopes. *Processo judicial tributário:* execução fiscal e ações tributárias. 5. ed. ampl. e atual. Rio de Janeiro: Impetus, 2009.

MACHADO, Hugo de Brito. Transação e arbitragem no âmbito tributário. *In: Transação e arbitragem no âmbito tributário:* homenagem ao jurista Carlos Mário da Silva Velloso. Belo Horizonte: Ed. Fórum, 2008.

MACIEL, Everardo. PEC 112/2015 do Senado Federal seria a Solução? *In: Medidas de redução do contencioso tributário e o CPC/2015:* contributos práticos para ressignificar o processo administrativo e judicial e tributário. São Paulo: Ed. Almedina, 2017.

MARCONDES, Danilo. *Iniciação à história da filosofia*: dos pré-socráticos a Wittgenstein. 9. ed. Rio de Janeiro: Jorge Zahar, 2005.

MARINONI, Luiz Guilherme. *Novo curso de processo civil.* v. I: Teoria do processo civil. São Paulo: Editora Revista dos Tribunais, 2015.

MARTINS, André Chateaubriand. Arbitragem e administração. pública. *In:* CAHALI, Francisco José; RODOVALHO, Thiago; FREIRE, Alexandre. *Arbitragem*: estudos sobre a Lei 13.129, de 26-5-2015. São Paulo: Saraiva, 2016.

MARTINS, Ives Gandra da Silva. O princípio da moralidade no direito tributário. *In: O princípio da moralidade tributária.* 2. ed. São Paulo: Revista dos Tribunais: Centro de Extensão Universitária, 1998.

MARTINS, Ives Gandra da Silva. *Teoria da imposição tributária.* São Paulo: Saraiva, 1983.

MARTINS, Kallyd da Silva. *Arbitragem tributária:* um modelo eficiente na resolução de conflitos fiscais. 2021. Dissertação (Mestrado em Direito, Justiça e Desenvolvimento) – Programa de Pós-Graduação Stricto Sensu em Direito, Instituto Brasileiro de Ensino, Desenvolvimento e Pesquisa, São Paulo - SP, 2021.

MASCITTO, Andréa. Requisitos institucionais para a arbitragem entre fisco e contribuintes no Brasil. *In: Arbitragem tributária:* desafios institucionais brasileiros e a experiência portuguesa. São Paulo: Thomson Reuters, 2018.

MELLO, Celso Antônio Bandeira de. *Curso de direito administrativo.* 32. ed. São Paulo: Malheiros, 2015.

MELLO, Celso Antônio Bandeira de. *Curso de Direito Administrativo*. Ed. rev. amp. São Paulo: Malheiros. 2006.

MENDES, Gilmar Ferreira; COELHO, Inocêncio Mártires; BRANCO, Paulo Gustavo Gonet. *Curso de direito constitucional*. 3. ed. rev. e atual. São Paulo: Saraiva, 2008.

MENDES, Guilherme Adolfo. Arbitragem: litígios tributários mais adequados a soluções alternativas de conflito. *In:* NASCIMENTO, Sallete *et al.* (org.). *Seminário soluções alternativas de resoluções de conflito*: arbitragem em geral e em direito tributário. Belo Horizonte: Del Rey, 2013.

MENDONÇA, Priscila Faricelli de. *Arbitragem e transação tributárias*. Coordenação de Ada Pelegrini Grinover e Kazuo Watanabe. Brasília: Gazeta Jurídica, 2014.

MONTEIRO, Alexandre Luiz Moraes do Rêgo; MORAES E CASTRO, Leonardo Freitas de. Direito tributário e arbitragem: uma análise da possibilidade e dos óbices ao juízo arbitral em matéria tributária no Brasil. *Revista Tributária e de finanças públicas,* Ano 17, n. 88, 2009.

MORAES, Bernardo Ribeiro de. *Compêndio de direito tributário*. v. I. 5. ed. Rio de Janeiro: Forense, 1996.

MOREIRA NETO, Diogo de Figueiredo. *Curso de direito administrativo*. Rio de Janeiro: Forense, 2009.

NABAIS, José Casalta. Reflexão sobre a introdução da arbitragem tributária. *Revista da PGFN*, p. 31. Disponível em: http://www.pgfn.fazenda.gov.br'revista-pgfn/revista-pgfn/ano-i-numero-i/casaltpad.f. Acesso em: 25 fev. 2022.

NOGUEIRA, Ruy Barbosa. *Curso de direito tribut*ário. 14. ed. São Paulo: Saraiva, 1995.

PAUSEN, Leandro. *Direito processual tributário*. 4. ed. Livraria do Advogado. Porto Alegre. 2007.

PEREIRA, Tânia Carvalhais. Arbitragem tributária em Portugal: subsídios para criação da arbitragem tributária no Brasil. *In:* PISCITELLI, Tathiane; MASCITTO, Andréa; FERNANDES, André Luiz Fonseca (org.). *Arbitragem tributária no Brasil e em Portugal*: visões do Grupo de Pesquisa "Métodos Alternativos de Resolução de Disputa em Matéria Tributária" do Núcleo de Direito Tributário da FGV Direito SP. Blucher: 2022, p. 185-194.

PINHO, Humberto Dalla Bernardina de Pinho; Strätz, Murilo; RODRIGUES, Roberto de Aragão Ribeiro. Arbitragem tributária: perspectivas para o direito brasileiro. *Revista Eletrônica de Direito Processual – REDP,* Rio de Janeiro, Ano 14, v. 21, n. 3, set./dez. 2020. Periódico quadrimestral da pós-graduação *stricto sensu* em direito processual da UERJ Patrono: José Carlos Barbosa Moreira (*in mem.*), p. 270-295.

PISCITELLI, Tathiane; MASCITTO, Andréa; FERNANDES, André Luiz Fonseca (org.). *Arbitragem tributária no Brasil e em Portugal:* visões do grupo de pesquisa "Métodos Alternativos de Resolução de Disputa em Matéria Tributária" do Núcleo de Direito Tributário da FGV Direito SP. São Paulo: Blucher, 2022.

PISCITELLI, Tathiane. Um olhar para a arbitragem tributária: comparativo das propostas no Senado Federal, provocações e sugestões. *Revista Direito Tributário Atual*, n. 48, p. 743-767. São Paulo: IBDT, 2º semestre, 2021.

PONTES FILHO, Oswaldo Othon de. *A transação e a arbitragem no direito constitucional-tributário brasileiro*: homenagem ao jurista Carlos Mário da Silva Velloso. Belo Horizonte: Fórum, 2008.

NABAIS, José Casalta. Reflexão sobre a introdução da arbitragem tributária. *Revista da PGFN*. Disponível em: http:/pgf/nwfawzenwda.gov.br/revista-pgfn/revista-pgfn/ano-inumero-i/casaltpad.f. Acesso em: 10 abr. 2018.

NABAIS, José Casalta. *O dever fundamental de pagar impostos*: contributo para a compreensão constitucional do estado fiscal contemporâneo. Coimbra: Almedina, 2015.

NEDER, Marcos Vinícius; LÓPEZ, Maria Teresa Martinez. *Processo administrativo fiscal federal comentado*. São Paulo: Dialética, 2010.

NOGUEIRA, Ruy Barbosa. *Curso de direito tributário*. 14. ed. São Paulo: Saraiva, 1995.

OLIVEIRA, Diogo; LOZARDO, Ernesto; SASCHSIDA, Adolfo; YWATA, Alexandre. Uma proposta de tributação bifásica: simplificação, agilidade e diminuição do contencioso tributário. *In:* SASHSIDA, Adolfo. SIMAS. Endrillo Santos Simas. *Reforma tributária:* IPEA-OAB/DF, 2018.

OLIVEIRA, Phelippe Toledo de. *A transação em matéria tributária*. São Paulo: Quartier Latin, 2015.

PEDRO, Ricardo. *Apud* NOSLASCO, Rita Dias. LIMA, Osvaldo Antônio de. Arbitragem tributária: a experiência portuguesa para sua implantação no Brasil. *In: Arbitragem tributária:* desafios institucionais brasileiros e a experiência portuguesa. São Paulo: Thomson Reuters Brasil, 2018.

PEREIRA, Rui Ribeiro. Breves Notas sobre o regime da arbitragem tributária. *In: A arbitragem administrativa e tributária:* problemas e desafios. Coimbra: Almedina, 2012. p. 198.

PEREIRA, Ana Lucia Pretto; GIOVANI, Ana Elisa Pretto Pereira. Arbitragem na administração pública e indisponibilidade do interesse público. *Quaestio Iuris*, v. 10, n. 02, Rio de Janeiro, 2017. p. 1146-1161. DOI: 10.12957/rqi.2017.23491.

PIKETTY, Thomas. *O capital no século XXT*. Rio de Janeiro: Intrínseca, 2014.

PINHO, Humberto Dalla Bernardina de Pinho; Strätz, Murilo; RODRIGUES, Roberto de Aragão Ribeiro. Arbitragem tributária: perspectivas para o direito brasileiro. *Revista Eletrônica de Direito Processual - REDP*. Rio de Janeiro. ano14, v. 21, n. 3, set./dez. 2020. Periódico quadrimestral da pós-graduação *stricto sensu* em direito processual da UERJ Patrono: José Carlos Barbosa Moreira (in mem.). ISSN 1982-7636. p. 270-295.

PISCITELLI, Tathiane; MASCITTO, Andrea; FERNANDES, André Luiz Fonseca Fernandes. Um olhar para a arbitragem tributária: comparativo das propostas no Senado Federal, provocações e sugestões. *Revista Direito Tributário Atual*, n. 48, p. 146-170. São Paulo: IBDT, 2º semestre, 2021.

PRIETO, Luis Maria Cazorla. *Poder tributario y estado contemporáneo. Diário da República de Portugal*, n. 30, 2ª série. Madrid: IEF, 1981. 12 de fev. 2009.

QUEIROZ, Luís Cesar Souza de; OLIVEIRA, Gustavo da Gama Vital de. *Tributação constitucional, justiça fiscal e segurança jurídica.* Rio de Janeiro: LMJ Mundo Jurídico, 2014.

REALE, Miguel. *Filosofia do Direito.* 20. ed. São Paulo: Saraiva, 2002.

REALE, Miguel. *Lições preliminares de direito.* 21. ed. São Paulo: Saraiva, 1994.

REZEK, José Francisco. *Direito Internacional público:* curso elementar. 11. ed. rev. e atual. São Paulo: Saraiva, 2008

RIBAS, Antônio de Souza. Arbitragem como meio alternativo na solução de controvérsias tributárias. *Revista Dialética de Direito Tributário*, São Paulo, Malheiros, n. 86, 2002.

RIBEIRO, Ricardo Lodi. *Justiça, interpretação e elisão tributária.* Rio de Janeiro: Lumen Juris, 2003.

RIBEIRO, Ricardo Lodi. *Tributos:* teoria geral e espécies. Niterói: Impetus, 2013.

ROCHA, Joaquim Freitas da. A desestadualização do direito tributário. Em particular, a privatização do procedimento e a arbitragem. *In: A arbitragem administrativa e tributária:* problemas e desafios. Coimbra: Almedina, 2012.

ROCHA, Sergio André. O que é formalismo tributário? *In:* QUEIROZ, Luís Cesar Souza de; OLIVEIRA, Gustavo da Gama Vital de. *Tributação constitucional, justiça fiscal e segurança jurídica.* Rio de Janeiro: LMJ Mundo Jurídico, 2014.

ROCHA, Sergio André. O que é formalismo tributário? *Revista Dialética de Direito Tributário.* São Paulo, n. 227, 2014.

SALLES, Carlos Alberto de. *Arbitragem em contratos administrativos.* Rio de Janeiro: Forense; São Paulo: Método, 2011. p. 129.

SEIXAS FILHO, Aurélio Pitanga. Arbitragem em direito tributário. *Revista da EMERJ*, v. 11, n. 43, 2008. Disponível em: https://core.ac.uk/download/pdf/16041155.pdf. Acesso em: 03 mar. 2018.

SILVA, José Afonso da. *Curso de direito constitucional positivo.* São Paulo: Malheiro. 2009.

SOUTELINHO, Susana. Arbitragem tributária: uma realidade? *In: A arbitragem administrativa e tributária:* problemas e desafios. Coimbra: Almedina, 2012.

SOUZA NETO, Cláudio Pereira de; SARMENTO, Daniel. *Direito constitucional*: teoria, história e métodos de trabalho. Belo Horizonte: Fórum, 2012.

TAPIAS, Camila Abrunhosa. Análise comparativa dos órgãos de solução de litígios em matéria tributária: experiências bem-sucedidas. *In: Medidas de redução do contencioso tributário e o CPC 2015:* contributos práticos para ressignificar o processo administrativo e judicial tributário. São Paulo: Almedina, 2017.

VEIGA NETTO, Laudelino João da. *Arbitragem tributária no Brasil como mecanismo de desenvolvimento econômico à luz do modelo português.* Itajaí, SC, 2021.

VILLA-LOBOS, Nuno de; PEREIRA, Tânia Carvalhais. *Guia da arbitragem tributária*. 3. ed. Coimbra: Almedina, 2017.

WAMBIER, T. A. A. (coord.) *Breves comentários ao novo Código de Processo Civil*. São Paulo: Revista dos Tribunais, 2016.

XAVIER, Camilla Siqueira. A arbitragem em matéria tributária no Brasil: avanços e desafios. *Revista de Finanças Públicas, Tributação e Desenvolvimento*, v. 7, n. 8, jan./jun. 2019.

Esta obra foi composta em fonte Palatino Linotype, corpo 10
e impressa em papel Offset 75g (miolo) e Supremo 250g (capa)
pela Gráfica Star7.